乒乓球运动的历史与文化

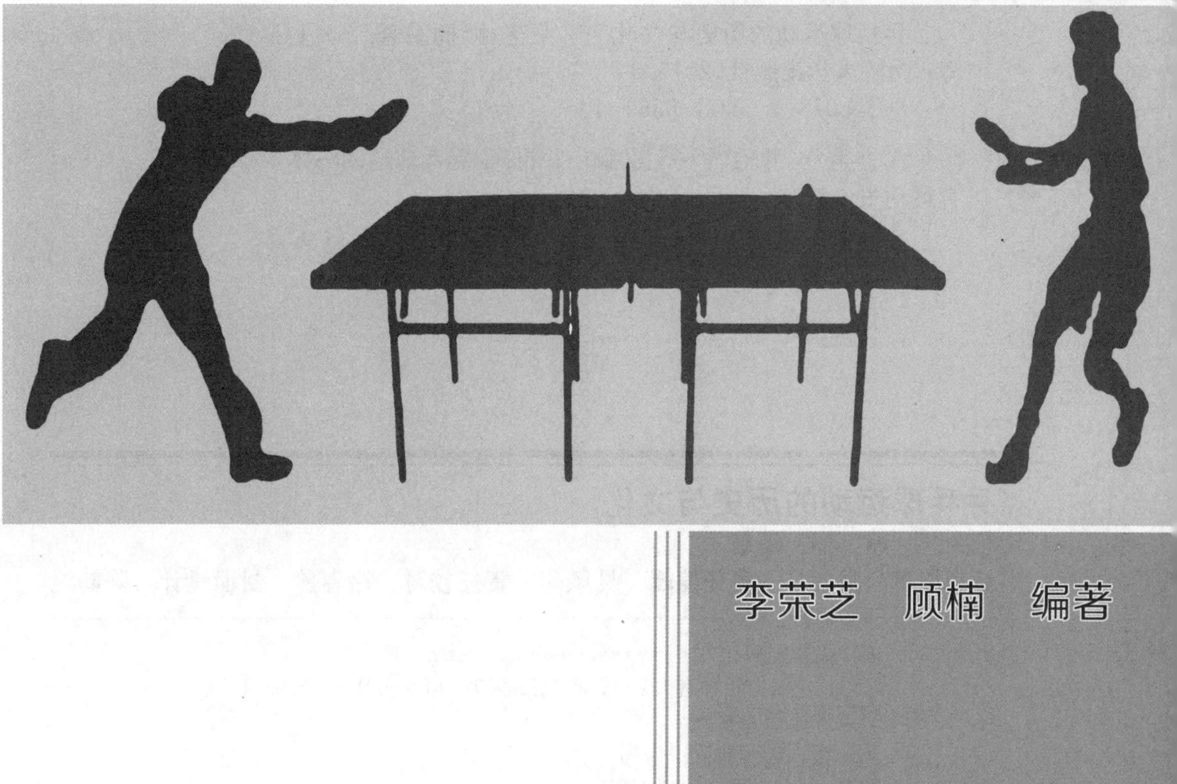

李荣芝　顾楠　编著

同濟大學出版社
TONGJI UNIVERSITY PRESS
·上海·

内 容 摘 要

本书以唯物史观为指导，主要从历史学和文化学的角度，系统考察与剖析乒乓球运动历史演进及传播过程，通过横向和纵向比较的方法，深描和细叙乒乓球运动在世界各国的具体发展特点，理清不同历史时期乒乓球文化的传播规律，同时立足我国乒乓球运动"第三次创业"的需要，探索中国乒乓球文化对外传播的实践。主要内容包括乒乓球运动的历史渊源、乒乓球运动在世界各国的具体发展历程、乒乓球文化的形成及传播以及乒乓球运动在中国的特殊发展等。

重视乒乓球运动历史发展脉络的具体理清，讲究结合具体历史发展阶段乒乓球文化的不同传播特征，同时强调本课程的专项性及普及性，培养运用历史唯物主义和辩证唯物主义分析问题的能力，批判地继承和发扬乒乓球传统文化，是本书的主要特点。

本书主要供中国乒乓球学院本科生及研究生课堂教学使用，同时也适用于其他体育院校的乒乓球专业学生及相关的研究者与爱好者阅读与参考。

图书在版编目(CIP)数据

乒乓球运动的历史与文化/ 李荣芝，顾楠编著. -- 上海：同济大学出版社，2016. 6
ISBN 978-7-5608-6363-4

Ⅰ. ①乒… Ⅱ. ①李… ②顾… Ⅲ. ①乒乓球运动—体育运动史—教材 Ⅳ. ①G846. 9

中国版本图书馆 CIP 数据核字(2016)第 124123 号

乒乓球运动的历史与文化

李荣芝 顾 楠 **编著**

策划编辑 戴如月 **责任编辑** 吴凤萍 **责任校对** 徐春莲 **封面设计** 陈韵之

出版发行 同济大学出版社 www. tongjipress. com. cn
(地址：上海市四平路 1239 号 邮编：200092 电话：021-65985622)
经 销 全国各地新华书店
印 刷 启东市人民印刷有限公司
开 本 787 mm×1 092 mm 1/16
印 张 13. 25
字 数 331 000
版 次 2016 年 7 月第 1 版
印 次 2024 年 7 月第 2 次印刷
书 号 ISBN 978-7-5608-6363-4

定 价 48. 00 元

PREFACE
前 言

乒乓球在19世纪末作为上层贵族的休闲娱乐活动而诞生，进而在欧洲和世界各地流传开来，到20世纪初逐渐发展成为一项竞赛性的、有规则、有组织、正式的体育运动。作为西方文化的舶来品，乒乓球文化最初传入中国时并没有像其他文化一样遭到本土文化的排斥，也没有出现中西文化间的显著冲突。它反而在中国生根发芽，茁壮成长，成为我国公认的“国球”，并成为中国文化的一个符号。作为外来文化，如今乒乓球文化在中国长盛不衰，在世界竞技体坛“独霸一方”，然而世界其他国家乒乓球发展却有日渐衰弱之趋势，造成现今世界乒乓球文化的全球进一步传播与发展面临困境和瓶颈。如何实现乒乓球文化的全球良性发展与传播，尤其我国乒乓球文化国际传播的实际路径，提升我国文化软实力，服务于体育强国的发展战略，乒乓球文化传播的历史因素、乒乓球运动的跨文化传播等问题的关注显得尤为迫切。

21世纪之际，梳理百年来乒乓球运动向现代的演化过程，深入研究不同历史时期乒乓球文化的传播，应该成为学界及社会各界回顾这一阶段史学演变的主要问题意识。重点关注乒乓球文化在我国的特殊传播历程，对乒乓球为我国体育体制探路，直至传播中国文化软实力，建设体育强国的考察和评价也将具有更开阔的视野。

本书从中国乒乓球学院学生的具体情况出发，针对学生的知识基础和能力及中国乒乓球学院所承担的推广与传播国球文化，增强中国文化软实力，实现体育强国战略目标，汲取本学科目前国内外先进的研究成果而编著完成。

本书中大量图片主要出自国际乒联博物馆，编者在写作中先后得到乒乓球博物馆、中国乒乓球学院、上海体育学院教务处等单位的大力支持，上海体育学院肖焕禹教授全程给予了精心指导，同时，本书中参考与借鉴了大量国内外相应的研究成果，在此一并表示诚挚谢意！

编者

2016年6月

CONTENTS
目 录

01 第一章 概　　述

第一节 导　　论

体育作为人类社会的基本现象之一，它伴随着人类社会的进步而不断发展。乒乓球运动的历史与文化也称得上人类社会进步与发展的一个缩影。

1 历史的功能与作用

"历史"，按照字面与汉语的解释，主要有三层意思：一是指记载与解释一系列作为人类进程历史事件的一门科学；二指沿革，来历；三指过去的事实。它可分为自然史与社会史，一般来讲，历史学主要研究后者，即社会史。

"学史使人明智"，从我们现在所处的社会环境来看，学生对于历史的了解渠道与感兴趣的程度是不够的，尤其在现在这个科技高度迅猛发展的时代，大家好像关注当前，而似乎觉得历史是多么遥远。诚然，中华文化五千年，璀璨闪亮，那是多么浩瀚的一部历史巨著。如果能够引导大家多关注历史，那将使我们受益匪浅。

历史学作为研究历史现象和过程，并揭示其内在规律的一门学科，重在揭示其规律，为社会现实服务，也就是"用史"，体现出历史学的价值。

以史为鉴，可以究天人之际，通古今之变，知社会兴替之道，从而避免重蹈覆辙，坚持正确的方向。

历史学对于培养学生的民族自豪感和民族爱国精神，增强民族凝聚力，建设社会主义精神文明有着重要意义。

学习历史还有利于掌握辩证思考的方法和提高历史思维的能力，从而增强创新精神和创新能力。

历史是一部人生教科书。

2 文化的功能与价值

2.1 文化的概念

文化(culture)是一个非常广泛的概念，给它下一个严格和精确的定义是一件非常困难的事情。笼统地说，文化是一种社会现象，是人们长期创造形成的产物，同时又是一种历史现象，是社会历史的积淀物。文化是凝结在物质之中又游离于物质之外，能够被传承的国家或民族的历史、地理、风土人情、传统习俗、生活方式、文学艺术、行为规范、思维方式、价值观念等，是人类之间进行交流的普遍认可的一种能够传承的意识形态。

2.2 文化的功能

整合。文化的整合功能是指它对于协调群体成员的行动所发挥的作用，就像蚂蚁过江。社会群体中不同的成员都是独特的行动者，他们基于自己的需要、根据对情景的判断和理解采取行动。文化是他们之间沟通的中介，如果能够共享文化，那么他们就能够有效地沟通，消除隔阂、促成合作。

导向。文化的导向功能是指文化可以为人们的行动提供方向和可供选择的方式。通过共享文化，行动者可以知道自己的何种行为在对方看来是适宜的、可以引起积极回应的，并倾向于选择有效的行动，这就是文化对行为的导向作用。

维持秩序。文化是人们以往共同生活经验的积累，是人们通过比较和选择认为是合理并被普遍接受的东西。某种文化的形成和确立，就意味着某种价值观和行为规范的被认可和被遵从，这也意味着某种秩序的形成。而且只要这种文化在起作用，那么由这种文化所确立的社会秩序就会被维持下去，这就是文化维持社会秩序的功能。

传续。从世代的角度看，如果文化能向新的世代流传，即下一代也认同、共享上一代的文化，那么，文化就有了传续功能。

第二节☞

世界乒乓球运动的发展

1 不同历史时期的乒乓球竞技格局

欧洲全盛时期。1926年—1951年间是欧洲称雄，其主导打法为削球打法。在期间举行的18次世界乒乓球锦标赛中，欧洲国家获得了93.2%的金牌，其中以匈牙利为首，获得了48.7%的金牌，而乒乓球运动的起源国英国获得了13枚金牌，来自美洲的美国获得了8枚金牌，没有亚洲国家获得金牌。

日本称雄。在1951年，日本人成功运用由奥地利人发明的海绵球拍，使乒乓球运动在速度和旋转方面大大提升，并以长抽进攻型打法打破了欧洲运动员长达20多年的垄断，乒乓球运动的优势转向了亚洲的日本。在这段时期的七届世界乒乓球锦标赛中，49枚金牌中的24枚被日本人获得，并且在第25届世乒赛中获得了除男单以外的6项冠军，男单冠军被中国选手容国团获得，他以独特的直拍近台快攻打法，为中国赢得第一个乒乓球世界冠军。

中国乒乓球开始崛起。在1961年至1965年之间，中国以独特的快攻打法和旋转多变，并配以反攻的积极防守打法共获得了11个世界冠军，这也标志着中国乒乓球运动的崛起。

欧洲复兴。在1970年奥地利研制防弧球拍，在1971年奥地利发明横拍弧圈结合快攻，瑞典发明横拍快攻结合弧圈，标志着欧洲的复兴，并且在20世纪70年代举行的5届世乒赛中，中国队获得了35个冠军中的16.5个，匈牙利队获得4个，日本队也获4个，瑞典队仅获得3个，世界乒坛进入了欧亚争霸时期。

中国对抗世界。1981年中国发明直拍正手盖打弧圈和横拍防弧进攻型打法，并且在1981年第36届世乒赛，中国囊括了全部冠军和5个单项的亚军。此后的3届世乒赛里，中国队都获得6个冠军，中国与世界的对抗也愈发激烈。

中国一枝独秀时期。1992年中国发明直拍横打技术，发展和完善了直拍反手位技术，也使得直拍反手位的“死角”变得灵活，并带动了直拍对抗横拍的技术革命。并且由1991年起，乒乓运动发展的重心彻底地被中国独占。自2000年来，乒乓球三大赛事共产生了99个世界冠军，中国乒乓球队获得了90个，中国的霸主地位形成。虽然后来出现了一系列针对中国的规则改革仍未改变中国独大的局面，世界竞技乒乓球运动发展处于失衡的状态。

表 1.1 国际乒乓球发展历程

发展阶段	强势代表	具体年代	技术代表	器材改革	规则变动
第一阶段	欧洲全盛	1926—1951 年	削球	20 世纪初期颗粒胶片代替软木拍	1937 年网高 17.3 cm 降低到 15.25 cm，球台宽度146.4 cm增加到 152.5 cm，同时限制比赛时间
第二阶段	日本称雄	1952—1959 年	长抽进攻型	1951 年奥地利发明海绵拍，1959 年发明长胶胶皮	1959 年国际乒联对球拍海绵厚度进行限制
第三阶段	中国崛起	1960—1969 年	日本弧圈球技术；中国近台快攻结合旋转等	日本利用反胶海绵拍发明“上旋弧圈球”	1961 年对比赛时间的再度修改
第四阶段	欧洲复兴	1971—1979 年	奥地利发明横拍弧圈球结合快攻；瑞典发明横拍快攻结合弧圈	1970 年奥地利研制防弧球拍	1979 年国际乒联对球板的修改及补充
第五阶段	中国对抗世界	1981—1988 年	1981 年中国发明直拍正手盖打；弧圈很横拍防弧进攻型打法	1983 年要求球拍两面必须一红一黑或单面红黑	未加覆盖的一面不能击球；运动员在比赛中更换球拍有规定
第六阶段	中国时代	1991 年—现今	1992 年中国发明直拍横打	日本的炸弹海绵	2000 小球改大球；2001 年改为 11 分制；2002 年无遮挡发球；2012 年赛璐珞球被塑料球替代

2 中国的辉煌，世界的尴尬①

2001 年 5 月在日本大阪举行的第 46 届世乒赛，中国队将七座冠军奖杯尽数捧走，国际乒联主席沙拉拉说了一句“伤心”而又悟道的话：“中国的辉煌，世界的尴尬。”

检点我国现在开展的 96 个运动项目，乒乓球运动的迅速崛起和长盛不衰，无疑是其中最抢眼、最可圈可点的一个亮点。始于 1926 年的世界乒乓球锦标赛已历经 80 年，这是世界公认的乒乓球运动最高水平的赛事。1953 年新中国首次组队参加第 20 届世乒赛，男队获第一级第 10 名，女队获第二级第 3 名，总体属于世界

① 谢琼桓，夏娃. 星光为何这般灿灿——为中国乒乓球队成立五十周年而作[J]. 体育文史，2002，(5)：4-6.

二流水平。1959 年第 25 届世乒赛，容国团英勇拼搏获男单冠军。以此为起点，中国队 40 多年来东征西讨、历尽艰辛，在千锤百炼中硬是把一颗小小银球演绎得炉火纯青、出神入化，形成今天"世界打中国"、"中国打世界"的两极之势。

中国队的优势不仅表现在夺冠次数最多、世界级明星数量最多，而且表现在三次世乒赛中将冠军奖杯席卷而空，让所有对手无功而返。第一次是诺维萨德 36 届世乒赛；第二次是天津 43 届世乒赛；第三次就是大阪 46 届世乒赛。这样一而再、再而三地"胜者通吃"，自然不能不引起国际乒坛的极大震惊。

2014 年的国际乒坛，依然是中国队称霸的局面。世乒赛团体赛、世界杯单打赛、亚运会、国乒依旧是战无不胜。2014 年两大国际赛事——世乒赛团体赛和世界杯单打赛，中国队尽显强大实力，成功包揽全部金牌。5 月份的东京团体赛，以马龙、许昕和张继科为核心的中国男乒，击败包括德国队在内的诸多强队，仅在决赛丢掉一盘，顺利实现团体赛七连冠。女团赛场，由李晓霞、丁宁和刘诗雯出战的中国队，力压日本和新加坡，以一盘不丢的佳绩第 19 次捧杯。10 月份世界杯赛，女单丁宁在决赛中击败大满贯得主李晓霞，时隔三年第二次捧起冠军奖杯。男乒世界杯，张继科半决赛、决赛以 4∶3 的相同比分力克德国名将波尔和队友马龙，第二次拿下世界杯的同时，创造了近五次参加世界三大赛单打赛均夺冠的神话。

世界赛场风光无限，亚洲地区国乒同样是无敌。仁川亚运会，中国队夺得除混双之外的其余六项冠军，而这还是在男女单打雪藏四位奥运冠军，混双派出年轻选手取得的成绩，结果最终仍然囊括男女单、双打四个单项的冠亚军。亚洲杯赛，马龙、樊振东和丁宁、李晓霞代表国乒，分别会师男单、女单决赛，最终马龙、丁宁战胜队友获得冠军，继续称霸。

2014 年国乒对乒联巡回赛的重视程度有限，主力有选择性地参赛，几乎无一人参加超过三站公开赛，导致最终无一人获得总决赛资格，这也是破天荒的第一次出现。不过虽然参加公开赛站数有限，但国乒主力的整体表现还是很出色，主力层基本上保持全胜。

虽然我们对"友谊第一，比赛第二"耳熟能详，但作为国际乒联主席的沙拉拉，当他目睹许多世界强手在中国队面前只有招架之功而无还手之力的窘困；目睹在比赛场上多国选手围追堵截、左冲右突，到头来"落得个一片白茫茫大地真干净"，决赛场上只剩两个黑头发、黄皮肤的中国同胞捉对厮杀；目睹一些国家的青少年运动员在"一夫当关，万夫莫开"的局面下，对继续训练的前景感到渺茫；目睹有的国家的赞助商因本国运动员战绩不佳而沮丧，因而引起一些乒乓市场的萎缩，你能说他用"世界的尴尬"来形容不是顺理成章吗？当然，形成这种局面并非中国队的过错。但尽管如此，中国队还是满腔热情地和国际乒乓球界一起，通过一系列改革，改善乒乓球运动的国际环境，进一步推动乒乓球运动的普及与提高。

3 中国乒乓球强大的原因分析①

那么，为什么中国队能够将一项在我国开展的历史不长、根基不深的运动项目几乎推进到极致？国家体育总局《乒乓长盛考》课题组的总结最有代表性。

3.1 技术不断推陈出新

我国清朝诗人赵瓯北诗云："满眼生机转化钧，天工人巧日争新，预支五百年新意，到了千年又觉陈。"乒乓球运动何尝不是如此，不管你掌握着何等先进的技术、战术，如若囿于传统、反对变革，满足现状、故步自封，总是要落后要陈旧要僵化的，这是一条普遍规律。中国队的长盛不衰，并非因为他们有什么亘古不变的制胜技术战术，也不是因为他们掌握着置之四海而皆准的秘密武器，而是因为他们在继承发扬自己的技术特长的同时，能够针对世界乒乓球技术的发展趋势，特别是针对主要对手每个时期的技术特点，及时地调整自己的技术风格，进行技术创新，在适应与反适应、控制与反控制的矛盾中经常掌握着主动权。

20 世纪 60 年代初期，中国队以直拍近台快攻和逐步形成的"快、准、狠、变"的技术风格，征服了日本的直拍进攻型打法和欧洲的横拍防守型打法，在一段时间里执掌国际乒坛之牛耳。后来，日本人发明了弧圈球，接着欧洲人将中国的快攻和日本的弧圈熔于一炉，创造了横拍全攻型新打法，再次撑起一片复兴欧洲乒乓球运动的新天地。面对欧洲乒坛的重新崛起，中国队一方面改进球拍的性能，另一方面在"快、准、狠、变"的原有技术风格的基础上加上"转"字，使速度、力量、旋转、弧线和落点五个要素更紧密地结合，大大提高了对付横拍全攻型打法的能力，很快又夺回乒乓技术的优势。1981 年诺维萨德 36 届世乒赛包揽全部冠军奖杯，就是对这项技术变革的最好奖赏。再后来，为了对付因多次交手而对中国队打法日渐熟悉日渐适应并且各怀绝招的亚、欧老将的夹击，中国队不再死守一向视直拍快攻为主流的打法，而是让横拍弧圈打法自由浮出水面，再加上全队认真贯彻"特长突出，技术全面，无明显漏洞"的主张，于是一批男女优秀队员如同雨后春笋涌现出来，他们山立万仞，砥柱中流，在 90 年代后半期使中国乒乓运动再掀高潮。

在个人技术创新方面，中国队也是十分突出的。据不完全统计，近一个世纪以

---

① 国家体育总局《乒乓长盛考》研究课题组. 乒乓长盛的训练学探索[M]. 北京：北京体育大学出版社，2002.

来，世界乒乓球技术、器材创新最突出的共46项，由中国原创的27项，占创新总数58.7%。其中有：容国团的正手转与不转发球；徐寅生的正手奔球；李富荣的直拍近台左推右攻；庄则栋的直拍近台两面攻；张燮林的长胶粒直板削球打法；王志良、郭仲恭的横拍转与不转削球；刁文元的反手侧上下旋发球；许绍发的高抛发球；李振恃的正手快点技术；郗恩庭的直拍反胶弧快打法；许绍发的快带弧圈技术；郭跃华的推挤技术；李赫男、张立的正胶小弧圈技术；葛新爱的长胶削攻推拱结合；谢赛克、李振恃的直拍正手盖打弧圈技术；曹燕华的反手高抛发球技术；蔡振华的横板反胶与防弧圈相结合的全攻型打法；邓亚萍的横拍反胶与长胶全攻型打法；刘国梁的直拍横打、左推右攻和直板反面发球技术；丁松的横拍攻削结合；阎森、马林的直拍反胶左推右攻加直拍横打，孔令辉的横板反手快"撕"技术；王楠的具有中国传统快速特征的反手连续快拉技术，等等。这些技术打法和器材创新，有些被业内人士称为"绝招"，是中国队克敌制胜的十八般武艺，均先后为中国队夺冠立下过汗马功劳。

3.2 匠心独运、众志成城

曾经几次听到中国乒乓球界的领军人物这么说，不要以为中国队有多大的技术优势，不少赛事我们都是"死里逃生"。我们的优势更多的是表现在充分发挥集体的智慧和力量，表现在训练中的精心打磨和竞赛中的严密策划。如果在这一方面稍有疏忽，中国队的地位就有可能动摇。这些话表达也许不无自谦的成分，但绝对不可视为故作姿态。的确，就单个而言，像本格森、约尼尔、克兰帕尔、萨尔霍扬、舒尔贝克和后来的梁英子、玄静和、瓦尔德内尔、刘南奎、佩尔森、盖亭、塞弗等，与同时代的我国运动员相比，可以说旗鼓相当、难分轩轾。论他们的个人技术或运动天赋，都非等闲之辈，只是他们在成长路上往往缺乏一种集体的烘托，缺乏一种仅靠个人难以完成的精雕细刻，缺乏一种咄咄逼人的精、气、神，恰恰在这些方面，中国乒乓球队是别人难以匹敌的。且看中国队在构建训练、竞赛系统工程中如何匠心独运，众志成城。

首先，他们坚定不移地贯彻"从难、从严、从实战出发，进行科学的大运动量训练"的原则，不少队员每天挥拍达5 000次，针对技术难点和自己的弱点刻苦训练，集体攻关，用他们的话说，叫做"给自己出难题、设障碍、找别扭，哪里感觉不舒服越是往哪里练"。为了提高女队的训练难度，组织男女对练，男帮女练。为了适应世界各种技术打法，防止技术僵化，中国队在坚持主流打法的同时，积极支持多种多样的打法，建立起"乒乓小世界"。据称，现在世界上5大类12种打法我国都有运动员能够掌握。有些国内竞赛，各种技术风格百花齐放，简直就是国际比赛的克隆。为了加强训练的针对性，中国队十分注意发现、培养与世界强手打法相似的或相同的运动员，让他们与主力队员捉对训练，称为"陪练"或"模拟训练"，以此增强主力队员的适应能力。训练中有时还有意制造各种噪声，营造比赛场地的环境。这些举措科学适用，有针对性，大大增强了训练的实战色彩，大大提高了训练效果。

其次，在竞赛的临场指挥上，中国队把每一个环节都组织得丝丝入扣。他们群策群力，对每一场比赛都进行赛前分析，对可能出现的问题都研究出预案。他们还通过平日积累起来的技术档案和录像资料，帮助运动员进一步了解对手的技术、战术特点，寻找对策和制胜的办法。在竞赛规则允许的情况下，他们用兵布阵极其用心。听说过孙膑教田忌赛马的故事吗？玩过石头、剪刀、布的游戏吗？中国队自觉运用这种智慧，有时准确地把对手最惧怕的克星派到对手的面前；有时又派出幕后埋伏着的"黑马"，出其不意，攻其不备。有的外国运动员就这么说："与中国队比赛，总感觉面对的不是一个中国选手，而是一个中国集体。"在大多数国际竞赛中，中国代表队阵容强大，技术水平整齐，这也是一大优势。因为体育竞赛虽说是实力的较量，但偶然性、随机性等不可测的因素依然存在。一支参赛队伍，如果尖子队员势单力孤，一旦马失前蹄就后继乏人。由于中国猛将如云，每一个关卡都是一道难关，外国选手往往"过了初一，过不了十五"。中国队则不用太多担心，"东方不亮西方亮，黑了南方有北方"，即使某一主力队员失利，也常会有人出来挽狂澜，获胜概率较大。中国乒乓球队长期以来遵循贺龙元帅的指示，努力避免"内战内行，外战外行"，恪守"国内练兵，一致对外"，高扬爱国主义、集体主义旗帜，把"全国一盘棋"的指导思想贯彻始终、落实到底。

3.3 问渠哪得清如许

仅靠技术精湛、战术成功也许可以使一支运动队伍在某个时候脱颖而出，石破天惊，但像中国乒乓球队那样，在近半个世纪的历史长河里砥柱中流，坚不可摧，总是保持着旺盛的士气、朝气和锐气，分明还有着更内在、更深刻的原因。

首先是崇高而深沉的爱国主义精神。这支队伍从成立以来就自觉服膺"祖国的荣誉高于一切"。傅其芳、容国团当初断然从香港回大陆，就是抱着为国争光的强烈愿望。容国团本来在香港一家渔行谋生，他回大陆参加新中国建国五周年乒乓球表演赛，渔行老板责问他，逼他写"悔过书"，容国团义正词严反驳道："爱国无罪，悔什么过？"岁月如梭，斗转星移，多少乒乓球运动员、教练员，面对五光十色的外部世界的诱惑，面对各种各样的价值观念的冲击，尽管有人彷徨过，犹豫过，但爱国主义自始至终是这支队伍的精神主流，是支持这支队伍自强不息、日新月异的主心骨。这支队伍浸润着对中华民族伟大复兴的热烈渴求，他们不仅承载着提高乒乓球运动水平、为社会主义祖国争光的历史责任，而且在特定的历史时期承载着和平使者、民间外交的历史使命。无论是训练中、竞赛中，他们都能够超越个人的情绪、超越个人的成败得失，将自己的事业和民族的振兴联系起来，并从这种联系中获取永不枯竭的力量源泉。

其次是"胜不骄，败不馁"的思想气度。几十年来，在经久不息的掌声和色彩纷呈的鲜花面前，在十年浩劫和遇到不尽如人意的战绩时，中国乒乓球队保持清醒冷静，不骄不躁，宠辱不惊。战绩辉煌却不自夸，尖子辈出却不自诩。他们深刻地认识到：竞技赛场如逆水行舟，不进则退。胜败乃兵家常事。"胜了从零开始，败了打翻身仗"是他们的格言。无数事实昭示人们：过度的喧哗和不必要的张扬只能带来额外的负担。领军人物说的那句"狼来了"如同暮鼓晨钟，振聋发聩。崇高的理想和高标准的要求，责任心和使命感，使得这支能征善战的运动队伍总是"三更灯火五更鸡"，什么时候都不敢懈怠，什么时候都不忘朝着世界乒乓球运动高峰进击不止。

第三是高瞻远瞩的战略眼光和求真务实的工作作风。长盛不衰的实现靠的是行动而不是对概念的不断重复演绎。一支运动队伍，通常在新旧交替时很难严丝合缝，链条松动、后继乏力是常有的事情。中国乒乓球队虽然也有过青黄不接，但总的来说，他们的新旧交替大都能够做到"光滑连接，平稳过渡"。这应归功于他们高瞻远瞩的战略眼光和求真务实的作风，认真落实后备人才建设，一、二、三线队伍的培养都不偏废，不放松，用他们的话说，"吃着碗里，望着锅里，还想着田里"。据统计，目前我国经常打乒乓球的人口约一千万人，参加业余体校训练的少年运动员有 30 000 多人，在中国乒协注册的成年职业和业余少年运动员近 2 000 人，最高水平的国家一队、二队运动员近 100 人，构成一座目标一致、层层衔接的人才"金字塔"。他们建立起一种公平、公正、公开的选拔机制和淘汰机制，使一、二、三线队伍各得其所又灵活流动，增强运动员的竞争意识和危机意识。多数时候，中国乒乓球队不是一般的自然接班，而是新手奋力"抢班"，形成后浪推前浪的磅礴之势。再看中国乒乓球队历来的教练队伍，在世界乒坛，他们中间哪一位不是"蒸不熟、炒不爆、捶不扁的响当当的铜豌豆"？哪一位不是多谋善断、游刃有余？新旧交替之所以能做到"光滑连接，平稳过渡"，后面该做多少成功的策划和周密的安排，多少深入细致的具体工作啊！

第四是拥有一个精诚团结的领导核心。中国乒乓球界以一种开明的态度和宽容的精神，鼓励技术上的"百花齐放"和学术上的"百家争鸣"，以此激活思路、防止僵化。他们小心保护运动员、教练员和科研人员的独立思考和创新欲望，也不回避学术争论，但是他们总是能够越过"众说纷纭，莫衷一是"的局面，把各种主张筛选、整合起来，形成主流思想并付之实施。这在相当大的程度上是由于乒坛长期存在着一个有经验、有胆略、有权威的领导核心。他们尽管职务有变动，地位有变化，但从来未曾将眼光从乒坛移开，而且时刻追踪着乒乓运动的技术前沿，关注着乒乓队伍的兴衰际遇，或勉励有加，或提出忠告，并在适当时候力排众议，作出正确的抉择。他们是中国乒坛清明、稳定的重要因素，是防止各行其是、一盘散沙的重要力量。

3.4 领导关怀，祖国为乒乓健儿而自豪

中国乒乓运动的崛起和长盛不衰，受到党中央、国务院的极大关怀与鼓励，以毛泽东、邓小平等历代领导集体对中国乒乓球队爱护备至。毛泽东同志在60年代对徐寅生同志《关于如何打乒乓球》的批示，邓小平同志等对中国乒乓球队的接见和讲话，教育了一代又一代乒乓健儿，成为他们成长进步的精神力量。

1971年在中、美领导人的直接推动下，两国乒乓球队实现了互访，从而结束了长期互相隔绝的状态，揭开了中美关系新的序幕，被称为“小球转动了地球”。国际奥委会原主席萨马兰奇在一次贺电中说：“70年代初促使中美两国关系发展的‘乒乓外交’，生动地展示了体育在促进世界和平、增进各国人民之间的友谊和互相了解方面，起到了多么积极的作用!”而“乒乓外交”的成功又大大提高了中国乒乓球队的社会声望。他们的声名在全中国、全世界广为传扬。这一方面促使他们从思想上、组织上和道德作风上更加高标准地严格要求自己，努力维护自己的公众形象，另一方面也为乒乓球运动的发展创造了更加良好的外部环境。

在改革开放的进程中，体育的社会组合愈来愈复杂，体育部门与企业、社团、媒体、科研单位发生着日益密切的关系。这种关系往往是契约关系、合作伙伴关系。能否正确处理好这些关系，也是运动项目发展中的一个重要环节。中国乒乓球队能够与时俱进，通过训练体制、竞赛体制的改革，加强制度创新和机制转换，协调好各方面的关系，注重利益的合理分配，不断提高乒乓球运动的社会效益和经济效益。90年代出现过一段引人注目的“海外兵团”，社会上有些人士曾经表示担心。中国乒乓界既未惊慌失措，也不漠然置之。他们冷静观察，从容应对。结果表明，“海外兵团”并未对中国乒乓球队构成威胁，而且在一定程度上有利于世界乒乓球运动的发展。他们在实践中逐步学会用一种开放的心态面对一个多变的世界。最近几年，国内大部分优秀运动员思想稳定，他们在与加盟国外俱乐部的中国运动员交流比较中，认识到自己祖国的乒乓球运动内外环境，更适合于提高运动技术水平，前途更为广阔。中国乒乓界在社会主义市场经济条件下，积极探索发展的新模式，较好地解决了中央与地方、集体与个人的利益关系，减少或避免了队伍的震荡，继续将这支队伍引上攀登高峰、为国争光的坦途。他们的成功经验，值得各个运动项目管理部门的重视。①

---

① 国家体育总局《乒乓球长盛考》研究课题组. 乒乓长盛的训练学探索[M]. 北京：北京体育大学出版社，2002.

4 世界乒乓球运动发展不平衡的表现

● 乒乓球运动在世界各国区域间技术打法的发展、战术水平的发展和科研水平的发展失衡；

● 乒乓球运动在奥运会、世乒赛、乒乓球世界杯三大国际乒乓球赛事的成绩上，以及乒乓球动员的世界排名上失衡；

● 乒乓球运动在教练员、运动员、后备人才以及赛事的举办发展失衡。2013 年度国际乒乓赛事总共有 65 场，国际乒联占有 29 场，接近一半，亚洲、欧洲、北美洲的赛事举办较多，其次为非洲和南美洲，大洋洲没有举办任何乒乓球大赛(表 1.2)。

表 1.2　2013 年国际赛事举办地统计

单位或地区	国际乒联	亚洲地区	欧洲地区	非洲地区	南美地区	北美地区	大洋洲地区	总计
大赛数量	29	10	13	3	3	7	0	65

5 世界乒乓球竞技失衡的原因

● 国家体育体制的影响，中国独特的自上而下的举国体制与外国自下而上的自由体制，金牌战略以及体育文化的影响。

● 对于乒乓球运动制胜规律的认识，包括对乒乓球竞技要素、制胜因素以及二者结合的认识，技术打法类型及风格的影响。

● 技术打法的革新对世界竞技乒乓球运动发展失衡的产生了巨大的影响，更多技术打法的产生，是对旧的技术打法很大考验，有些技术打法更是引领了乒乓球运动的一个时代。

● 乒乓球器材变革对世界竞技乒乓球运动发展失衡具有重大影响，拥有先进体育器材在比赛的起点就高，往往占据着相当的优势。

● 规则的改变，包括比赛中的用球、球拍、球台以及参与比赛运动员方面规则的变化影响着乒乓球运动的发展。

● 科研创新的影响也是一个非常重要方面，它包括各个国家对乒乓球运动进行科研的数量、质量以及方向。

能否通过打造乒乓球职业超级联赛，以赛事带动世界乒乓球运动的发展?

仁者见仁智者见智，学界也有不同的声音。易剑东教授认为我国“乒超打造美国 NBA”是不切实际的，理由：

第一，乒乓球不大符合世界职业体育流行项目的基本特征。

放眼世界职业体育，我们可以归纳出目前职业化程度比较好的运动项目的几个要素，也可以看成是影响职业体育发展的文化函数。

目前世界上职业化程度比较高的项目有几个基本特征：

- 个人不直接对抗的职业项目中，有运动范围大的项目，如花样滑冰，让人获得观看运动员在较大空间里自由挥洒的艺术享受。
- 两人直接对抗的项目，有身体激烈冲突的拳击和自由搏击，能让人血脉贲张。
- 同场参与人数多的项目，有篮球、足球、帆船。
- 运动技术离散度的高难度项目，有棒球、垒球、橄榄球。

相对于上述项目，乒乓球的劣势是十分明显的。与花样滑冰相比，乒乓球场地有限，球员自由挥洒的空间有限，远台进攻和防守特别吸引人，可能恰是运动员挥洒空间扩大带来的效应。与拳击和自由搏击相比，乒乓球隔网对抗，没有直观的贴身对抗。与篮球、足球、帆船相比，乒乓球即便是双打，也只有 4 人同场竞技，运动员配合带来的变数很有限。与棒球、垒球和橄榄球相比，乒乓球属于平面对凸面的运动，技术的离散度明显小于这些凸面对凸面的运动。技术离散不足，造成的是变化可能性和比赛悬念的下降。高尔夫球是个人轮流上场，但场地大，球和人位移大；网球也是平面对凸面，但场地大，因此变数也更大；篮球和排球主要是凹面对凸面，技术离散性不大，但场地大且多人同时上场，变数大（排球项目面临着配合机械化缺乏灵活性的弊端）。台球项目虽然球台不大，但球多，技术要求多样，变数也大。

可以这样说，这种从已有的职业化程度比较高的项目总结出的规律，乒乓球并没有优势。人少减少配合进而影响比赛变数、场地小影响现场观众视野和电视转播效果、运动员位移小影响观赏兴趣、平面对凸面带来的技术离散性小影响比赛悬念。

当然，这并不是说这个项目就不符合职业化的任何条件。乒乓球比赛那种以我为主、琢磨对手的战术特点、鲜明而直观的制约与反制约、控制与反控制、适应与反适应，是很多项目不具备的。但是，人少、场地小、隔网对抗、技术离散性小始终是这个项目难以成为世界各国大众普遍欢迎的流行性职业体育项目的先天掣肘。

第二，乒乓球的竞技水平提升之道可能不需要倚重职业联赛。

在讨论中国乒乓球超级联赛能否成为美国 NBA 一样的联赛时，人员多寡影响配合的次数和频度、场地大小影响回合的空间和时间、平面击球影响技术控制的确定性和离散度等问题，我们不能不理性审视。

不能不说的是，国际乒乓球联合会推出的乒乓球和球台颜色、乒乓球大小的改革有着良苦用心，客观上起到了吸引观众的某些效果。但这些改革无法解决上述提到的乒乓球与其他项目比较的劣势，甚至大球制改革还可能因为减少技术离散性而削弱了比赛的观赏性。

然而，这或许还不是使中国乒乓球职业联赛无法成为世界职业联赛排头兵的全部理由。

中国推出的乒乓球联赛虽然有激活市场和扩大社会影响等目的，但还有一个目的，那就是提高国家队运动员和国内其他高水平运动员的收入。羽毛球联赛也有类似的目的在其中，可惜其运作方面可能过于考虑国家队训练而忽视俱乐部的自主权，使得不少俱乐部光投入难产出，最终影响了他们投身羽毛球联赛的积极性。这方面，乒乓球联赛做得较好，既照顾到俱乐部的需求，又实现了运动员的自我价值，还扩大了项目的影响。

还有一点必须强调，乒乓球竞技水平的提高其实无需职业联赛，封闭集训效果最好。在中国特色的封闭集训中，针对主要对手找运动员在内部模仿，从而提高主力运动员在与这些运动员较量中的能力。由于乒乓球运动这种一一对抗和两两相较的特征，针对重点对手的专门训练对于高水平的国家队运动员提高胜率更有效。那种在联赛中通过和多人多打比赛的做法，固然能提高水平，但对于重大赛事的备战，其效果显然不如封闭集训，篮球和足球等项目的情况就与此不同。

如果乒乓圈的人们，尤其是专业体育体制下乒乓圈的人们真的认同了封闭集训对于提高国家队成绩的效果优于职业联赛(两者并非完全对立，足球和篮球等职业化程度比较高的项目也会在赛前集训)，这无疑会使他们自觉或不自觉地不把乒乓球超级联赛作为最重要和最基础的工作来抓，乒乓球联赛的发展自然不会是比国家队成绩更被看重的东西。

总体看来，乒乓球项目有其自身局限和自身特点，从目前情势看，职业联赛客观上不是解决中国乒乓球在世界上孤独求败问题的药方，主观上也不能奢望中国乒乓球联赛或世界的职业乒乓球巡回赛能和美国 NBA 一样。

第三节☞ 乒乓球运动的未来发展

1 可持续发展面临的困境

1.1 乒乓球缺乏世界职业体育流行项目的基本特征

从乒乓球与已有的职业化程度都已经达到非常高的体育项目相比较来看，乒乓球劣势明显。乒乓球不但球小，而且动作非常精细，现场观众很难通过比赛捕捉到球员动作技术的细微变化和精髓。乒乓球比赛讲究通过前三板的技术，决定了球员在比赛中利用一切机会快速结束比赛，虽然国际乒联规则把乒乓球的直径从38 mm改为了 40^+ mm，增加了比赛的回合，可是比赛还是依然短暂，鲜有精彩的多回合对抗出现。乒乓球运动讲究“快、准，狠、变、转”，发展至今，乒乓球的旋转已经是现代乒乓球必具的因素和核心，极富内涵和价值，但是很难通过我们肉眼观察得到，只能通过讲解员的解说来把握和理解。而且由于球拍小，集中于球拍上的细微变化动作难以观察到，大多观众所看见到的大多是频繁的发球和捡球，如果没有乒乓球的基础和基本理论常识，对乒乓球的奥妙很难以领会。“虽然热爱乒乓球，但观赏起球赛来，却总有兴趣索然之感。有的人，只是看个热闹，甚至连热闹都不及看清，一场下来，其观球的印象，也仅仅胜负而已。”除此外，北京奥运会是 28 个大项，而伦敦奥运会是 26 个大项，从所设立的大项看来，乒乓球与田径、柔道、举重、篮球、足球等都属于大项，看似对等，实际上乒乓球一直在利益分成时处在第四等的位置。现任国际乒联主席沙拉拉曾提出提高乒乓球项目的等级，遭到大多数人的否决。

当然，不能通过这些分析我们就说乒乓球一无是处，其实乒乓球那种讲究个人修炼、斗智斗勇、依靠个人智慧解决问题，内心斗争跌宕起伏，更偏重心理锻炼，“两强相遇勇者胜，两勇相遇智者胜”，而且就战术来讲，控制与反控制、积极主动、难于技术发挥、适应与反适应等，是很多项目缺乏的。然而，场地的狭小、隔网对抗的局限、上场人数的限制、技术的难以捕捉，不但不利于观众现场欣赏，也不太利于电视转播，这些决定了乒乓球很难成为世界各国普遍欢迎和流行的体育大众项目。

1.2　世界乒乓球文化发展的失衡

作为举国体育体制中被举得最高的一个项目，相对于其他国家，我们的投入实在可用“不惜血本”来形容。蔡振华说：“中国队的垄断地位不是动一动规则、器材就可能被倾覆的。”乒乓球的世界正成为一个倾斜的世界。一边，是举国体制下的中国极端的重视；另一边，是其他国度日益萎缩的热情。比利时乒乓球队的中国籍教练王大勇说，在乒乓球完全市场化的欧洲，人们对这项活动的热情正遭遇打击。1995 年至 1997 年，法国连续 3 年承办男子世界杯，那时他们有盖亭、希拉等一批好手，政府、大众、支援商都很主动；过去，欧洲选手造就繁荣成果，如今连有着 50 年历史的法国公开赛都已裁撤。2004 年奥运会后的短短两个多月时间里，包括国际乒联职业巡回总决赛在内的五项世界级大赛先后在中国举办，不是中国的市场有多好，国际乒联官员姚振绪表示：“之所以把世界杯这样的大赛都放到中国，是其他国度无人接手。”

抛开世界乒坛的大环境不说，在中国喜欢乒乓球的人不少，但愿意关注乒乓球的人却并不多。一个根本原因就是乒乓球缺少娱乐精神，缺少让人关注的热点，很难吸引年轻人的目光。毕竟人们都希望看到让人心跳的比赛，如果总是中国队夺冠，球迷的热情必然丧失。现在乒乓球比赛的收视率在下降，国内乒超联赛更是呈现出各队主场由大城市转向中小城市的趋势，越来越多的人已经把国乒夺冠看成是一种必然，自然就不再关注。现在中国乒乓球人口并没有下降，但由于足球、篮球、网球等项目的冲击，年轻人喜欢乒乓球的越来越少。中国乒乓球队长久以来都将奥运战略放在第一位，高水平运动员除了比赛几乎是两耳不闻窗外事。所以刘国梁在不久之前才会说出“现在的球员缺乏个性”的话。缺乏个性就必然导致比赛沉闷，毕竟现在为了欣赏乒乓球而喜欢乒乓球的人并不是很多。很多球迷走进赛场观看比赛，更多是冲着球星去的。中国乒乓球选手在比赛中大多都中规中矩，一切都以成绩为目标，即使在“世界打中国”这样的邀请赛中，也缺乏娱乐精神。作者“小嫩头”在《乒乓球，明天你还看吗?》一文中说：“与中国足球的麻木不仁相比，中国乒乓球咄咄逼人的后果更令人可怕!”

1.3 乒乓球文化认同的矛盾

由于不同的社会发展背景、历史等因素，不同地区的人们所处的文化总是有所区别，有所相异的，例如中西方不同的宗教信仰、不同的生活模式等等。由于人类文化存在的差异，生活于不同的文化中的人们的思维方式与行为规范都是以自己的文化为基准，在一种文化体系中正常的现象，在另一种文化中却难以理解，这也是对其他文化的理解不尽相同的最为主要和重要的原因。乒乓球文化认同之间的矛盾，在于不同的文化区域对于乒乓球文化的认识是有所区别的，甚至有的区别相差甚远，这也是乒乓球文化国际传播的主要瓶颈之一。

2011 国际乒联巡回赛年终总决赛，即伦敦奥运会的测试赛，在英国伦敦举办，比赛结果是中国队囊括了男女单打双打的全部冠军。然而作为乒乓球发源地的英国，关于乒乓球却发出了不一样的声音。就在比赛正酣之际，英国著名综合类小报《标准晚报》刊登了一篇署名文章，大意如下：接下来的三个星期，在伦敦艾克塞尔，你会看到击剑，拳击、柔道、跆拳道、摔跤和举重等项目，同时你也会看到另一个项目：乒乓球。在人类运动史上，拳击和乒乓球真的是属于两个极端，对于男人而言，拳击可以说是人类目前已知的最为纯粹的运动；而乒乓球则更像一种羞辱。在文章中，这位记者直接把乒乓球归纳为小孩子们玩儿的游戏：“我深深怀疑像乒乓球这种在桌子上玩儿的小型运动也有资格登上奥运会的大雅之堂，它不配！我知道这么说会让所有的乒乓球选手们不开心，但是当我抵达艾克塞尔中心后，还是掠过乒乓球场地，直奔拳击赛场了……”

就英国政府来讲，在乒乓球上投入的资金不多，英国选手将要在2012年的伦敦奥运会遇上强大的亚洲选手，尤其是中国选手，作为东道主，更多的重点是通过奥运会促进城市的建设，而非竞技目标。同时从另一方面来讲，在英国最为流行的体育项目是足球，英格兰超级联赛总是被认为是世界最好的联赛，还有板球、橄榄球、高尔夫，球拍运动是网球、羽毛球和壁球，他们在英国非常流行，武术近年来在英国也流行起来，如柔道、空手道、跆拳道，数以千计的俱乐部遍布全国，当然还有户外运动、极限运动等等。就英国来讲，乒乓球只流行于娱乐场所，而非专业领域。在美国，乒乓球就是到了现在，也从来没有被当作一项正式的体育运动，更多是看作一项游戏，而且大多是餐后客厅娱乐或女人小孩之间的一种游戏活动，是“一种难登大雅之堂”的特殊项目。美国乒乓球前国手 Tim Boggan，一个亲历过中美乒乓球外交“小球转动了打球”的历史学家，在其新作《美国乒乓球的历史》中就提到：“在乒乓球发展到今天，作为曾经为乒乓球最初的大力鼓吹者，美国国内对乒乓球的认识依然就乒乓球究竟是体育还是游戏的问题上多年纠缠。”

2 我国乒乓球队“第三次创业”计划的提出

第三次创业计划纲要将本着总体设计，以奥运为周期，划分阶段，分步实施的原则进行。第三次创业第一个4年计划将从2012年9月至2016年9月，主要任务是完成2016年备战奥运会和参赛任务。第二个4年计划将从2016年9月至2020年9月，主要任务是完成2020年奥运会的备战和参赛任务。其后将以4年为一个周期制定计划，完成周期内的主要任务，直至实现第三次创业的总体目标。2012年9月至12月是准备阶段。将进行第三次创业的思想动员工作，完成教练员队伍组建和队伍调整。2013年1月至2016年12月为基础阶段。在此阶段将分步实施计划中的各项工作，完成各项大赛的参赛任务。2016年1月至2016年8月为备战参赛阶段。此阶段将进入备战的冲刺阶段，各项工作将以备战为核心展开。2016年9月将是第一个周期的总结阶段。此阶段将对第一周期的工作进行全面总结，为第二个周期开始实施做好各项准备。2016年9月至12月是巩固提高阶段。在此阶段将根据上一周期的实际，对不适宜计划实施的因素进行调整，对积累的经验进行肯定和巩固。2017年9月～2019年12月为第二时期计划实施的基础阶段。主要任务是深化实施计划中的各项任务，力争各项工作取得显著效果。2020年1月至2020年8月为备战参赛阶段，在各项工作取得显著效果基础上，在乒乓球运动更加繁荣兴旺的局面中完成奥运争光任务。

3 世界乒乓球运动未来发展之路

① 加强各区域各国家的乒乓球技术打法、战术以及科研创新的交流，使各国共享乒乓球资源。

② 在乒乓球世界大赛中合理地划分参赛国家，使更多的国家可以有获得奖牌的机会。

③ 合理对待海外兵团。在一定程度上必须抑制海外兵团的运动员，加强海外兵团的教练员，加强教练员之间的交流，并增设更多的乒乓球赛事。

④ 各乒乓球组织应积极宣传乒乓球文化，组织各国乒乓球交流，增设乒乓球创新奖项，进一步巩固乒乓球的奥运会地位。

⑤ 中国作为世界上乒乓球运动最强的国家，有权利也有责任来促进这项运动的可持续发展。加强中外交流可以对乒乓球运动的发展起到一定的推动作用，设立乒乓球运动训练培养基地可以直接的促进外国乒乓球运动的竞技水平，开展教练员的培养、培训才能保证发展的可持续，打造具有世界影响力的乒超联赛才能提到乒乓球运动的世界影响力，最终目的就是要将这项运动可持续的发展下去。

⑥ 对乒乓球运动制胜规律的认知和把握应及时，科学及时的认知和把握制胜规律才能比较客观地认识乒乓球运动的发展，提早认识到其中所蕴含的规律，从而可以更早地提出有效的策略。

⑦ 各国应加强科学研究，创新技术打法，加快器材变革不断的将训练方法手段进行创新，应用到实践中，降低成本，加快训练速度，缩短训练周期，保持持久的竞技水平。还可以对技术打法进行创新，给对手以措手不及，形成独具风格的杀伤手段。对器材的变革可以将技术打法发挥出更大的威力，形成自己的杀手锏，进而提高竞技水平。在积极创新乒乓球器材的基础上，应该保障乒乓球比赛中器材使用的公平性。

⑧ 国际乒联应正确看待乒乓球运动发展的问题所在，不能盲目地进行规则的变化，修改规则更应兼顾公平，与各国乒协携手捍卫乒乓球运动的世界地位，将乒乓球运动发展繁荣起来。

02 第二章 乒乓球运动的历史渊源

在体育运动史上，乒乓球运动可以算是一项年轻的运动，比起田径运动(2000年以上)，它可算是名副其实的后辈。作为西方文化的载体，乒乓球从20世纪初少人问津的舶来品，发展到如今举世瞩目的中国的“国球”，并成为中国文化的一个符号，乒乓球运动已经走过了百年的发展历程。

从19世纪末乒乓球诞生到1926年世界乒乓球协会正式成立之前，应该算乒乓球的早期阶段，也是乒乓球从杂乱无章的游戏到成为正式的、规范化的国际体育运动项目的重要阶段。乒乓球的早期历史，史籍上并没有完整的记载。在我国乒乓球相关著作等研究中，国内学术界对这一问题也没有给予足够的重视，虽有一些零星记述，但其范围仅限于国际乒乓球协会正式形成后之历史，而对于乒乓球历史起源等问题则鲜有详述，仅有的教科书及相关研究，也存有文献来源不明，证据不清等不足。而在国外，人们对乒乓球历史起源的认识几乎从未取得过一致，相关争议几乎从未间断，不同的研究者对这些此问题的理解可谓是见仁见智，但都缺乏足够的证据来进行佐证。历史起源的混乱为学术交流增添了许多障碍，深入研究乒乓球起源及早期活动历史特征，应该成为学界及社会各界回顾这一阶段史学衍变的主要问题意识。鲜有学者立足国际并从历史的视角考察早期乒乓球游戏的衍变历程；而且游戏作为意义建构的过程，也未在乒乓球文化领域被充分探讨。追寻历史的足迹，还原早期乒乓球运动全貌，本章节将从这几方面力所凸显。

第一节 ☞ 乒乓球运动的历史来源考察

关于乒乓球的来源，一直有几个版本流行。

1 网球来源说

乒乓球游戏的进化与古老的游戏“室内网球”(Jeu de Paume)即后来真正意义上的网球紧密相关。大约一千多年以前,球拍运动的开山鼻祖——网球出现,最初是使用手掌心来击打球,然后用皮革或者布包裹手掌来进行击打,之后使用长而坚硬的实木棒击打。到 16 世纪,才开始使用紧绷的弦做成的球拍。草地网球在 19 世纪 70 年代和 80 年代间是一项非常流行的运动,当时的游戏制造商们试图从草地网球的成功来发展以室内球类运动为主题的游戏,从而导致了乒乓球运动产生。

2 羽毛球来源说

另一个说法认为乒乓球源于古老的羽毛球游戏。最初的羽毛球游戏是使用拍子在中间无网的场地随意相互击打。从 1760 年一个名叫(Filament)的人的雕刻版画作品中,可以看到两个中国小孩正在玩木球拍,其酷似乒乓球的游戏。

3 其他学说

匈牙利乒乓球运动员凯伦在《乒乓球的历史》一书中提到 2 000 多年前在日本宫廷曾流行的一种羽毛的毡子游戏,认为乒乓球运动是这种游戏变化而产生的。也有人说乒乓球最先流行于英国及德国宫廷,据说英皇爱德华七世曾以乒乓球器材赠予德皇,以后由宫廷流传到民间,成为欧洲一种流行于家庭的游戏。苏联的伊万诺夫在其所著《乒乓球练法》中曾提道,在 19 世纪初期,俄国的莫斯科利和彼得堡普流行一种叫做飞球的运动,用的是网球球拍,而球却插有羽毛的软木塞。后来由于天气寒冷的缘故,逐渐转为室内运动,器具也因之有所变化。以餐桌为球台,中间隔一球网,一木质球拍击打一种外包毛线的橡胶皮球,成为桌上网球的前身。据有关史料,清初我国已有台球流传于民间,深受人们喜爱。在我国四川、云南交界山区的苗族人,就把这种台球游戏作为农闲和饭后消遣。他们用晒干的梧桐树或柑树的果子当球,用带长柄的木板当拍,用门板当球台,两边对打,人们称此为“臭柑子”游戏。另据资料记载,清末珠江流域盛行类似的游戏,不过不用干果当球,而是用猪尿泡吹气做成小球,比干果弹性要大,或在桌上、或在地上、或在空中对打。这可谓乒乓球运动的前身。另一种说法是源于南美洲。当地的印第安人用橡胶树的汁液做成实心球,晾干后重量轻、弹性好,称为“马卡瓦”,在当地很流行。

后来由哥伦布或其他探险者带回欧洲逐渐传开。还有一种说法是源于俄国。沙皇时代贵族家庭的一些成员，用橡胶球缠上毛线做成球玩游戏，1890 年前后已相当流行。也有人说欧洲一些国家的宫廷中，最早用象牙做球，因造价昂贵，难以推广。

而关于乒乓球的具体来源，众说纷纭，莫衷一是，甚至有时还大相径庭。有人认为，在 1880 年初由驻扎在印度和南非的船上英国军官出于消遣娱乐需要，偶然发现在台上玩网球颇为刺激，他们用雪茄烟盒盖为拍，圆润的葡萄酒瓶塞当球，加上一个简易的网，从而导致乒乓球的出现。另一个说法是 19 世纪后期英国的大学生一次偶然的机会，将餐桌当球台，书作球网，将室内网球游戏搬上桌上进行，英国的新闻界颇感兴趣，把它誉为时髦的运动，大加渲染并做了充分的报道，在社会引起极大轰动，从而使乒乓球游戏盛极一时，并产生了乒乓球运动。

乒乓球的具体来源，版本的真实性已经无从考证，其具体真实来源一直充满悬疑未知，从来没有被完全确认。不同的国家和地区在不同的历史时期流行着类似乒乓球运动的游戏是完全可能的，但很难说具体乒乓球发轫于哪一种游戏，而且很多假说无具体历史资料支撑，难以考证。从现有可据可查的历史资料记载来看，古老的网球比之羽毛球来讲历史更为悠久，大约 1 000 多年前，古代网球已经产生①。从国际乒联博物馆保存的于 1576 年出版于比利时北部安特卫普港一本极为珍贵的木刻书（书内所有的雕刻画采用欧洲接骨木雕刻而成）中打网球的活动场景图中，非常直观清晰地明示了古代网球游戏所有的器材与场地，乒乓球受网球运动启发而生。

第二节☞ 乒乓球起源地争论辨析

梳理从民国时期到现今，我国几乎所有相应的论文、报纸、期刊及教材等，都一致认为乒乓球起源于英国。其实从 20 世纪乒乓球开始在全世界流行伊始，便存有来自不同国家与地区的纷争，就是到了乒乓球高速发展的现代，质疑声也一直不绝于耳。但各界争论的焦点主要集中于乒乓球游戏是源于美国还是源于英国。

1 美国起源地说

Ping-Pong：*The Game*，*Its Tactics*，*and Laws*（1930）是科尼利厄·斯沙德

① 王佐军编. 网球[M]. 沈阳：沈阳体育学院出版社，1987：2-3.

(Cornelius Schaad)1928 年所著乒乓球专业书，其主要介绍了乒乓球作为一项新游戏，是如何地引人注目，在青少年与成年之间是如何地流行，同时也重点论述了乒乓球游戏的进攻与防守等技术，即使在今天，此书也是现代研究乒乓球运动历史最为确切的指南之一。作为一个纽约富人区的乒乓球爱好者，虽然其专职是律师，但同时也是一个以美国塞勒姆、马萨诸塞州为基地的乒乓球大力宣传者，在其大作中他言辞确凿，坚称认为乒乓球源于美国①。作为代表的还有主要从事游戏开发的帕克兄弟公司，以及当时的美国乒乓球协会，通常都认为乒乓球游戏不是源于英国，而是源于美国。

科尼利厄·斯沙德把乒乓球称为一种“游戏”(一种室内网球小尺寸的球类游戏)，认为“一个结实的质量很轻外包裹网状的球”，为避免碰坏家具，可以在餐桌上进行，也可以在地板上进行。他认为此游戏，“产生于塞勒姆与马萨诸塞，但主要通过伦敦室内游戏制造者开发”②③。

他们是有充分的证据与理由来支持其立场。因为当草地网球在 19 世纪 80 年代与 90 年代间极为盛行的时候，游戏制作者试图利用网球拍来开发室内相应的游戏活动。

在 19 世纪 80 年代美国纽约的森格(J. H. Singer)已经制作了缩微版的草地网球游戏，在地上采用缩小的木制网球拍来回击打一个光滑的木球。1884 年，森格又发明了一种用骰子玩的新棋盘游戏，他把此游戏正式称为“桌上网球”，这也是全世界第一次使用 “桌上网球”作为一项游戏的名称。

在 1887 年，“桌上网球”游戏开始进入美国著名的帕克兄弟公司的创始人乔治·帕克(George S. Parker)的游戏目录里④。1896 年，类似这样的游戏已经被创造，一个叫皮洛(Pillow-Dex)的美国游戏制作者，用一根绳子把一张桌子分为相等长的两大部分，游戏者用手把一个羽毛球打来打去。另一个改编的网球游戏是纸牌游戏和弹塑料片游戏，方法是在一小块毛毡布上架了张网来回击打一个羽毛球。

在 1897 年，帕克兄弟从弹塑料片游戏中得到启示⑤，他们把一张球网挂紧在两把分开的椅子上，采用绷紧的线的木制拍子在球网上空来回击打一个羽毛球。由

① Cornelius Schaad. Ping-Pong: The Game, Its Tactics and Laws[M]. Boston: Houghton-Mifflin, 1930.

② Cornelius Schaad. A Manual of Ping Pong[M]. Boston: Walker Press, 1929.

③ Cornelius Schaad. Ping Pong[M]. Boston: Houghton-Mifflin, 1930.

④ Evolution History, ITTF Museum[EB/OL]. http://www.ittf.com/museum/indextech2.html.

⑤ Orbanes Philip. The game makers : the story of Parker Brothers from Tiddledy Winks to Trivial Pursuit[M]. Boston: Harvard Business School Press, 2004.

于羽毛球形状的非规则，常导致难以预料的方向。1899 年帕克兄弟公司创造了另一个非常成功的室内改版网球游戏，在一块铺着小毛毡布的类似网球场地，用一块木制球板弹击塑料片，使其越过用纸板造的球网。

众所周知，在 19 世纪的美国，台球非常盛行，但其用球却由象牙制作，造价昂贵，寻找一种合适的替代品可愁坏了当时的台球制造商。美国的一名印刷工人约翰·海阿特从 1868 年开始为此冥思苦想，1869 年一次偶然的机会发明了赛璐珞材质，1900 年一个英国人用赛璐珞材质制作乒乓球，从而使当时限于发展窘境的乒乓球运动获得新生，并开始了在全世界大范围、不同社会阶层的传播与开展。

随着赛璐珞球的跨世纪革新，乒乓球这项游戏更加流行，美国帕克兄弟公司的英国经销商，其专卖游戏和玩具的哈利(Hamley)兄弟，包括杰奎斯及其儿子的乒乓球器材，在 1901 年把“乒乓球”在英国专利办公室注册，后美国授权杰奎斯把专利权卖给帕克兄弟公司[①]，这些成箱的已经流行的英国杰奎斯器材，如同格尼(Gurney)指出的那样“都印刷上美国的标志及其专利号”，而且在美国销售。后来不久帕克兄弟从杰奎斯处买断全世界除了美国之外其拥有“乒乓”的世界版权。乒乓球在美国已经处处都是，每个地方都已经形成，后来那些比帕克兄弟公司推动和发展乒乓球运动更好的人们，就认为乒乓球已完全就是他们的游戏了。

2 英国起源地说

英国社会各界，包括一些历史学家，以及一些乒乓球研究方面的学者[②]，他们对“美国起源说”强烈质疑，一致认为不能凭此就断定乒乓球起源于美国，而英国才是乒乓球真正的起源地[③④]。

他们认为，在 19 世纪 80 年代，桌球游戏在英国上层阶级已经非常流行与时尚了，那是一个令人非常震惊的乒乓球狂热时代，几乎所有关于乒乓球报道都见之于当时非常有名的报端。当时英国最为著名的报纸《每日镜报》《泰晤士报》《每日邮报》等都已经重点头版连续报道此游戏在英国的突然出现与引起的轰动，从而使人们认识桌球，投入到此项游戏中去。

从现有的文字档案来看，在 1890 年，英格兰的大卫福斯特(David Foster)首推

① Harvard. Table Tennis Teacher[M]. Boston: Harvard Table Tennis CO, 1936.
② Arthur Waite. Table Tennis[M]. London: Athletic Publications, 1934.
③ Walter Harrison. Table ennis[M]. London: Durhams, 1902.
④ C. G. Eames. A. B. C of Table Tennis[M]. London: Drane, 1902.

出他的室内桌上游戏[①]，而且在英国申请了专利(专利登记号为：11037)，这是世界上最早的首次记录在册的真正把网球搬到桌上进行的游戏，它是全新的网球改良版，它有用线绷紧作弦的板球拍、直径 30 mm 的用布覆盖的橡胶球，还有桌上四周用木栅栏包围，精心编制的连接到木制栅栏两边张开的边网，其为防止游戏过程球落到球桌外。

1891 年，也即大卫福斯特首推出室内桌球游戏一年后，英国人约翰杰奎斯(Jaques)发明了"高西马"游戏，并也申请了正式的专利(专利登记号为：157615)。他是从羽毛球游戏获得启示，此游戏使用羊皮鼓做球拍，使用直径 50 mm 的网状软木球[②]。

1891 年英格兰人查尔斯・巴克斯特把乒乓球作为商业专利权申请了许可证。而且世界上最早的乒乓球器材是由英国的杰奎斯及其儿子的公司制造的，1898 年杰奎斯在全世界首次把这项游戏登记为"乒乓球"[③]。

1890 年和 1891 年所开发的桌上网球游戏运动，由于球材料的缘故都不是很成功，直到 1900 年赛璐珞材质的乒乓球出现，才导致此游戏获得新的生命与生机[④]。

3 具体历史考证

对比美国起源与英国的各种证据，通过各种途径考证，可知：

虽然美国于 1884 年是全世界第一次采用"桌上网球"名称定义一项游戏，可这项游戏却是骰子玩的新棋盘游戏，非真正意义的草地网球游戏前身。

在 1887 年，"桌上网球"游戏虽然进入美国帕克兄弟公司的游戏目录里，可是研究美国帕克兄弟公司的档案发现，在 1887 年美国的马萨诸塞州的乔治斯・帕克及塞勒姆公司(其实就是后来的帕克兄弟公司)，确实已发布了一条"桌球"游戏的广告："此游戏像草地网球似的安排，比赛及其计分都是一样的，而且所有的规则也都能观察到。"虽然说室内网球在桌上玩，也能在地上玩，但是一个不容置疑、确凿不移的事实就是——"桌球"在英国埃尔斯公司 1886 年的条目上已经有所记载。其实在 1886 年(或可能更早)英国的体育用品埃尔斯有限公司(后被 Slazengers 兼

① David H. E. King. The Science and Art of Table-Lawn-Tennis[M]. England：David H. E. King Ltd. 1923.

② M. A. Symons. Table Tennis[M]. London：Methuen，1935.

③ Greg Letts，A Brief History of Table [EB/OL]. Tennis/Ping-Pong About. com. 2010. http://tabletennis. about. com/od/beginnersguide/a/history of tt. htm.

④ Colley and Maitland. How to Win at Table Tennis[M]. England：The Evening News，1902.

并)，正在销售一种用微型的球拍玩的一种草地网球，英国的艾尔斯公司的条目上特别注明这个游戏不是在桌上进行，而是在铺着厚厚的绿色毡面的地上进行的①。虽然“桌球”这个游戏名称在 1887 年出现于乔治·帕克的游戏目录上，可以推断可能这是源于当时一副获得从英国授权进口的埃尔斯器材。美国人利厄斯沙德斯盖德其实已经暗示了器材制造与公司的联系，当时美国的游戏制造商实验了很多市场化和家庭版的草地桌球，但都没有实质性的进展，而英国相应的乒乓球器材比之美国却已经具备了各种款式。

考察美国帕克公司在商标“乒乓球”名称方面，他们在保护其商标权利一直不遗余力，据理力争，无论英国还是其他国家的乒乓球竞赛还是器材销售，都不允许其染指“乒乓球”名称，这也从一定程度上说明商业利益掺杂其中，一些美国公司大力鼓吹认为乒乓球源于美国，主要还是考虑到公司商业利益的关系，基于自身利益的考虑，为更好地销售他们的产品，推动相应的乒乓球器材在美国与全世界的发展，而认为其起源于美国②。

总之，关于乒乓球运动的历史起源地，一直是一个漫长而有趣的话题，从最早的英国文字记载 *Ping Pong — The Greatest Indoor Game*，就包含了对桌球此项新游戏的热切关注。来自不同层次的各界新闻媒体也对乒乓球的起源和引起的轰动做了深入报道，但是由于信息的多源性与不完整性，关于乒乓球早期冲突的信息层出不穷③。就是到了现代，众多历史学家也纷争不休，却难以从众多的资料中得到确凿的佐证，无从稽考。但英国是世界上最早具有记载乒乓球的文字形式的国家，有世界上最早的把“桌球”注册在档的记录，种种证据与迹象指向乒乓球更可能源于英国上层社会，并且主要是作为上层社会晚餐后一项客厅休闲活动而产生。

第三节☞
乒乓球游戏的初步发展

在乒乓球开始引起伦敦哈姆雷的摄政街公众注意的时候，当时称其为“wiff-

① Gurney, Gerald N. Table Tennis: The Early Years[M]. International Table Tennis Federation (ITTF): St. Leonards-on-Sea, East Sussex, England, 1989.

② Tim Boggan. TABLE TENNIS OR PING-PONG? Volume I : 1928—1939[M]. CreateSpace Independent Publishing Platform, 2000.

③ A Brief History of Table Tennis/Ping-Pong, About. com. Table Tennis[EB/OL]. http://tabletennis.about.com/od/beginnersguide/a/history_of_tt.htm.

waff"和"Gossima"[①②],此游戏借鉴了缩小版的羊皮鼓羽毛球,使用一个更大的50 mm的软木球,还有令人吃惊的高30 cm的球网。但19世纪80年代至90年代,由于当时游戏主要的器材——球,要么橡胶球弹跳太乱,或软木球弹性不够,游戏并不是很成功。直到1900年赛璐珞球的出现,乒乓球游戏才进入历史发展新高潮。

赛璐珞球出现后,迅速吸引住了大众,后来打这种球的人多了,乒乓球快速地流行开来,它更像是将网球从宫廷搬到了平民百姓的普通家庭当中,成为当时风靡家庭娱乐活动的主要方式。此期间,许多游戏和玩具生产商也立即闻风而动,给这种新游戏起了带有各自国家特色的五花八门的名字。如:"Ping Pong or Gossima"、"Ping Pong"、"Table Tennis"、"Whiff Waff"、"Parlour Tennis"、"Pom-Pom"、"ndoor Tennis"、"Pim-Pam"、"Netto"、"Royal Game"、"Tennis de Salon"等。球台和球网的大小及高度均无统一规定。记分方法有10分、20分、50分或100分为一局的。发球的方法也无严格限制,既可以把球先击到本方台面再落到对方台面,也可以将球直接发到对方台面规定的地方或任何地方,只是要在本方球台后方、台面以上高度。还有一条规定参赛的男女球员必须穿裙装、衬衫[③④]。在1903年的一篇报道,它告诫人们打乒乓球的时候不要穿大礼服、硬衬衫,女士们不要穿白缎长袍。在游戏时,还要注意正确球拍和使用一定的技术[⑤]。不过当时源于上层社会的桌球游戏,其目的是社交与娱乐的目的,所以许多人仍仅把它视为一种茶余饭后的娱乐,而不是一项正规的体育运动,尽管如此,当时它的技术已有了明显的进步。并在1900—1902年传入日本;1901年通过定居中国的外国人传入中国[⑥];1905—1910年传入维也纳和布达佩斯。

在1901年12月12日桌球协会形成于英国。四天后,乒乓球协会也形成于英格兰。1902年库特偶然的机会发明了胶皮颗粒球拍,从而主导了乒乓球运动的发展将近50年时间,直到20世纪50年代初海绵球拍的出现。在1903年4月1日,桌球协会和乒乓球协会合并为美国桌球和乒乓球协会,此后协会更名为乒乓球协会[⑦],从而开始组织更大规模和跨区的比赛,规则也初步制定及逐渐完善。奇怪的

---

① Fiona Hamilton. Inventors of ping-pong say Mayor Boris Johnson is wrong[R]. The Times, September 2, 2008.

② A Comprehensive History of Table Tennis, Retrieved from 29 August 2010 ITTF Museum[EB/OL].. http://www.ittf.com/museum/history.html.

③ T. Fisher Unwin. Ping Pong, The Game and How to Play it[J]. USA: Arnold Parker, 1902.

④ Walter Bronson. Ping Pong and How to Play It[M]. New York: Ritchie & Parker, 1902.

⑤ Arnold Golsworthy. Ping Pong People[M]. London: Raphael Tuck, 1902.

⑥ 李荣芝,肖焕禹.乒乓球在近代中国的传入及发展[J].成都体育学院学报,2012,28(5):2-3.

⑦ http://tabletennis.about.com/od/beginnersguide/f/tt_or_ping_pong.htm.

是，在 1904 年，由于未知的原因，这项游戏却突然在英国不再令人喜欢而衰落沉寂，就连国际上第一份乒乓球专业杂志《乒乓球娱乐先驱》也销声匿迹，众多历史学家满腹疑团，难解详情，不过在东欧仍然非常流行及普及。

这项运动究竟是“桌球”还是“乒乓球”？人们一直感到疑惑，也曾经引起广泛的讨论与争议[①]，但正是两个名称的相争，说明在这项运动起源时候两名称通用的频繁与经常。由于帕克兄弟公司在美国保护他们的商标名称“乒乓球”不遗余力，不容侵犯，当游戏开始在英国和欧洲复兴和广泛传播的时候，可以理解的是，在欧洲用“桌球”这个名称来代表这项运动是不得已的选择，主要为了避免商标专利方面的纷争与麻烦[②][③]。

在 1922 年后，随着欧洲乒乓球的复兴，在英国人蒙塔古等人的推动下，曾一度被冷落的乒乓球运动才又重新在英国活跃起来，并组织了一些由各地选手参加的全英乒乓球赛[④]。1926 年，由于发现“乒乓”(Ping-pong)一词是商业注册名称，而且原英国乒乓球协会也缺乏代表性，因此便解散了原组织，重新成立了“桌上网球”(Table Tennis)协会。“桌上网球”这个名字一直沿用了数十年，这也解释了为什么这项运动的管理机构国际桌球联合会(而非国际乒乓球联合会)，国际乒联至今还采用着这个名字[⑤]。

1926 年国际乒联宪法获得通过，艾弗蒙塔古(英格兰)当选首任乒联主席，连同第一套标准化的规则，从此乒乓球运动正式走向国际化、组织化[⑥][⑦]，开始了全球范围内的广泛传播与发展。

第四节 ☞ 早期的乒乓球器材

源于上层贵族的乒乓球游戏活动，即使作为有钱人的一种消遣方式，它也是从最基本的装备开始的，并迅速扩散至社会各界。

---

① Walter Harrison. Ping Pong or Table Tennis? [M]. Windsor Magazine, October 1901.

② Gernald. England's First International Team[J]. The Table Tennis Colletor 9, 1995: 4.

③ Coleman Clark. How to Play Table Tennis[M]. Chicago : P. Becker, 1936.

④ Ivor Montagu. Table Tennis To-day[M]. Cambridge: Heffer & Sons, 1924.

⑤ 乒乓球起源，第 29 届奥林匹克运动会网站[EB/OL]. http://www.beijing2008.cn/cptvenues/sports/tabletennis/n214046547.shtml.

⑥ Coleman Clark. Modern Ping Pong and How to Play It[M]. New York: John Day, 1933.

⑦ Ivor Montagu. Table Tennis, [M]. England: Pitman, 1937.

1 乒乓球

由于历史等原因，早期的乒乓球实物很难被保存，但是当时的广告给我们提供了很多有益的线索①。早期的乒乓球具有很多的品种，五花八门，种类繁多，有用布覆盖表面做成的布球，有深缝制、双缝制等形式，形状迥异；还有表面像网络状的用软木或纸壳子做成的球，充满质感。值得注意的是，从乒乓球诞生始起，由于使用球的原因，橡胶球由于弹性太大，软木塞的球弹性太弱，这些游戏都没有获得成功。

在19世纪的美国，台球非常盛行，可是用球却用象牙制作，造价昂贵，寻找一种合适的替代品可愁坏了当时的台球制造商。美国的一名印刷工人约翰·海阿特从1868年开始为此冥思苦想，1869年一次偶然的机会发明了赛璐珞材质，在1900年，一名叫詹姆斯·吉博的英格兰球员在美国旅行回国时带回了一种这种被称作“赛璐珞”易燃的可塑物质，随着赛璐珞球的引入，发现这种制成的球非常适合这项游戏活动，此项游戏活动才获得复兴。在“赛璐珞”引入后，Jaques重新使古老的高西马游戏获得生机②。直到2014年，“赛璐珞”也是制造乒乓球的标准原料。后来E. C. Goode在1901年发明了具有现代意义版本的覆盖在木板上的橡胶拍。在1901年桌球逐渐流传，影响不断扩大，于是比赛开始组织起来，关于桌球方面的书籍也开始出版。并在1902年举行了一场非正式的锦标赛。

2 球拍

19世纪80年代末，美国和英国的生产商开始生产球拍，他们希望自己的产品能成为乒乓球的“官方”用品。最初的球拍大多数是木制的，外面罩以带颗粒的橡胶，但形状和尺寸却大小不一。在生产商之间的竞争中，他们并没有在尺寸方面达成一致，即使是在今天也没有一个统一的标准。

最初乒乓球主要在家庭聚会等场所开展，所以最初的器材大多是以家庭用为目标的，从以前的一些版画显示儿童和成年人都很享受此种游戏，他们都在自己家里与朋友或亲人一起游戏。1880—1900年之间，最初是使用长柄的球拍，球拍名称经常被称为“banjo”，长度为48 cm。随后出现了短柄的球拍。逐渐地，由不同

① Chuck Hoey. The Table Tennis Collector 2[J]. ITTF Museum, 1993, 2: 5.
② Istvan Kelen. Success at Table Tennis[M]. London: Warne & Co, 1936.

种类的木头制成的木质球拍开始流行开来，这些球拍具有不同的厚度；为加大传递球的旋转，表面覆有砂纸抛光的球拍开始出现；随着乒乓球游戏的逐步流行，软木球拍在1902年介绍引进，一直到1950年都坚持使用此软木，很多人认为软木的球拍击球更加有效，因为它非常理想适合防守尤其旋转球所带来的能量变化，于是软木表皮的球板替代之前砂纸抛光的球板。传说有颗粒的橡胶拍始于一名药剂师在收银机收银时为硬币垫的垫子。最早的商业模型球拍具有短短的瘤或像金字塔的尖顶形状。到1920年，硬质橡胶拍已经成为绝大部分球员的首选武器，尽管软木和带砂纸表面的球拍还在继续使用，尽管流行带海绵的球拍，信奉硬拍的信徒却坚持己见。1920年后，乒乓球拍出现了很多技术风格上的诸多改变①。

早期的乒乓球和乒乓球拍表面经历了令人称奇的各种各样的变化。如带槽的木片、皮革，砂纸，上漆的木片，软木，铝，毡制的，早期的具有某种结构的橡胶和一些不寻常的形状②。尤其令人注目的是雕刻精致带纹路的拍子，以及一个不寻常的功能特征，包括烙花艺术、复杂的手柄镶嵌、纯银、玳瑁柄、骨刻，等等。串线的球拍在1890年作为草地网球首次尝试。两面羊皮的球拍借鉴了羽毛球状球拍，在1891年"高西玛"的游戏中使用，当1900年左右赛璐珞球被介绍引进的时候此活动非常非常盛行。从非常罕见的微型网状网球到两面贴羊皮纸的有长、中短柄形式的球拍，再到木质球拍，球拍的表面经历了惊奇的变化，也反映了100多年的球拍技术的发展。

3 乒乓球网及其网柱

早期的球网有10英寸那么高，以及不同的颜色，网眼大小不一，有的很小，也有的网眼很宽。有些球网是手工捆系或者手工编织，其他的是机器制造出来的。网柱材料从常规的普通木材，到高度风格化铜制网柱，部分还附有一些漂亮的装饰。1891年出现的最早的球网是紧紧的捆扎在球桌的下方。后来网柱要求为不反光的深颜色，调节吊网细绳高度或紧度的设备，应装在网柱底部，不得突出柱身7毫米以上。由于早期乒乓球球网太高，一直对乒乓球进攻技术限制太多，不利于进攻技术的创新及发展，1937年由国际乒联联合会决议通过改为15.25 cm，从而使乒乓球技术获得另一次新生。

---

① Vantage. Lawn Tennis and Table Tennis[M]. London：Warnes Recreation，1935.

② F. W. Last. The Science and Art of Table-Lawn-Tennis[M]. England：David H. E. King Ltd，1923.

第五节☞
乒乓球规则的初创及变动

1 国际第一个乒乓球规则

作为从网球运动获得创意的桌球运动，其最初的规则对发球的要求更为详细，可能其想与当初草地网球发球规则相区别开来有关。无论是最早的“桌球协会”还是“乒乓球协会”，都规定要求除拍柄外可用拍的任何部分击球，发球高度在腰部以下。当然，一个如网球那样抛球过肩大力投掷式的发球行为，是绝对被禁止的。

英国的卡文迪希乒乓球俱乐部(Cavendish Club)制定了世界上第一份较为完整的乒乓球竞赛规则(现卡文迪希俱乐部已不复存在)。

主要包括7大部分，另附则4条。其具体如下：

(1) 发球时，当球板碰球(拍柄碰球除外)时候，发球有效。发球高度须在腰部以上。

(2) 发球时应站在球桌的一端发球，发球员挥拍击球瞬间，其球拍应置于球桌上方而非球桌下方区域击球。

(3) 应让大家懂得和明白我们是在打桌上网球，而非草地网球游戏。

(4) 发球失误被判罚1分。

(5) 从对方球台过来的球还在空中没有触及球台的时候，不允许空中截击球，不管是有意还是无意，截击者被裁定丢失1分。

(6) 在游戏过程中，如果对方来球在触及本方球台的时候，碰到了天花板或者台子外的物体(而不是球网、支柱，或对手的球拍)，对手丢失1分。

(7) 得分方法采用数字记分的方式，每得5分交换发球权。

另附加规定：

(1) 球桌颜色规定是深绿色，边线白色，宽0.75英寸。

(2) 运动员相向站立于球桌的两侧进行比赛。

(3) 每一参赛队可由5名队员组成。

(4) 规定球拍的尺寸大小，其有效的击球表面不能超出长7英寸、宽6英寸。

2 国际正式的首次乒乓球竞赛规则

1926 年 12 月 12 日在英国伦敦伊沃·蒙塔古的母亲斯韦思林女士的图书馆里，举行了第一次具有历史性的国际乒乓球联合会代表大会[①]。在会议上，正式通过了国际乒联章程和竞赛规则。由于发现“乒乓”(Ping-pong)一词是商业注册名称，于是将国际乒联重新命名为“桌上网球”(Table Tennis)协会，这个名字一直沿用至今。国际乒联第一次正式的竞赛规则涉及到单打和双打两个方面，其中单打有 15 要点，分别对球台、球网和网柱、球拍、计分、发球或选边、换发球、发球、接球、暂停、得分等详尽表述。双打 9 要点，分别对球台、接发球、有效击球、计分等都也有非常详细的规定。此前由于各乒乓球协会都有自己的规则规定，在举行大型比赛的时候经常由于规则的不统一而导致一些纠纷与误解，1926 年国际乒联规则的首次制定，解决了不同乒乓球协会规则纷争迥异的历史，标志着乒乓球运动正式走向规范化。

第六节 ☞ 早期的乒乓球比赛

1900 年，英格兰的詹姆斯·吉博从美国旅行带回了一种称作“赛璐珞”易燃的可塑物质，随着赛璐珞球的引入，此项游戏活动才获得复兴。第一次大型乒乓球比赛于 1900 年 12 月在英国伦敦皇后大厅举行，开创了乒乓球比赛的先河。参加比赛的有三百多人。比赛时，男运动员要穿上浆领子的衬衣和坎肩，女运动员要穿裙子甚至还要戴帽子。乒乓球比赛在 1901 年到 1903 年活动达到高峰，当时伦敦的各个协会和各地区之间，都经常举行赛事。在比赛期间，包括《泰晤士报》、《时代周刊》、《每日镜报》等英国的诸多报刊新闻媒体都作跟踪报道[②③]。

1904 年 3 月后到 1926 年第一届世界乒乓球锦标赛的期间，在英国的比赛突然锐减，乒乓球呈现暂时停顿状态。作为最初的游戏几乎没有统一的规则，而且名称也相当混乱，随着比赛的增多和交流圈扩大，统一规则的呼声也越来越高。

---

① E. T. T. A. Official handbook of the table tennis association[M]. 1927.

② Alan Duke. Early references in THE TIMES-Part 3：Miscellaneous[J]. The Table Tennis Collector, 2010,(54):6.

③ Alan Duke. Early references in THE TIMES- Part 1：Tournaments[J]. The Table Tennis Collector, Switzerland, 2009:7-9.

表 2.1　早期的乒乓球比赛安排

时　间		竞赛名称	地点（伦敦）	注释说明
1901 年	12 月 11—14 日	最早的乒乓球公开赛	皇家水族馆	女子组下午 3 点，男子组下午 7 点，有超过 250 名之多的参赛者
	12 月 26—28 日	乒乓球比赛	女王大厅	女子组 1—4 点，男子组 4—7 点；报名截止日期：12 月 24 日。费用：半基尼。奖金由 5 镑至 25 镑。依照 PPA 比赛规则。观众入场费分别为 1 先令、2 先令及 3 先令
	12 月 27 日，28 日，31 日	桌球比赛	水晶宫	
1902 年	1 月 8—11 日，13—14 日	全英乒乓球赛	皇家水族馆	女子组 3—5 点，男子组（混双在 13 和 14 日）7—10 点，决赛在 1 月 11 日，入场费一先令
	1 月 27—31 日，2 月 3—4 日	乒乓赛（第二轮竞赛）	女王大厅	报名截止时间：1 月 22 日下午 6 时前。费用：5 先令。奖金超过 100 镑。观众入场费为 1 先令、2 先令及 3 先令。依照桌球协会比赛规则。参加者限 235 人。2 月 3 日星期一是准决赛，40 组胜方对赛，3 时至 10 时举行。决费 2 月 4 日 16 组胜方对赛，女子组 3 时至 6 时，男子组 7 时至 10 时举行
	3—7 日或 8 日	威斯敏斯特乒乓球锦标赛	皇家水族馆	报名费 5 先令，女子组 3 时至 10 时，男子组 7 时至 10 时举行。分单打、双打赛事。女子组及男子残障组是首次举行
	2 月 22 日	乒乓球俱乐部赛	水晶宫	下午 7 点
	3 月 5—7 日	南伦敦乒乓球锦标赛	皇家水族馆	下午 3—7 点
	4 月 16—19 日	冠军淘汰赛	皇家水族馆	女子组下午 3 点，男子组下午 7 点，决赛在 4 月 19 日
	10 月 29 日—11 月 1 日	伦敦乒乓球锦标赛	皇家水族馆	女子组 3—5 点，男子组 7—11 点，决赛在 11 月 1 日，由乒乓球协会赞助
	12 月 12 日	全英乒乓球赛	皇家水族馆	女子组 3—5 点，男子组 7—10 点
1903 年	1 月 24 日—?	联合王国锦标赛	水晶宫	每天下午 6 点
	10 月 22—23 日	桌球赛	水晶宫	22 日下午 3 点，23 日下午 6 点
1904 年	3 月 2—5 日		水晶宫	下午 6 点，最后决赛在 3 月 5 日

（译自 Alan Duke. Early references in THE TIMES, *The Table Tennis Collector*, 2008,(54):6.）

第七节

早期作为传播媒介的乒乓球

1 广告

乒乓球游戏出现后，对早期广告的形式都产生了巨大的影响和冲击，也成为当时广告的中心。绝大部分的广告都采用插图这一生动的方式来详细说明此游戏的先进之处，而且广告上面都还登载了打乒乓球游戏的相关设备和器材准备。有些公司为了大力推荐其产品而在广告上大动脑筋，颇费周折，这些广告的发行，有时会作为一些杂志订购时给客户的赠品或者客人喝茶时的附带阅读物。如此之类的广告经常出现于当时知名火爆报纸与杂志上，部分广告有时印刷在成箱或成盒的乒乓球设备包装上。早期关于乒乓球此项新游戏的书籍，广告通常与世界冠军赛的秩序册一样，都登在书前后几页，非常明显，以便重点介绍不同款式的球拍及其他特殊的装备器材，当然这些广告里面尤其还有包括一些非常珍贵稀有的捡球设备、不太常用的球，这些广告对我们理解和再现乒乓球器材的演化是一个非常非常珍贵的线索。

(1) 早期配有插图的广告(图 2.1)，显示一个看上去非常高雅的场所一个男士和一个女士在玩乒乓球，旁边有 2 人观战，场所里还有一架钢琴。此广告把桌球说成是“ABSO 桌球”，ABSO 从“ABSOlutely”(绝对的，完全的意思)前 4 个字母抽取而来，意味着桌球游戏是“绝对好的”游戏。此是 Perry Mason 公司为订阅报刊的顾客提供的赠品广告，此器材只作赠品使用，不售卖。

图 2.1

图 2.2

(2) 波士顿当时发布的乒乓球广告(图2.2)。桌球游戏：此游戏不仅仅在英格兰流行(此游戏首次出现于此)，而且在我们地区也同样吸引了广泛的注意力。我们提供的乒乓球器材优于目前市场出售的。我们的拍子是双面、由高质量上乘的牛皮纸制作，有抛光的木质把柄和皮革装订。每个拍重量 3 盎司，一套器材包括 2 个拍子，一副邮票，一副球网、弹性胶带，3 个赛璐珞球，当然还有一个详细的游戏规则指南。此游戏叫“桌球”或“乒乓球”，众所周知，它是我们之前所没见到的最有魅力的室内游戏，它采用草地网球缩小版的拍子和球在餐桌上进行，此游戏的技术可能已经成熟，价格适中，是一项健康的运动，你可以在餐厅的桌上进行。此套设备售卖价格 1.5 美元。

(3) 1902 年 Pond 公司的广告(图 2.3)，此广告主要介绍打乒乓球的好处，认为它能有效地防止不良情绪，防止肌肉僵硬和肿胀，使人保持活力。

(4) 流行的“桌球”或“乒乓球”游戏(图 2.4)，只要订购了杂志的顾客外加 20 美分就能获得一套流行的桌球游戏器材。

图 2.3

图 2.4

图 2.5

(5) 帕克兄弟真正意义的“乒乓球”(图 2.5)，购买了“乒乓球”名字在美国的版权，他们一直全力支持乒乓球在美国的发展，支持力度将近 30 年。

(6) 帕克兄弟的“乒乓球”(图 2.6)，会为那些成功订购杂志的顾客提供 2 或 4 套新的乒乓球设备，以作为赠品相送。他们在其广告中都力荐乒乓球游戏的好处。

(7) 通过电灯比汽油灯好处颇多来说明在晚上打乒乓球，电灯照明效果更佳(图 2.7)。

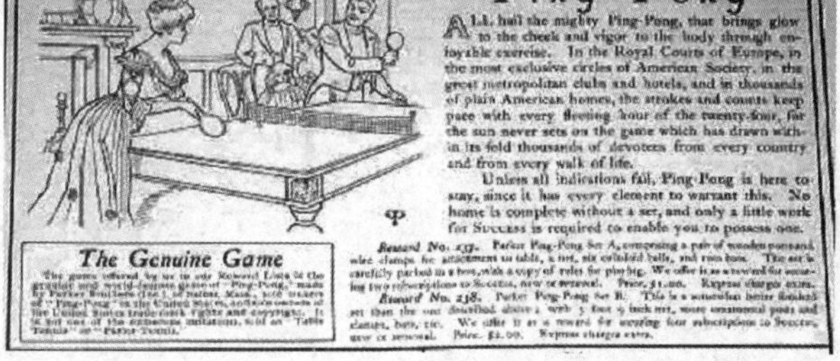

图 2.6

图 2.7　　　　　　　　　　图 2.8

(8) 施瓦茨公司是一家知名的售卖高质量高端游戏的公司。公司地址:纽约第 23 号大街西 39—41。其广告:“社会上称之为桌球或乒乓球,目前在英格兰和其他大陆洲它是一项真正的室内游戏,仅在很小的地方就能开展。”(图 2.8)。

(9) “乒乓球游戏,是一个最新和最流行的室内游戏”(图 2.9)。

图 2.9

(10) 男孩或女孩可以很轻松地获得桌球游戏装备,如果你能销售 14 镑的茶叶或价值几美元的肥皂或洗洁精。此游戏最近非常疯狂,只有你拥有后你才感到其快乐万分。任何人只要帮公司售卖价值多少的东西就能得到它(图 2.10)。

图 2.10

(11) 1901 年 Hamley 兄弟公司的广告(图 2.11)。在第一份广告中可以看到乒乓球游戏在花园玩的场景,旁边是一个羽毛球拍。在第二份广告可以看到一个男士挥拍过顶,第三份广告右旁边那个羽毛球拍不见了。

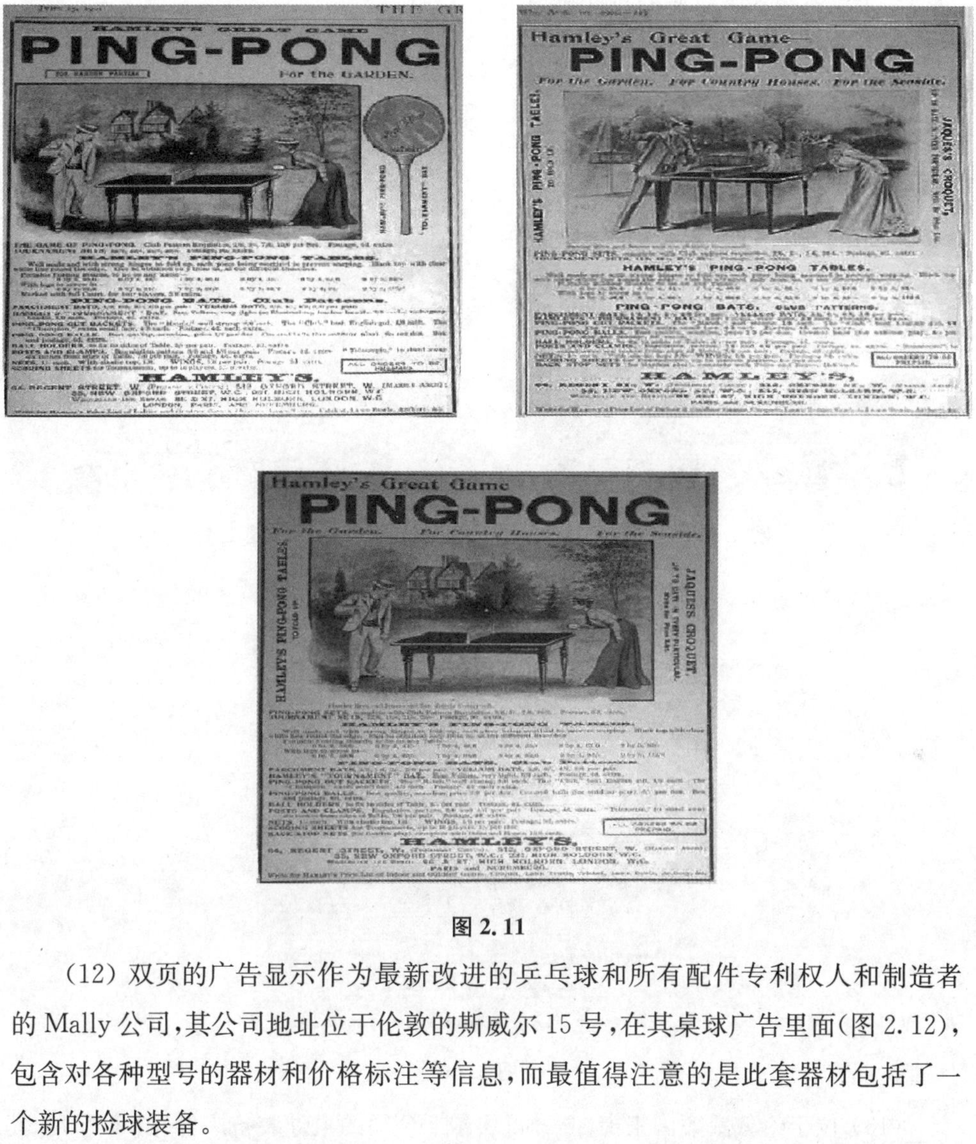

图 2.11

(12) 双页的广告显示作为最新改进的乒乓球和所有配件专利权人和制造者的 Mally 公司,其公司地址位于伦敦的斯威尔 15 号,在其桌球广告里面(图 2.12),包含对各种型号的器材和价格标注等信息,而最值得注意的是此套器材包括了一个新的捡球装备。

(13) 1902 年加拿大的吉尔松新奇公司,发明了一种捡球设备,其广告中,特别提到无论游戏时球在游戏者脚下,还是球被击打出去距离游戏者很远,或在墙角,都可以用这个设备拾球,而用不着干扰游戏者或需要搬动乒乓球游戏室里面任何器具。

(14) 1902 年只在当时短期存在过的《桌球与娱乐先驱》周刊(图 2.14),地址在伦敦景隆街马丁路 28 号。其包含一些重要的信息:主要的乒乓球俱乐部名称目录;即将进行的赛事记载:乒乓球设备,国内外最新新闻、相关的出版物及新颖事、俱乐部准备比赛、通讯及比赛信息、由一些艺术家所作的插图；捐款人：在美国桌球或乒乓球可能会获得补助，或可能得到免费的全年邮票、半年邮票、一季度邮票；广告提成的份额以及广告商需提前与唯一的广告公司 Mr. H. J，White 签订合同；在每周 4 中午关闭比赛特意的召开新闻发布会，等等。

图 2.12

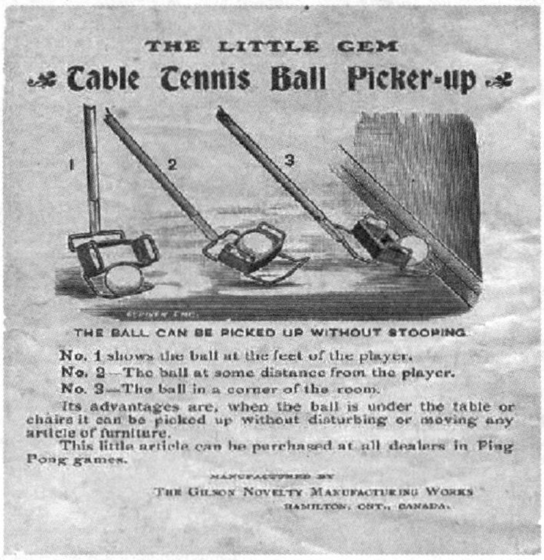

图 2.13

1D. WEEKLY. THE 1D. WEEKLY.

Table Tennis & Pastimes Pioneer.

The Only Weekly Newspaper exclusively devoted to Table Tennis and Ping Pong News.

TABLE TENNIS AND PASTIMES PIONEER.

Facsimile of Front Page. No. 1.

Edited by C. S. RUTLIDGE, F.R.G.S., F.R.C.I.

Contains:—

Club Directory:
List of the Principal Clubs formed.

Coming Events:
Tournament Fixtures Matches, Challenges, &c.

News from the Provinces & Abroad.

Books & Novelties.

Club Doings, Correspondence, and a Mass of information on the Game.

Illustrations and Sketches by Special Artists.

TO SUBSCRIBERS.—The T.T. & P.P. may be obtained of all newsagents in the United Kingdom, or will be sent direct post free as follow: One year, 6/6; six months, 3/3; three months, 1/8.

ADVERTISEMENTS.—The rates for advertising space may be obtained from the Sole Advertising Contractor, Mr. H. J. White, and Advertisements should be sent early in the week or latest first post Thursday.

TO CONTRIBUTORS.—Contributions, photographs, and sketches for publication, if to be returned, must be accompanied by stamps. Secretaries of clubs should send us items of interest early as possible.

CLOSES FOR PRESS AT NOON EVERY THURSDAY.

Published at the Offices of the Commonwealth Pictorial:

28, Martin's Lane, Cannon Street, London, E.C.

图 2.14

(15) 位于伦敦威廉国王街 36 号得埃尔斯公司的桌球装备广告(图 2.15)。其包括一个罕见的一对带鱼尾的羽毛球拍展示。其广告里面含有本器材对哪几个俱乐部专用，对器材的性能、结构、材料都详尽介绍，尤其提到他们的乒乓球台便于携带，组装后更加牢固实用。

(16) 伍顿公司和伽马吉公司的广告(图 2.16)。伍顿公司声称他们是第一个制造和销售木质球拍的公司，伽马吉公司以伦敦第一个桌球冠军就是使用他们的器材夺冠而大作广告。

图 2.15

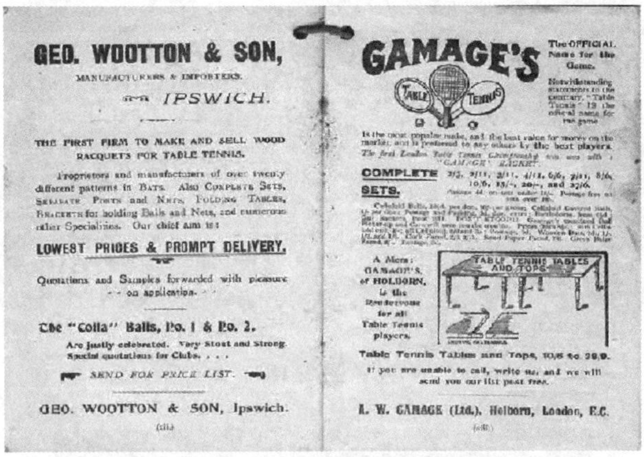

图 2.16

(17) 位于伦敦东部中央的施莱辛格公司为他们的“Tee-Tee”和“Whiff Waff”球所作的广告(图 2.17)。宣称他们公司的球非常耐用,而且用最好的材料制造,

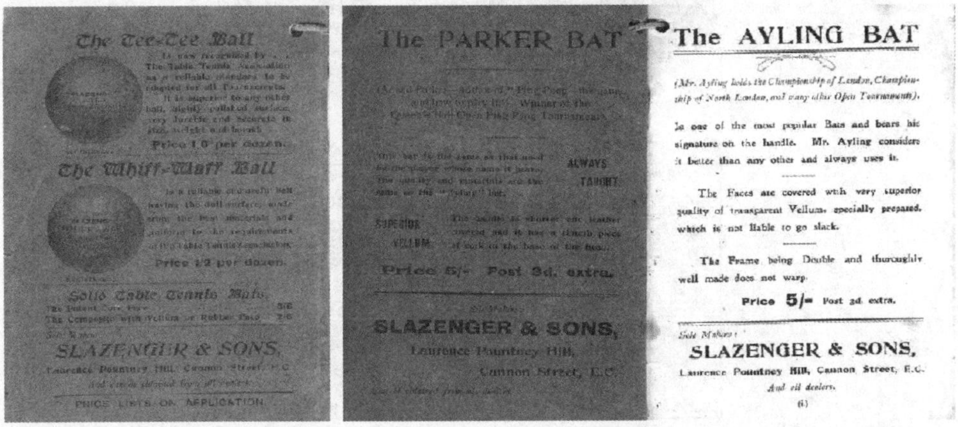

图 2.17

其不但表面光滑，重量适中，而且弹性佳。他们在取得“女王大厅”公开赛桂冠后就用 PARKER 来命名其球拍：“PARKER”拍，还有在伦敦桌球冠军赛和和北伦敦冠军赛夺魁的 Ayling 也成了他们球拍代理名称人。

（18）帕克兄弟公司的广告上对他们器材介绍（图 2.18）。在不同的器材都标注了不同的性能及价格，声称他们是第一家制造出带有盒盖设计的产品，而且广告中说明他们对“乒乓球”已经商标注册和登记，警告其他厂家注意不要违反相关规定。

（19）1950 年首次出现大型彩色 NEHI 所做的橙汁广告（图 2.19），显示桌球运动员在运动，其他人在喝 NEHI 牌子的橙汁。

（20）1938 年出现的签名木质拍（图 2.20）。

图 2.18

图 2.19

图 2.20

英国最为知名的广告商有 Jaques，Hamley，Slazengers，Mally，Benetfink，早期美国广告商有 Parker Brothers，F. A. O. Schwarz，Horsman & Perry Mason 等。从 20 世纪初早期的广告我们就可以看到，广告从仅仅展示打乒乓球的场面，到介绍乒乓球相关器材及设备，到为服务大众家庭为主的乒乓球器材市场，它加强了人们对乒乓球此项运动的认识，吸引了社会关注力度，加深了社会各界对乒乓球此项新游戏的理解，也从另一个方面说明乒乓球运动在当时已经是一项受欢迎的室内运动项目了。

在 20 世纪 20 年代乒乓球复兴后，像 Pagliaro、麦克卢尔、克拉克、迈尔斯等美国的一些著名的乒乓球运动员，还有巴纳、埃利希、Freundorfer、利奇等在欧洲的一些乒乓球运动员都捐赠了自己的球拍。一些球拍制造公司通常也销售其产品，如帕克兄弟，哈佛，斯伯丁，Tatco，威尔逊，威斯敏斯特球等等。在随后几年乒乓贴着的广告标识，一组 3 个乒乓球常常成为在世界锦标赛或其他重大活动的标志。

2 专利与商标

在乒乓球运动诞生后，一些游戏厂家和个人从中窥到巨大利益，众多相关专利先后出现。虽然一些其他的专利权都是在 1890 年左右获得，但大约在 1900 年间，在赛璐珞球作为乒乓游戏的用球材料发明后，相关专利开始大量的出现，包括球拍、得分设备和捡球设备都有人申请专利，当然还有一些非常别出心裁的申请设想和方式。专利申请猛然骤增，而且都取得认证和通过。从这些专利我们可以看到最初的乒乓球器材及装备，为我们试图了解乒乓球的逐步传播及其演变提供了重要的依据和说明。

(1) 世界上第一个客厅桌子版本的草地网球专利于 1890 年 7 月 15 日由大卫·福斯特在英国申请，专利号为：11037。他此种游戏主要包括桌子版的板球，足球和草地网球，精心编制的连接到木制栅栏两边的边网(图 2.21)。

(2) 英格兰人艾玛·巴克在 1890 年 8 月 12 日登记申请的球网卡具装置，专利号：12631。同时其还登记申请了一个可捆绑执拍手的带皮具的球拍，专利号：12632(图 2.22)。

11,037. Foster, D. July 15.

Games played with tables, balls, &c.—Relates to apparatus for imitating known games, such as lawn tennis, football, and cricket, on an ordinary table. The table is covered by a cloth marked out in any desired way, and upon this is fixed a fence *a*, having openings a^3, as shown, at intervals therein. The frames are preferably hinged at the centre of each section for convenience in packing, and the sections are joined together by corner blocks. For lawn tennis, brass wires *f* are inserted in the corner blocks to carry nets *g*, and to posts at the centres of the two long sides is secured the central net. The game is played by two persons with small balls. For imitating football, the nets are arranged across the ends of the table behind the two model goal posts. In this case the balls are moved about by model boots fixed at the end of handles. For imitating cricket, stumps are provided at one end, and small model bats.

图 2.21

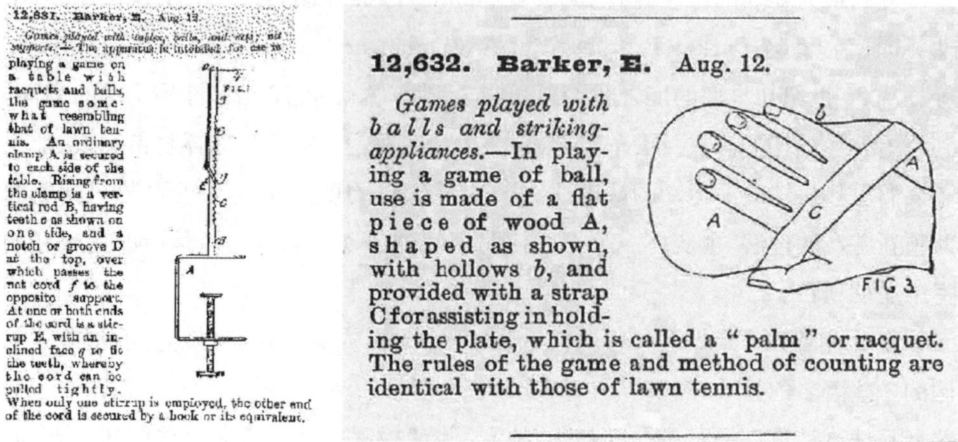

12,631. Barker, E. Aug. 12.

Games played with tables, balls, and nets; net supports.—The apparatus is intended for use in playing a game on a table with racquets and balls, the game somewhat resembling that of lawn tennis. An ordinary clamp A is secured to each side of the table. Rising from the clamp is a vertical rod B, having teeth c as shown on one side, and a notch or groove D at the top, over which passes the net cord f to the opposite support. At one or both ends of the cord is a stirrup E, with an inclined face g to fit the teeth, whereby the cord can be pulled tightly. When only one stirrup is employed, the other end of the cord is secured by a hook or its equivalent.

12,632. Barker, E. Aug. 12.

Games played with balls and striking-appliances.—In playing a game of ball, use is made of a flat piece of wood A, shaped as shown, with hollows *b*, and provided with a strap C for assisting in holding the plate, which is called a "palm" or racquet. The rules of the game and method of counting are identical with those of lawn tennis.

图 2.22

(3) 1891 年杰奎斯与其儿子在 1891 年 7 月 16 日登记的"高西玛"游戏专利，登记号为:157615(图 2.23)。

(4) 1891 年 Charles Witchell 在英格兰登记的拦球装置，专利号为:18562，其装置是对大卫·福斯特装置的一个改进和提高(图 2.24)。

GOSSIMA

157,615. Indoor Games. JOHN JAQUES & SON, 102, Hatton Garden, London, E.C.; Manufacturers. —16th July 1891.

图 2.23

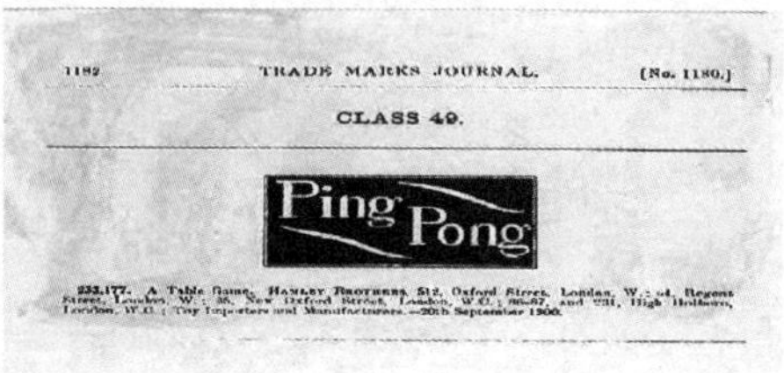

1182 TRADE MARKS JOURNAL. [No. 1180.]

CLASS 49.

Ping Pong

233,177. A Table Game. HAMLEY BROTHERS, 512, Oxford Street, London, W.; 64, Regent Street, London, W.; 35, New Oxford Street, London, W.C.; 86-87, and 231, High Holborn, London, W.C.; Toy Importers and Manufacturers.—20th September 1900.

图 2.25

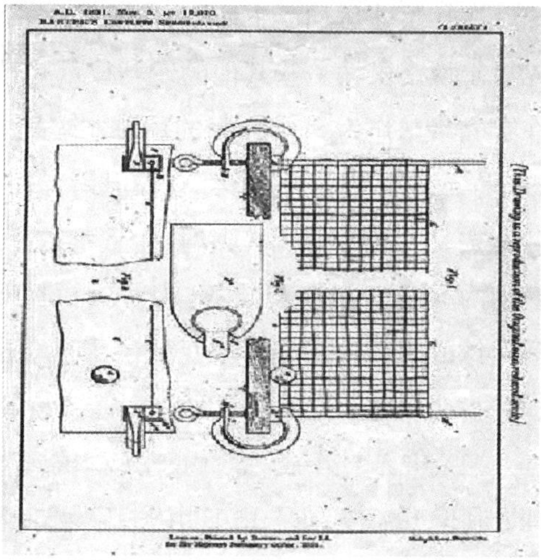

图 2.24

(5) 在 1900 年，"乒乓"被 Hamley 兄弟在 1900 年 9 月 12 日登记为商标专利，他与杰奎斯合作，使用赛璐珞的乒乓球，此游戏获得巨大成功(图 2.25)。

(6) lazenger 与其儿子在 1900 年 12 月 31 日登记了"Whiff Waff"游戏，登记号为:235131(图 2.26)

(7) 在 1901 年 8 月 6 日 Hamley 兄弟在美国登记"乒乓"专利(图 2.27)，后把专利卖给了帕克兄弟(帕克公司创始人)。

WHIFF-WAFF

235,131. A New Game. SLAZENGER & SONS, 10, Ducksfoot Lane, Upper Thames Street, London, E.C.; Manufacturers.—31st December 1900.

图 2.26

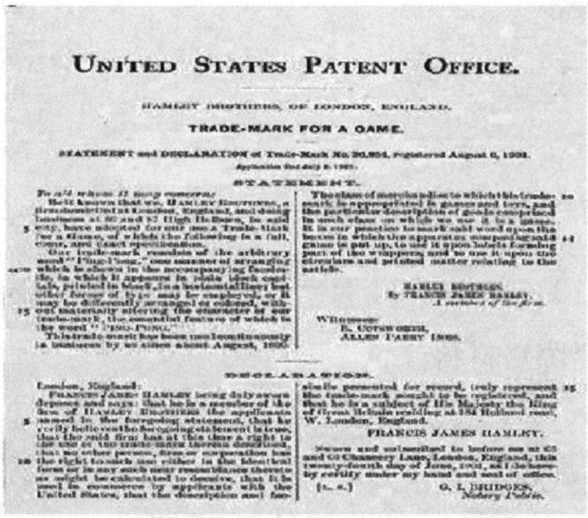

UNITED STATES PATENT OFFICE.

TRADE-MARK FOR A GAME.

STATEMENT.

FRANCIS JAMES HAMLEY.

DECLARATION.

London, England:

图 2.27

(8) 1901 年 3 月,英国 JAMES LIONEL DAVIES 申请了一层或多层的木质球拍专利(图 2.28),其表面平滑或覆盖物光滑。

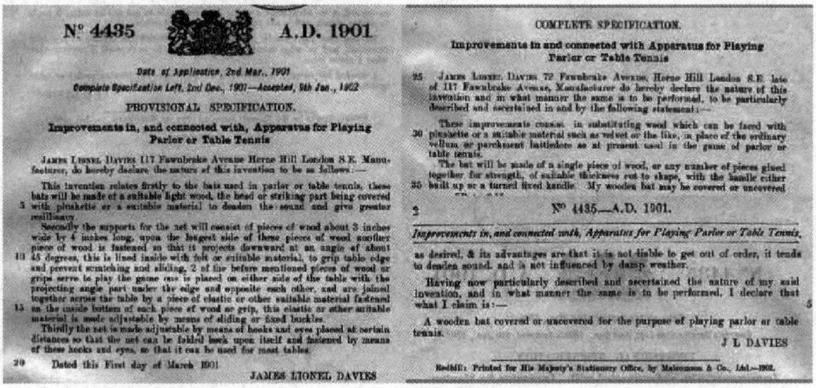

Nº 4435 A.D. 1901

Date of Application, 2nd Mar., 1901

Complete Specification Left, 2nd Dec., 1901—Accepted, 9th Jan., 1902

PROVISIONAL SPECIFICATION.

Improvements in, and connected with, Apparatus for Playing Parlor or Table Tennis

JAMES LIONEL DAVIES 117 Fawnbrake Avenue Herne Hill London S.E. Manufacturer, do hereby declare the nature of this invention to be as follows:—

This invention relates firstly to the bats used in parlor or table tennis, these bats will be made of a suitable light wood, the head or striking part being covered with plushette or a suitable material to deaden the sound and give greater resilliancy.

Secondly the supports for the net will consist of pieces of wood about 3 inches wide by 4 inches long, upon the longest side of these pieces of wood another piece of wood is fastened so that it projects downward at an angle of about 45 degrees, this is lined inside with felt or suitable material, to grip table edge and prevent scratching and sliding, 2 of the before mentioned pieces of wood or grips serve to play the game one is placed on either side of the table with the projecting angle part under the edge and opposite each other, and are joined together across the table by a piece of elastic or other suitable material fastened on the inside bottom of each piece of wood or grip, this elastic or other suitable material is made adjustable by means of sliding or fixed buckles.

Thirdly the net is made adjustable by means of hooks and eyes placed at certain distances so that the net can be folded back upon itself and fastened by means of these hooks and eyes, so that it can be used for most tables.

Dated this First day of March 1901

JAMES LIONEL DAVIES

COMPLETE SPECIFICATION.

Improvements in and connected with Apparatus for Playing Parlor or Table Tennis

JAMES LIONEL DAVIES 72 Fawnbrake Avenue, Herne Hill London S.E. late of 117 Fawnbrake Avenue, Manufacturer do hereby declare the nature of this invention and in what manner the same is to be performed, to be particularly described and ascertained in and by the following statement:—

These improvements consist in substituting wood which can be faced with plushette or a suitable material such as velvet or the like, in place of the ordinary vellum or parchment battledore as at present used in the game of parlor or table tennis.

The bat will be made of a single piece of wood, or any number of pieces glued together for strength, of suitable thickness cut to shape, with the handle either built up or a turned fixed handle. My wooden bat may be covered or uncovered

2 Nº 4435.—A.D. 1901.

Improvements in, and connected with, Apparatus for Playing Parlor or Table Tennis.

as desired, & its advantages are that it is not liable to get out of order, it tends to deaden sound, and is not influenced by damp weather.

Having now particularly described and ascertained the nature of my said invention, and in what manner the same is to be performed, I declare that what I claim is:—

A wooden bat covered or uncovered for the purpose of playing parlor or table tennis.

J L DAVIES

Redhill: Printed for His Majesty's Stationery Office, by Malcomson & Co., Ltd.—1902.

图 2.28

(9) 1901 年 4 月在英格兰登记的乒乓球专利(图 2.29),其专利号:7359,其为竹制的球拍框,拍柄用牛皮纸蒙盖。

(10) 1901 年 10 月英格兰专利(图 2.30),专利号:21122,其里面可以调整拍表面牛皮纸或木板的紧张度。

(11) 1901 年 11 月在英格兰登记的乒乓球专利(图 2.31),其专利号为:22413。其含有铝金属的表层。

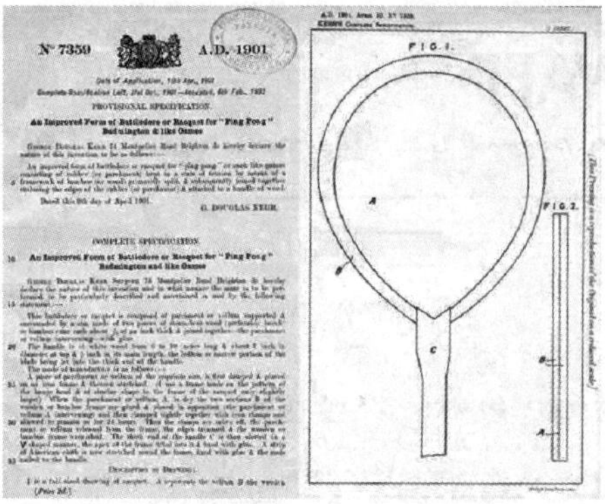

图 2.29

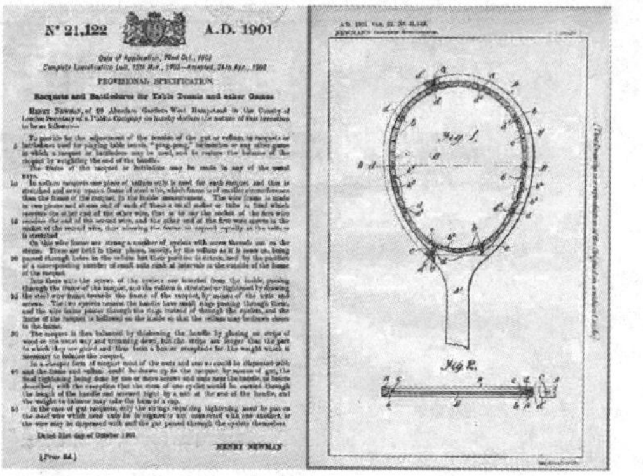

图 2.30

(12) 1901年11月登记的专利(图2.32),其专利号为:22453,此拍的击打面含有赛璐珞材料。

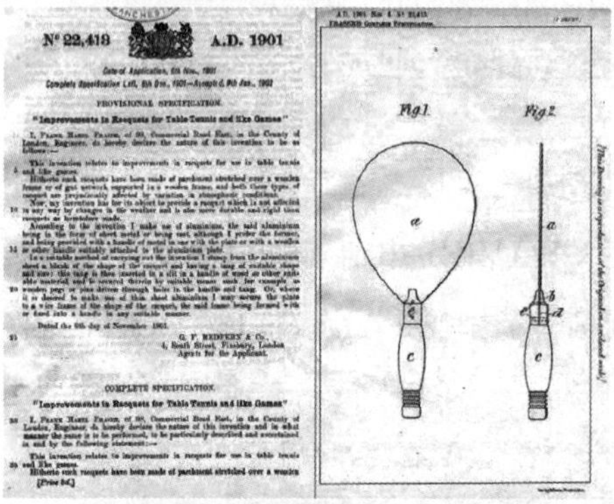

图 2.31

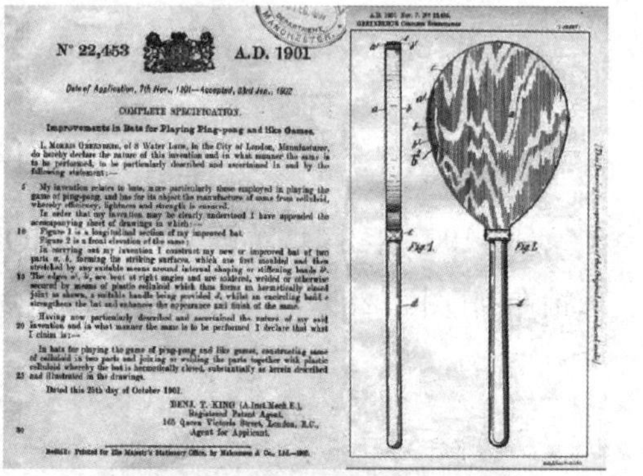

图 2.32

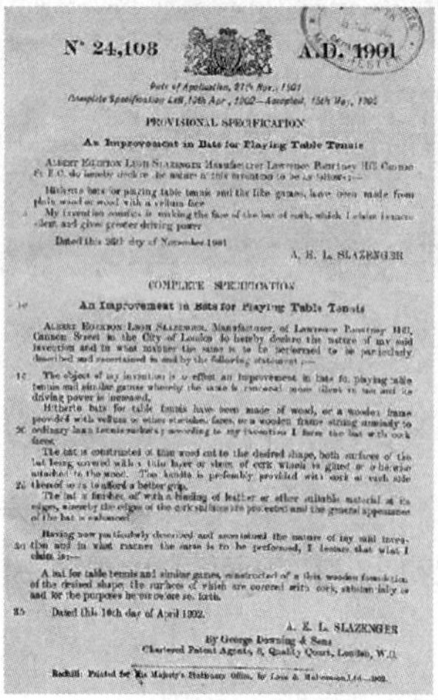

图 2.33

(13) Slazenger在英国与1901年11月登记的专利(图2.33),专利号为:24108,其为软木球拍。

(14) Mally在1901年11月申请的专利(图2.34),其专利号:为24274,拍子表面为僵直的牛皮纸或羊皮纸。

(15) 1901年12月申请的专利(图2.35),专利号为25276,其为木质球拍,带有印度橡胶表面。

(16) 1902年1月申请的的专利(英格兰)(图2.36),专利号为:1111,此球拍带有沟槽,目的加强击球时的旋转。

(17) 1902年1月申请的专利(图2.37),专利号为:2042,其器材特点当击球时,可用另一个带有弹性橡皮筋的拍捡球，非常方便。

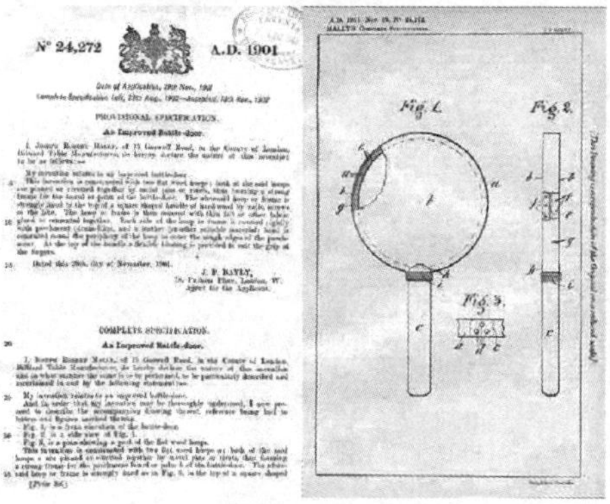

图 2.34

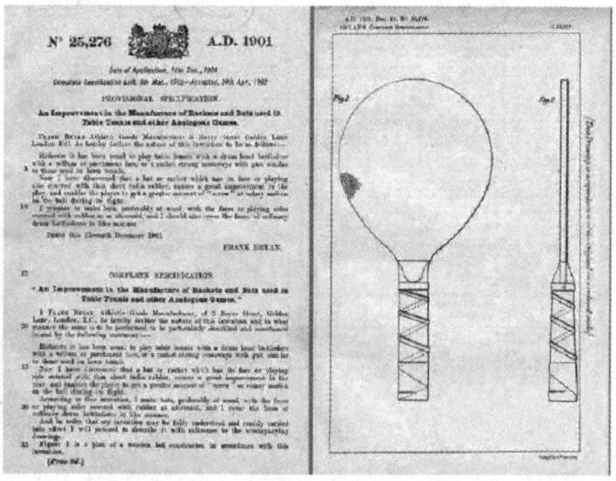

图 2.35

（18）1902 年 1 月申请的专利（图 2.38），专利号为：2509，其拍柄为尖角状。

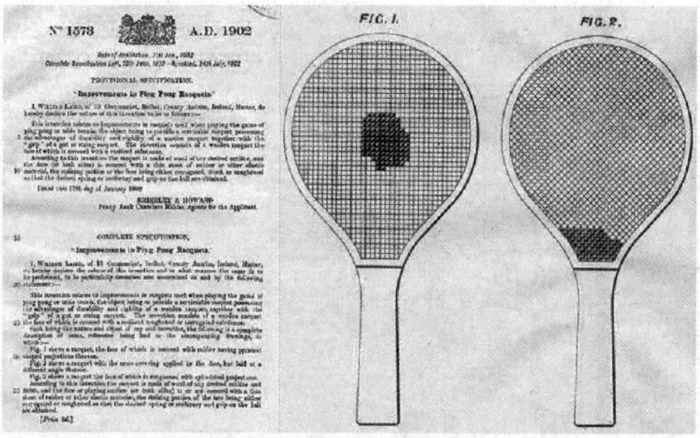

图 2.36

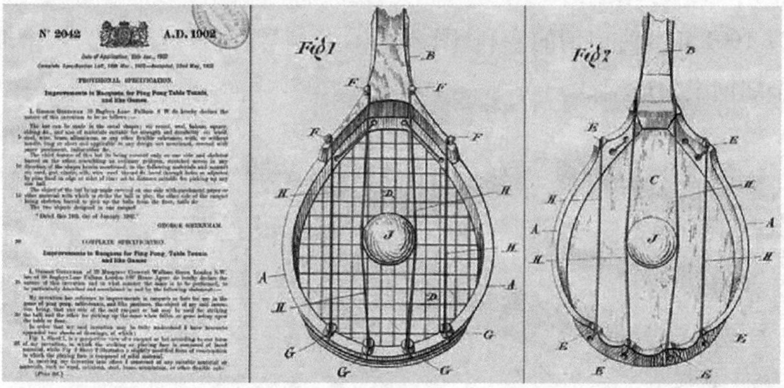

图 2.37

（19）1902 年 1 月申请的专利（图 2.39），专利号为：8729。此为两拍合一，中间为握柄。

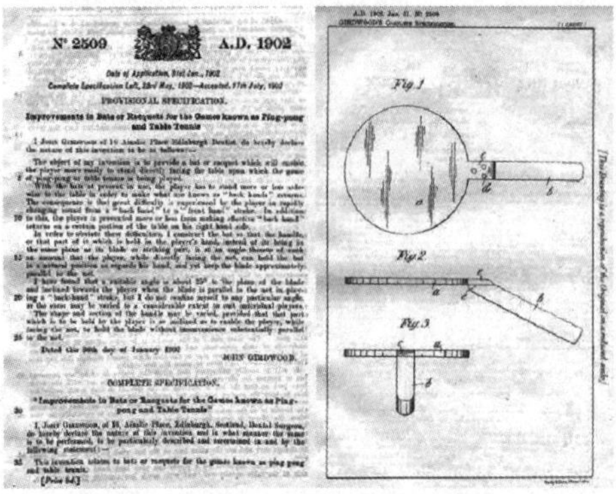

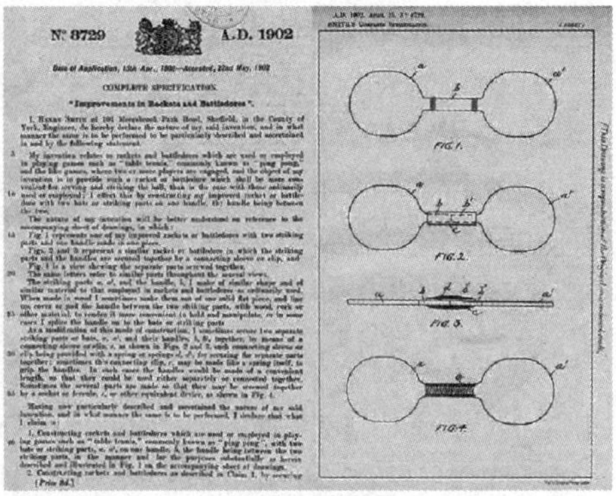

图 2.38　　图 2.39

(20) 1902 年 7 月申请的专利(图 2.40),专利号为:15053,其手柄可以旋转,以便来调整拍面牛皮纸的紧张度。

(21) 1902 年 7 月申请的专利(图 2.41),专利号为:20452,一个在末端装有深杯状的捡球器具。

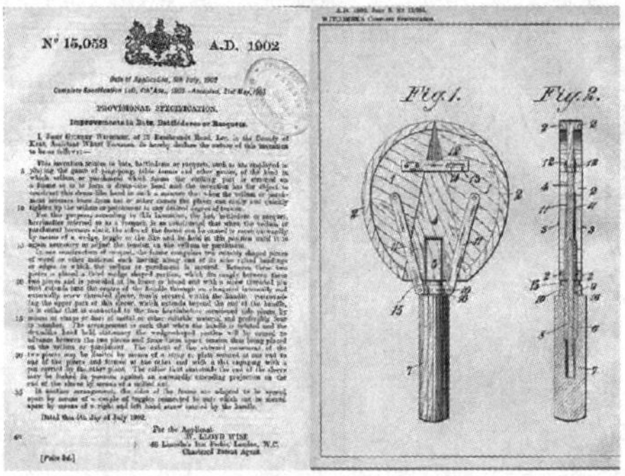

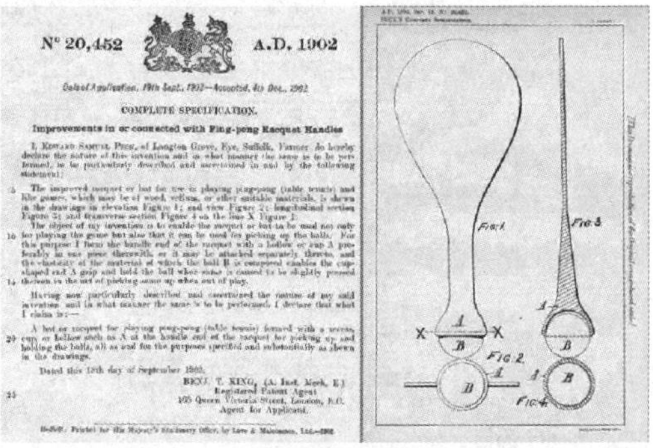

图 2.40　　图 2.41

(22) 1901 年 9 月申请的专利(图 2.42),专利号为:19476,其为一个能独立支撑带有金属网眼的球网。

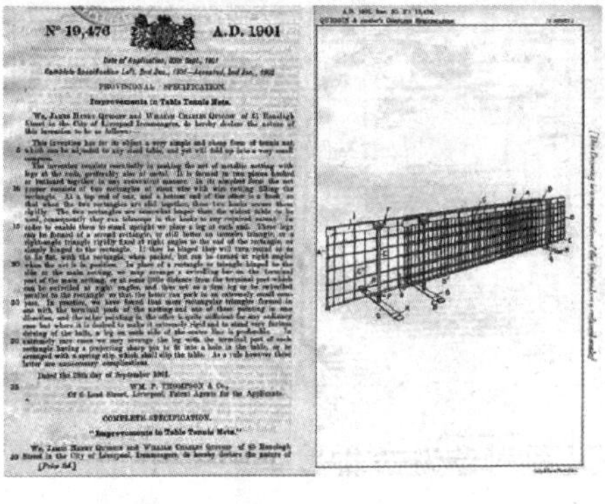

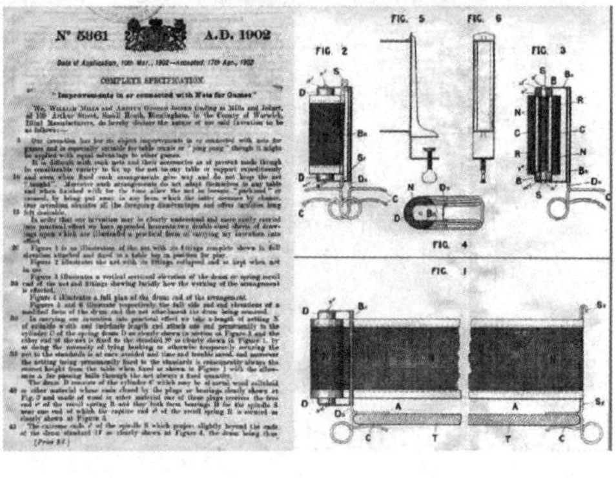

图 2.42　　图 2.43

(23) 1902 年 3 月申请的专利(图 2.43),专利号为:5861,其是一个带有弹簧装置的球网。

(24) 1901 年 11 月申请的专利(图 2.44),专利号为:23793,其为一个捡球器具。

(25) 1901 年 11 月在英国申请的专利(图 2.45),专利号为:23966。

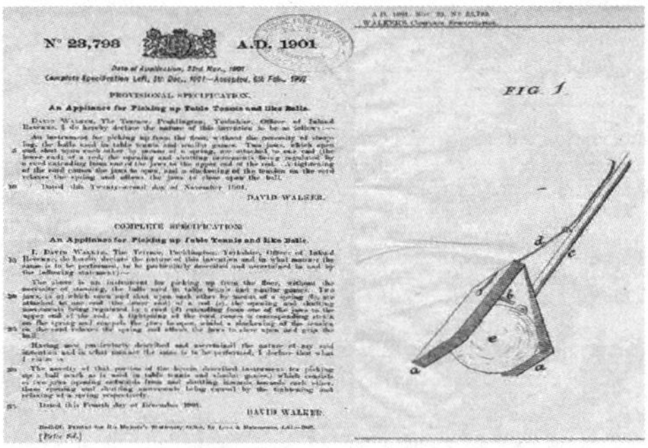

图 2.44

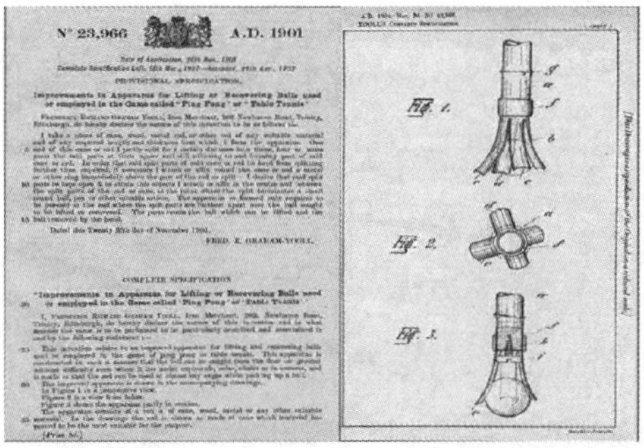

图 2.45

(26) 1901 年 11 月申请的专利(图 2.46),专利号为:24322,其为一个捡球器具。

(27) 1902 年 1 月申请的专利(图 2.47),专利号为:798,其为一个捡球器具。

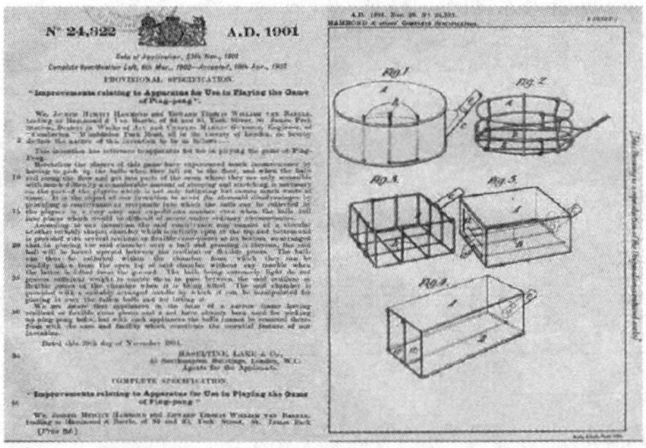

图 2.46

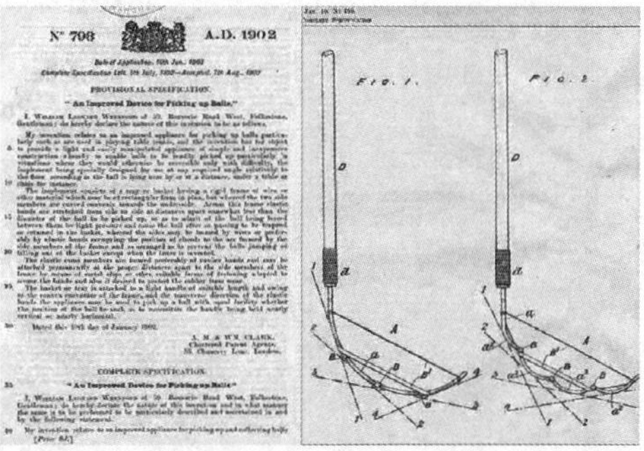

图 2.47

(28) 1902 年 1 月申请的专利(图 2.48),专利号为:821,其为一个捡球器具。

(29) 1902 年 1 月申请的专利(图 2.49),专利号为:1112,其为一个捡球器具。

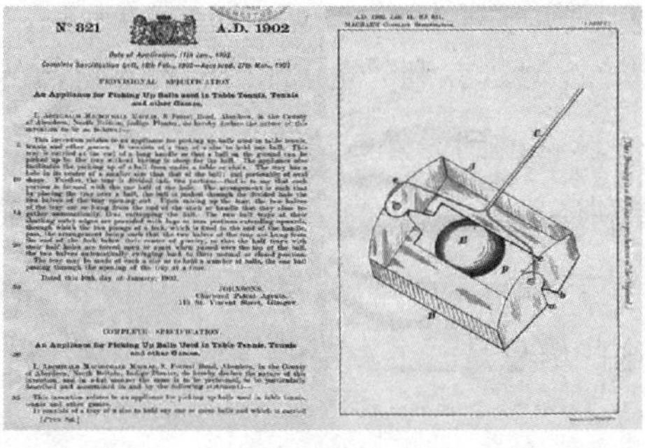

图 2.48

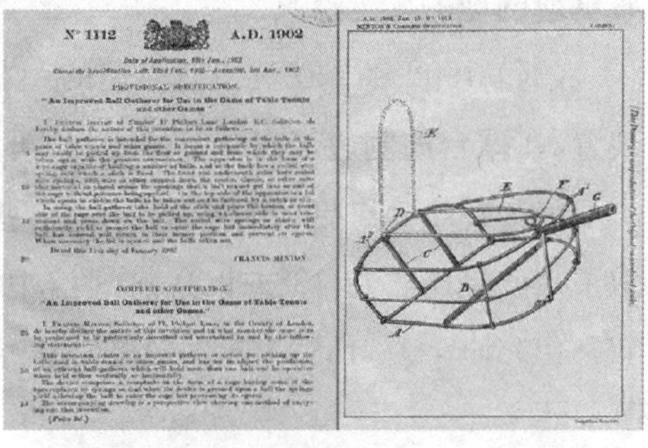

图 2.49

(30) 1902 年 2 月申请的专利(图 2.50),专利号为:2791,其为一个捡球器具。

(31) 1902 年 2 月在英格兰申请的专利(图 2.51),专利号为:4124,其为一个捡球器具。这些器具在早期的草地网球非常流行和常见,当时游戏者都穿着打扮时尚,非常前卫。

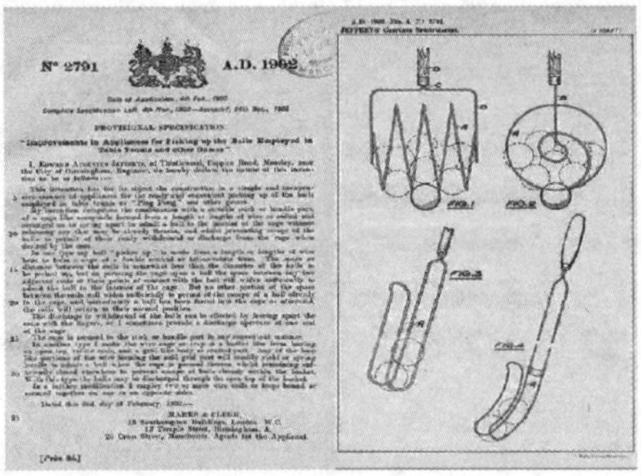

图 2.50

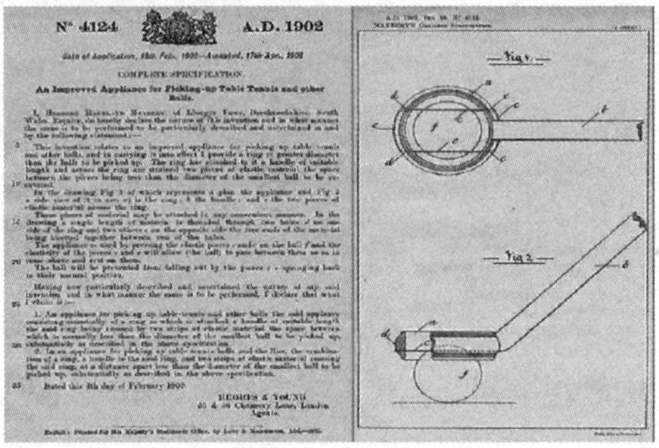

图 2.51

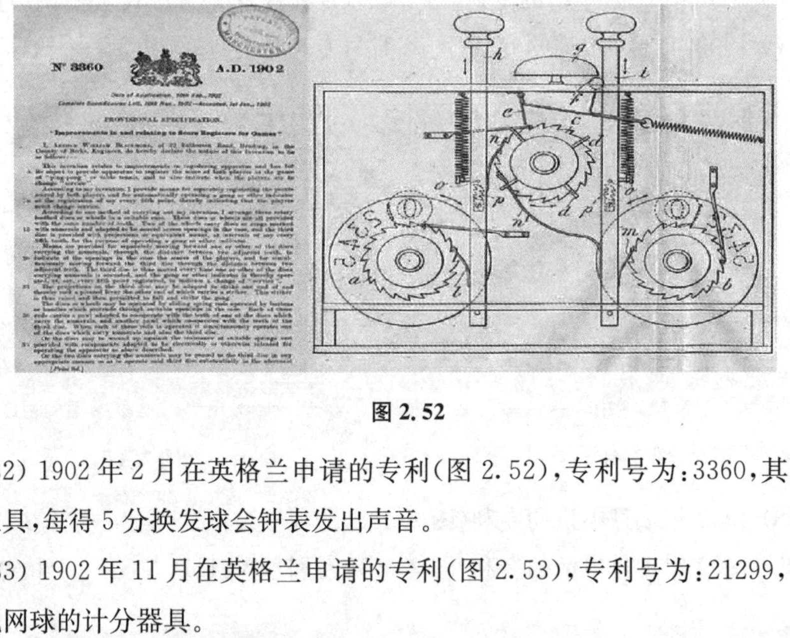

图 2.52

(32) 1902 年 2 月在英格兰申请的专利(图 2.52),专利号为:3360,其为一个计分工具,每得 5 分换发球会钟表发出声音。

(33) 1902 年 11 月在英格兰申请的专利(图 2.53),专利号为:21299,一个借鉴草地网球的计分器具。

(34) 1902 年 2 在英格兰申请的专利(图 2.54),专利号为:21299,非常新颖的装置,在球台的侧边带有转动的水槽,可以使球移动到另外一边去。

因为每年都有更新的缘故,早期有些专利还部分重叠,为了不混淆专利号码采取了一些措施。在 1884 年之前的信中可以看出 G 代表—1863 年;N—1864 年;W—1895 年;Q—1866 年;T—1867 年。[①] 这些信息是一个重要的线索,对那些登

① The Table Tennis Collector[J]. Switzerland, 1993,(3):2.

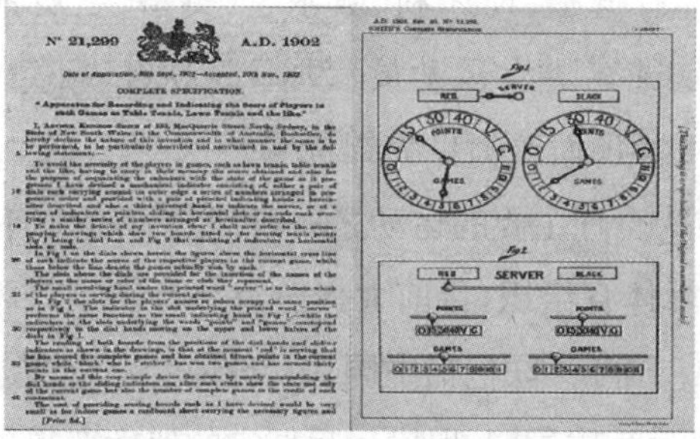

图 2.53

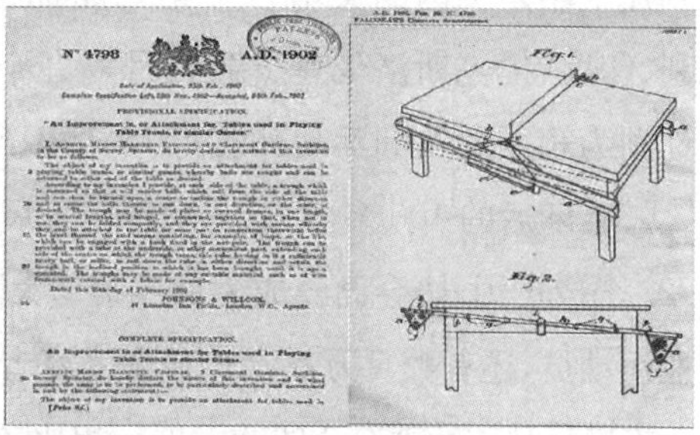

图 2.54

记专利具体的时间的确定非常有帮助，乒乓球的这些专利及其商标具有特殊的重要性，为高西玛（Gossima）、乒乓（Ping-Pong）和 Whiff-Waff 这些游戏还处在构想阶段提供了最为清晰的可能证据，可以肯定地说，商标能记住在那个年代哪些游戏还没有产生和发生过。对桌球而已，高西玛商标的时间显示其是最早涉及到众所周知的乒乓球游戏名称的。

“乒乓球”或“桌球”的历史作为研究的主体已经被广泛关注，迄今最为深入、研究成果较多的是英国人格尼和现任国际乒联博物馆馆长——美国人恰克·霍伊（Chuck Hoey），格尼的《早期的乒乓球》被当做关于乒乓球历史最为确切的指南。但乒乓球的真实起源无从稽考。随着源于中世纪的古老网球游戏的草地网球和羽毛球的兴起，19 世纪中后期乒乓球开始在英国流行，作为最初的一项宫廷游戏，在欧洲一些国家的贵族间作为娱乐活动，后来逐渐流入民间。作为最初的游戏不但没有统一的规则，连名称也相当混乱，仍被看作是饭后娱乐，而不是一个体育项目。但是到 20 世纪初时乒乓球已经具有在现今的某些复杂性，而且伴随着乒乓球竞赛大量的社会活动的进行及文艺现象的产生，可以说早期的乒乓球已经初具文化形态。

在经历过 1900—1904 年逐渐简单又大力的开发，乒乓球在 1905 年至 1910 年的中欧流行传播开来，甚至在此之前改良版已经传入日本，而后来又传播到中国和韩国。乒乓球运动逐渐在世界各国开展起来，欧洲国家除举行全国性的锦标赛之外，也经常举行一些国际性的邀请赛，引起了人们的兴趣和重视，许多国家相继成立了乒乓球协会。1926 年 1 月在柏林举行的一次乒乓球比赛中，召开了一次有德国、英国、奥地利、匈牙利乒协代表参加的座谈会。会议决定成立国际乒联，并决定第一次国际乒联全体代表大会和第一届欧洲乒乓球锦标赛于当年 12 月在英国伦敦同时举行。1926 年 12 月举行了第一次全体会议，成员国增加了瑞典、捷克斯洛伐克、威尔士。会议明确规定全体代表大会为国际乒联的最高极力机构。通过了国际乒联的章程，还通过了乒乓球比赛规则草案，并选出了国际乒联领导机构，第一任主席是英国的蒙塔古。第一届锦标赛有德国、匈牙利、威尔士、英格兰、奥地利、印度、捷克斯洛伐克、瑞典、丹麦九个队 64 名男女运动员参加。这次比赛原本计划为第一届欧洲乒乓球锦标，赛后因印度参加而改为世界锦标赛。

在随后的 100 多年来，乒乓球已发展成为全球主要的运动之一，目前国际乒联有 222 个成员国，协会已经成为世界第一大国际体育组织，目前大概全世界有三千万职业运动员，还有数百万乒乓球业余爱好者①。国际乒联包括中国乒乓球协会一直致力于推广乒乓球运动在全球的发展。相比较之乒乓球早期，现代乒乓球它的速度变得更快，技术更细腻，要求更高更苛刻，然而，其游戏本质从最先开始并没有发生根本改变。

① Chris Mackintosh, Graham Cookson, Gerald Griggs. Reflections on the PING! table tennis initiative: Lessons and new directions for sports development? [J]. International Journal of Public Sector Management, 2014,27 (2):128-139.

03 第三章 欧美乒乓球发展史

乒乓球作为"袖珍版"运动变成独立的体育运动是以赛璐珞球问世为分水岭的。过去用香槟酒瓶塞制成的软木球过于"木讷"而难以弹起，实心的橡胶球又过于"生猛"而无法招架。19 世纪中期，美国富商悬红一万美元，寻找制造台球的新材料替代象牙。赛璐珞，即硝酸纤维塑料，是问世最早的塑料之一，1855 年由英国化学家帕克斯(Parks)使用硝化纤维素和樟脑制的；1868 年，美国发明家海亚特改良了帕克斯的配方，首次使塑料的商品化获得成功。这种硝化纤维素塑料的商品名称叫"赛璐珞"(celluloid，是人造的英语单词)，很快就成为许多产品的原料。这种硝基纤维成了现代塑料的鼻祖。英国人吉布 1900 年在美国的儿童玩具店发现赛璐珞球后如获至宝，这种质量轻、外壳薄、弹性好的乒乓球迅速风靡英国。

在 1931 年人类首次往返大西洋的飞行中，驾驶员迈瑞尔将 41 000 个乒乓球塞满飞机的机身和机翼，确保万一迫降海面时能够安全漂浮。这也是乒乓球为航空事业做出的独特贡献。乒乓球除了运动方面外，还是渔夫们放钓拉网时的浮标，由于质量轻，浮力大的特点，一直受到青睐，后来被新发明的泡沫塑料代替。

乒乓球起源后，并在赛璐珞球发明后获得极大成功。在经历过 1900—1904 年逐渐简单又大力的开发，乒乓球在 1905 年至 1910 年的中欧流行传播开来，不仅仅在英国，在美国也非常狂热。但此游戏突然不再大受欢迎，其在欧洲失宠一段时间后，后在英格兰和威尔士获得复兴。1926 年国际乒联的成立，乒乓球标准化的国际规则开始制定，国际间的正式大型比赛开始举行，乒乓球运动的兴起不但影响着人们对乒乓球这项运动更加深入的了解，同时也持续长久地激发和吸引着他们参与乒乓球运动的热情和兴趣，这也使得乒乓球文化在欧美得到更为广泛的传播，造成了较为深刻的社会影响。

第一节
欧美世乒赛战绩回顾

作为一项现代体育运动，乒乓球的世界比赛历史甚至比足球世界杯或者排球世界杯要悠久。比如世界杯足球赛是在 1930 年才有第一届世界大会，排球则是在 1940 年才有第一次世界锦标赛。而乒乓球世界锦标赛却早在 1926 年就举行了自己的世界锦标赛。到目前为止，除了第二次世界大战期间中断了 7 年（1940 年到 1946 年）之外，世乒赛已经在欧洲、亚洲和非洲举办了 53 届。1938 年世乒赛在英国的温布利结束后，欧洲陷入了第二次世界大战的阴云。1939 年原本安排在欧洲进行的世乒赛紧急转到了埃及首都开罗举行，这也是到目前为止非洲举办的唯一一次世乒赛。为了躲避战火，匈牙利和捷克的世界高手们开始出逃国外，从 1940 年开始，世界锦标赛停止了长达 7 年时间。从 1957 年起，乒乓球世锦赛改为 2 年举行一次。

世界乒乓球运动的发展，主要分为 6 个阶段：第一阶段（1926—1951 年）：欧洲乒乓球运动的鼎盛时期；第二阶段（1952—1959 年）：日本队震动世界乒坛；第三阶段（1959—1969 年）：中国队崛起，朝鲜队崭露头角；第四阶段（1971—1979 年）：欧洲队复兴，中国队重整旗鼓；第五阶段（1981—1988 年）：中国队攀上世界高峰，演变成“中国打世界”的局面；第六阶段（1991 年—至今）：中国“独领风骚”，“一枝独秀”——大包大揽时代。

美欧曾经在乒乓球发展的前期阶段可谓垄断了国际乒乓球竞技赛场，1926 年至 1951 年共举行了 18 届世乒赛。这一阶段，欧洲队占绝对优势。直至日本队的出现，才打破了这种非平衡发展。目前欧洲具有很多乒乓球俱乐部，尤其德国的乒乓球青少年发展得非常好。

在乒乓球运动发展前期，由于球网较高，使用主要是木球拍和胶皮球拍（表 3.1），所以主动进攻的技术并不完善，打和平球推挡是最主要的比赛方式。稳固防守，推挡基本功是获得胜利的关键。所以比赛中经常会出现一场打几个小时的情况。

削球打法的成功，还得益于 1902 年英国人库特发明的颗粒胶皮拍。它标志着乒乓球运动由木板拍进入胶粒拍时代，球拍的演变，加强了击球的旋转和速度，提高了击球的摩擦力。据史料记载，库特先生参加完伦敦举行的一次乒乓球比赛后，在一家药房的柜台上偶然发现铺着一块粒状凸点胶皮垫，他设想将此物放到球拍表面代替木板拍面上的软木垫，一定可以出奇制胜，结果此举果然使他获得了冠军。胶皮拍与木板相比，可以制造上旋，从而为削球打法运动员在下旋球技术的使

表 3.1　球拍早期的进化过程

时　间	演变过程
1880—1910 年	(1) 长柄羊皮纸拍，也称"班卓"拍，长 19.5 英寸 (2) 短柄羊皮纸拍 (3) 光板木拍 (4) 砂纸拍，可增加球的旋转 (5) 软木贴面拍，性能优于砂纸拍
1920—1950 年	(1) 胶粒拍 (2) 加宽胶粒拍，受早期防守型队员偏爱 (3) 硬海绵拍，流行于 50 年代初 (4) 软海绵拍，厚度约 3/8 英寸，50 年代为日本选手喜爱 (5) 绉纹橡胶拍，不易控制球的方向，存在时间极短

用方面提供了良好的基础。当然，运动员主要靠稳削下旋球取胜对手，力争自己不失误，这种打法类型也致使比赛的时间拖得很长。

在乒乓球的第一阶段赛事，1936 年的布拉格和 1937 年的巴登是留在世界乒乓球锦标赛历史上的两届重要赛事，因为在这两次比赛中出现了较为极端的情况，那就是超长时间的比赛和超短时间的赛事。1936 年的第 10 届世界乒乓球锦标赛男子团体比赛，波兰的艾利希和罗马尼亚的帕内斯之间为了一局打了 2 个小时才分出胜负。而团体决赛中，奥地利和罗马尼亚用了 3 天 11 小时才最终决定比赛的归属。超长的赛事让球员、裁判乃至球迷都不厌其烦。国际乒乓球联合会在 1937 年不得不进行了第一次大型的规则改革。

1926 至 1951 年共举行了 18 届世乒赛。这一阶段，欧洲队占绝对优势。在这期间，规则的改变和器材的改革，有力地促进了技术的发展。如球台由 4.8 尺长增至 5 尺，球网由 6.5 英寸高降为 6 英寸，球从软球改为硬球。球台宽度由 146.4 cm 加至 152.5 cm，以促进运动员进攻。对比赛时间也做出规定：一场三局两胜的单打，不得超过 1 小时，五局三胜的比赛不得超过 1 小时 45 分钟，如果到时间比赛没有结束的话，领先一方将获得胜利。禁止用手指旋转球的那卡尔式发球(手指转发球)。

第二节☞
美国的乒乓球发展史

1　美国乒乓球的发展

乒乓球运动一直被美国人认定起源于美国，在乒乓球的最初阶段，作为一项新型的游戏活动,社会名流、政治人物等踊跃参加此活动,而且以跻身乒乓球活动之列为荣。当时的各大报纸头版报道,新闻对此新型体育游戏项目,也大肆宣传,导致乒乓球迅速进入美国社会,产生了很多乒乓球组织,同时协会之间城际之间开始进行不同性质不同级别的比赛,同时还伴随着众多的乒乓球表演赛。也正是乒乓球比赛的频繁,为美国乒乓球运动的正规化、组织化打下了较好的基础。以下是美国早期较为知名的乒乓球运动员及比赛:

● 马库斯是早期的美国超级巨星。1929 年获得纽约市冠军,1930 年获得纽约地铁公开赛冠军,1931 年第一次全国锦标赛冠军,在 1931 年获得美国排名第一。

● 1932 年对皮克斯兄弟公司来言,一个不幸的消息是 1932 年纽约的桌球协会成立。马库斯获得首届纽约乒乓球协会冠军。

● 1933 产生第一个美国女子冠军。采用手指弹拨旋转球方式发球。

● 1933 年美国乒乓球协会成立。

● 1933—1934 年超级女明星 R. H. 阿隆斯诞生。

● 1935 年开始执行球拍规则约束。

● 第二次美国与加拿大比赛举行。

● 1936 年国际乒联组织 36 个会员国讨论美国的手指拨球发球技术是否取消。

1936—1937 年的赛季,决定:(1)加快比赛节奏,禁止无休止的乒乓球比赛。(2)降低球网高度,从 6.75 英寸降低为 6 英寸。(3)取消手指弹拨旋转发球(那卡式发球)。

2 美国国内的乒乓球赛事

美国国内的赛事主要是城际之间的交流比赛以及全美的乒乓球比赛。由于城际之间比赛的开展,带动了美国国内乒乓球规则及协会推动此项运动的各项制度与政策的出台,保证了该项运动的健康发展。如乒乓球比赛规程就已经对体育精神细化:例如注重乒乓球比赛体育精神及行为问题,与对手比赛需要做到不能辱骂对手,无论你在落后时候多么沮丧、愤怒,以及当你觉得裁判执法很有问题时,也不要生气及愤怒,要在规则许可的范围内进行合理申诉,同时要以一个运动员的方式接受所有的决定。

(1) 城际赛事

在城际赛中,美国乒乓球协会的排名委员会长乔治·施恩说麦克卢尔(McClure)是他所知道的获得奖牌记录最多的选手,但麦克卢尔拒绝参加城际之间的乒乓球比赛。另一名乒乓球运动员吉米(Jimmy)也曾经在公开刊物承认,即使他被入选代表本城市参加城际乒乓球比赛,他也不会参加东部对西部的比赛。纵观这些运动员对城际比赛的消极态度,这只能表明一件事:吉米对协会和它的成长一点都不负责任,在过去因为那些顶尖的选手不愿意合作,所以协会对此强行限制的策略是非常有必要的。如果麦克卢尔这种行为被允许的话,那在将来控制球员的道路上必将困难重重。因为球员们受到了协会无微不至的帮助,协会为运动员训练及成才提供了必要的条件,因此球员们为协会和它的官员们利益考虑也是必须的。

美国乒乓球协会的执行秘书拉普认为:“不参加城际比赛而参加表演赛挣钱,虽然这是事实,就像杰里沃杰夫(美国乒乓球协会的记录秘书长和表演会主席)指出的一样,排名第一的球员在他获得这个称号的那年有权利抓住机会挣钱,但在以牺牲协会利益的基础上挣钱的自私行为不应被宽恕。毕竟,就像卡尔解释说,官员在为球员利益的考虑下努力安排好,而球员应该在充分感激组织为他们所作的贡献的前提下积极参赛,为协会们也相应地牟利。麦克卢尔说他为比赛尽心尽力对此我毫不怀疑,对协会对比赛都是需要的。我们都知道这种表演性演出会帮助推广乒乓球这项运动,但对增加美国乒乓球协会协会成员几乎没有影响。事实上,运动员们才是这个比赛最大的受益者,当地的分支机构或赞助商是第二大受益者,而美国乒乓球协会只是拿到少量的表演入场券的门票费。因此运动员们必须被教导,那就是,协会使他们有机会赚钱,而他们自私地为自己牟利的行为不应该超出他们对协会应持有的忠诚。”

由此他特别在表演赛的第八条规定中加了四条规则:

① 抑制因比赛而水平变强的球员组织一些和他们参加主要锦标赛时间上冲突的表演性比赛。这也防止那些在重大锦标赛的开展之际也组织表演性比赛的不良队伍的产生。

② 确保表演性的团队要事前告知美国乒乓球协会和表演协会主席他们具体的行程安排(其中麦克卢尔和格兰茨拒绝报告),这样主席就可以对那些冲突的比赛撤销批准函。

③ 对那些没有对当地分支的机构申请的队伍严厉处罚。拉普认为:宾夕法尼亚 TTA 的主席罗伯特梅特卡夫(Robert Metcalf)对麦克卢尔和格兰茨缺少责任心的行为深深厌恶是有理由和原因的。

④ 坚持原则,除非有充足的理由,否则世界排名第一的选手必须参加重大比赛,否则就收回他已有的所有头衔及荣誉。拉普还建议美国乒乓球协会应该要乒乓球运动员麦克卢尔不愿意合作的行为给一个明确的答复。

难道说麦克卢尔真的是一个坏男孩的例子吗？如果不是，那么原因又是什么呢？也许是因为欧共体成员当他们听到巴特尔克里克(Battle Creek)这个名字时是充满敬意的，密歇根记者曾写道，吉米和麦克卢尔把球打过来打过去的表演娱乐了周围的所有人。事实上，这些城际比赛中处于弱势的队伍，当然包括没有麦克卢尔加入的印第安纳波利斯队伍，在比赛过程中出了很多洋相。

城际锦标赛那年 12 月份的周末，底特律新闻社结束了其第四年的新手锦标赛，这次锦标赛吸引了 16 000 名球员参加。而伯恩斯坦(Bernstein)和现底特律冠军赫什(Hersh)此前都是这项赛事的冠军。伯恩斯坦，作为贝蒂斯托尔安吉洛报社的编辑家，在 1981 年 12 月 24 日的采访中说，他的乒乓球技术是在毕业于东部高中后在底特律学的，后来，在上了韦恩州立大学几个学期后，在当年用对底特律公司销售营销概念赚来的 400 美元才开通了这个“校园乒乓球场场地”。伯恩斯坦在城际比赛时度过了一段艰难的时光，两年内，就像 Chuck Burns 一样，他本来也应该是一个发挥稳定强劲的竞争对手。

1928—1939 年乒乓球锦标赛：为了庆祝纽约麦德龙集团：美国乒乓球协会——一个由巴克斯兄弟认同的采取“大商业的方式”来组织运作的协会，有 400 场之多的乒乓球锦标赛在宾夕法尼亚州旅馆举行。赫伯特·阿伦，在《纽约邮报》发表言论：“促使美国跨出开始乒乓球这个运动的第一步应该是全民运动的开展。”他说：“乒乓球全民运动的开展，首先报纸媒体方面应该关注乒乓球成绩优异者，对这些明星的关注应该是多方面的，包括这些乒乓球获胜者是怎样梳头发的，是否喜欢吃菠菜和他们对于女人裙子长度的看法。”另外，艾伦说：“乒乓球全民运动的开展还要有赖于这项运动的国内机构的建立，相应的官员们也应该抓住每个机会和场合对听众们发表演说，演说的内容应该是关于乒乓球运动的更高理想境界是什么，并要指出这项游戏些年轻人身体和精神带来的好处等等。”因此，对于开创者来说，我们不仅要把功劳给匹克斯兄弟也要给纽约市的汤姆金斯广场(大道大街和十号大街)的男生乒乓球俱乐部。那里由明星球员和全能运动员(游泳、篮球、排球，女子铅球、手球、网球)唱主角。而马库斯·马克这位早期的美国超级巨星努力帮助把乒乓球在美国得到普及。当他因为获得美国国内乒乓球比赛的第一名而声名鹊起后，他被所在的俱乐部开玩笑地归类到“打球成瘾”的那个类型中的人。

1931 第一届(APPA)国家锦标赛：第一次正式全国乒乓球锦标赛从 1931 年 3 月 25 号到 28 号在纽约市宾夕法尼亚州酒店举行。有 369 个参赛选手(近 150 人第一轮轮空)，每个人支付 1 美元的入场费。选手大多数是来自纽约新泽西地区，但也有十几个城市外的代表。据了解，有 700 名以上的运动员想参加，但是据说场地只有8张桌子(后来增加到16张),所以不得不设限,只能男性才有资格参赛。

由于记者可以近距离接近乒乓桌,球员和观众,他们听到那些运动员在自语:“这些纪念品做得太好了。”一个记者描述当时的场景:“裁判在两边落坐,1 000个经过登记的热情的观众在球员入场时都礼貌地鼓掌,而球员们鞠躬致意,互相尊重。球员的服装都是黑色的,另外的装备都大相径庭。有一些人穿着网球鞋,有些穿着风雨的橡胶鞋来防滑,有些穿着外套灯笼裤,还有些人觉得有袖子的衬衫或者好看的吊带裤都是他们合适的装备。所有的运动员要求穿有颜色的衬衫,但当一个年轻的人在晚上的公开赛中穿了白衬衫,请求说这是他带的唯一一件衣服,裁判虽然会担心白色的球在白色的衣服背景下会看不清楚,但还是同意了。”

第一场国家锦标赛的比赛Schussheim对Svigals,比分是21∶18,最后一场比赛的最后一局由Graham McNamee通过WEAF现况报道。赛后的排名通过当地的新RochelleN. Y.报纸,引起了一些公众的关注。

1939年对加拿大的比赛:加拿大国家展览会锦标赛在多伦多召开。在所谓达到顶峰的第五届国际团队锦标赛中,美国第一次输给了加拿大,而且还是羞辱性的0∶6战败。实际上,这种一面倒的比赛就是美国对阵蒙特利尔(Montreal),因为多伦多本地的球员没有一个被认为有这个资格可以代表国家出赛。

在比赛过后,弗尔曼(Fuhrman)写下了对这次锦标赛的评价:“加拿大人非常好客,我们度过了一段非常愉快的时光。然而比赛条件并不乐观(落后的乒乓桌是最大的问题),还有比赛规则,除了和我们不同外,而且很不明确。推挡的规则在美国对抗加拿大的国际性比赛时更改了超过4次,最后在美国选手和他们队长的强烈反抗下才最后定下来。但我很高兴地说,即使意见不一致,良好的体育道德精神在双方球队中都得到体现,友好的体育精神得到推广。我们的美国乒乓球协会应该受到批评,因为他们没有提前妥善安排好吉伯尔国际奖杯团队比赛的事项。没有实现制定双方都同意的比赛规则,跟整洁装束的加拿大选手相比美国队没有统一的运动服装,(TTT,1939年10月20号)。”

(2) 学校之间的赛事对决

除了城际之间的比赛,在全国范围内,有一批高校在在举办乒乓球联赛。1939年,在费城,作为足球教练的杰姆斯·卡特(James Carter),同样也是公立高中的乒乓球联盟赛的主席。他们赛季分为两部分,一个在体育馆联盟的比赛,一个不在体育馆举行的。每个队有9名球员,在圣路易斯州,威廉卡伦迈克布莱德高中先是本校的比赛,然后赢得人就要出去为学校的荣誉而战。在堪萨斯市,Ward和Wyandotte 两个学校一直以来都是对决的冤家。美国乒乓球协会教育部主席 Guilfoil 的儿子，比尔(Bill)参加并组织乒乓球比赛。

双方对决的比赛还包括有在纽瓦克州，新泽西州，新奥尔巴尼州，印第安纳州，萨吉诺州，密歇根州，盖尔斯堡州，伊利诺斯州，明尼阿波利斯州，明尼苏达州等地举行。有些时候当地的明星也出现在这种游戏中。上个赛季，简斯图尔特李敦(Jean Stuart Leighton)不仅拿到了明尼阿波利斯高中女生组的冠军，而且在双城市邀请赛拿到了女子单打和混合双打(跟 Ed Sirmai 搭档)的冠军。最值得一提的是，这一切都在为宣传推广青少年乒乓球运动，问题是，在纽约宾夕法尼亚州的 Hannah Penn 中学，"100个男孩和女孩参加了锦标赛，而且都是美国乒乓球协会的成员"，但是中学会员会持续参加协会的比赛吗？能维持多久呢？一切拭目以待。

3 美国队在乒乓球世锦赛成绩回顾

第 10 届　地点：捷克布拉格(1936.3.12—3.18)

男子团体桂冠：奥地利

女子团体桂冠：捷克

男子单打桂冠：S. 科拉尔(捷克)

女子单打桂冠：R. H. 阿隆斯(美国)

男子双打桂冠：R. G. 布拉特纳/J. H. 麦克卢尔(美国)

女子双打桂冠：M. 凯特纳罗娃/A. 斯米多娃(捷克)

混合双打桂冠：M. 哈姆尔/C. 克列纳娃(捷克)

第 11 届　地点：奥地利巴登(1937.2.1—2.7)

男子团体桂冠：美国

女子团体桂冠：美国

男子单打桂冠：R. 伯格曼(英国)

女子单打桂冠：阿隆斯(美国)普利格(奥地利) 无亚军

男子双打桂冠：R. G. 布拉特纳/J. H. 麦克卢尔(美国)

女子双打桂冠：V. 德佩特里索娃/V. 沃特鲁布科娃(捷克)

混合双打桂冠：B. 瓦纳/V. 沃特鲁布科娃(捷克)

第 12 届　地点：英国温布利(1938.1.24—1.29)

男子团体桂冠：匈牙利

女子团体桂冠:捷克

男子单打桂冠:B. 瓦纳(捷克)

女子单打桂冠:G. 普里希(奥地利)

男子双打桂冠:J. H. 麦克卢尔/S. 希夫(美国)

女子双打桂冠:V. 德佩特里索娃/V. 沃特鲁布科娃(捷克)

混合双打桂冠:L. 贝拉克(匈牙利)/W. 伍德海德(英国)

第15届 地点:英国温布利(1948. 2. 4—2. 11)

男子团体桂冠:捷克

女子团体桂冠:英国

男子单打桂冠:R. 伯格曼(英国)

女子单打桂冠:G. 法卡斯(匈牙利)

男子双打桂冠:L. 斯蒂佩克/B. 瓦纳(捷克)

女子双打桂冠:M. 弗兰克斯/V. S. 托马斯(英国)

混合双打桂冠:R. 迈尔斯/T. 索耳(美国)

第16届 地点:瑞典斯德哥尔摩(1949. 2. 4—2. 10)

男子团体桂冠:匈牙利

女子团体桂冠:美国

男子单打桂冠:J. 李奇(英国)

女子单打桂冠:G. 法卡斯(匈牙利)

男子双打桂冠:L. 安德里亚迪斯/F. 托卡尔(捷克)

女子双打桂冠:H. 埃利奥特(苏格兰)/G. 法卡斯(匈牙利)

混合双打桂冠:F. 西多/G. 法卡斯(匈牙利)

第23届 地点:日本东京(1956. 4. 2—4. 11)

男子团体桂冠:日本

女子团体桂冠:罗马尼亚

男子单打桂冠:荻村伊智朗(日本)

女子单打桂冠:大川富(日本)

男子双打桂冠:荻村伊智朗/富田芳雄(日本)

女子双打桂冠:A. 罗齐亚努/E. 泽勒尔(罗马尼亚)

混合双打桂冠:E. 克莱因/L. 纽伯格(美国)

4 穿西装能当冠军　美国也曾短暂统治

1937年是美国乒乓球的收获季节，美国队在1937年的奥地利巴登第11届乒乓球世锦赛中，同时包揽男女团冠军。1937年两个重大事件：

(1) 国际乒联采取了限制比赛时间的措施。1937年第11届世乒赛中，美国选手阿隆斯和奥地利选手普里斯在决赛中超过了1小时45分钟的时限而被判犯规，致使当年女单冠军空缺，直到2001年才给二人"平反"并追认她们并列冠军。

(2) 鲜为人知的是，国际乒联早在1937年便通过了参加奥运会的决议，但谨慎而自尊的蒙塔古主席由于担心乒乓球水准不高会遭到拒绝而未能付诸实施，谁知这一拖延就是50年。乒乓球至今在奥运会体育项目排名档上无法进入第一档次，和世界体育第一强国美国不买账是有一定关系的。

在第一阶段(1926—1951年)的欧洲乒乓球运动的鼎盛时期，美国人在乒乓球世界发展的初期于这一体育项目上具有一定的优势，也是极为热门的体育运动，甚至有多人得到过世界冠军的头衔。1936年在第十届世界乒乓球锦标赛上，美国人阿隆斯得到了女子单打的冠军，并且他们的男双也取得了第一名。一年后在奥地利的巴登，美国队依靠一项秘密的新技术夺取了男子团体和女子团体的冠军，并再次蝉联了男子双打的金牌。甚至直到1949年美国女队还能得到团体世界第一。但是自从1956年在混双比赛中最后折桂后，美国人就退出了乒乓球比赛的中心、日渐凋零。美洲也成为从来没有举办过任何一次乒乓球世界锦标赛的大洲。

5 美国人创造的手指转发球

1937年的第11届世乒赛是在奥地利的巴登进行的，美国人在这次比赛中拿出了他们的新武器——手指转发球。发球方式是用手指的强烈挤压让球变得不可预测地旋转后发出，这是乒乓球界第一次接触到强烈旋转的发球，结果参赛各队都因无法适应美国的发球，反复出现"吃球"下网的情况。

这一"新技术"直接导致的结果就是被乒乓球界深恶痛绝的马拉松赛事不见了，但出现的是更为恐怖的超快结束。鉴于超长比赛还是超短比赛都不利于乒乓球的发展，国际乒乓球联合会在1937年不得不进行了第一次大型规则改革。就此美国乒乓球昙花一现，无法东山再起。想来当初对美国的限制确实起到了推动乒乓球运动发展的作用，可是这一举措也导致了美国人的愤怒，转而不再玩乒乓球，从而将乒乓球摈弃在了未来最大的体育市场的藩篱之外。当然，当时的体育运动都较为单纯，没有意识到市场的绝对领导力量。

今天，当国际乒联为了防止一国独大(现在中国太强大即一国独大)，更改一些规定来推动乒乓球在世界上的普及发展的时候，不断有不明历史的国人叫嚷“为啥国际乒联总限制中国”。殊不知早在70年前，美国人就已经被国际乒联先限制了一回了。限制强者，推进新技术是国际乒联的传统。所不同的是，美国人被限制了一次就不玩或者说玩不转了，而中国被限制了20年却越限制越强大。

延伸阅读

美国的体育体制

美国虽然是世界第一体育强国，然而美国各级政府中并没有专门管理和组织体育运动的部门。美国与中国在体育体制方面有很大不同。

美国体育大体可分成三部分：职业(商业)体育，学校体育，社会体育。所谓职业体育，实际上也可以看成是已形成产业的一部分体育。在美国，篮球、美式橄榄球、棒球、冰球以及网球、高尔夫球、花样滑冰等项目，体育商业化程度高，构成了相当规模的体育产业。这些项目的发展不愁资金来源。像美式橄榄球联赛，仅出售电视转播权一项收入三年间就达17亿美元，难怪职业运动员个个都成了大富翁。但是在美国也有不少包括奥运项目在内的其他项目，如排球、手球、乒乓球、羽毛球、跳水、举重等，商业化程度不高或根本无法商业化，项目的发展举步维艰。美国职业体育没有全国统一的领导机构，各项目成立了自己的联盟，有的项目不只一个联盟，各俱乐部和联赛的经营都在联盟的领导之下。

学校体育在美国体育中扮演着极其重要的角色。美国人从小学开始便培养孩子们对体育的浓厚兴趣，小篮球、小棒球、小橄榄球比赛十分普及，到了高中，许多项目的校队已具有相当高的水平。美国没有中国那样的省市体委所属专业运动队，没有体育运动学校等多级训练网，但美国许多高水平的大学校队实际上和中国的专业队差不多，小学、中学、大学体育也是一条龙。有体育特长的学生进入大学校队后享受奖学金待遇，不但不用支付昂贵的大学学费(平均一年15 000美元)，还有不低的生活零用金补贴。美国大学体育联合会(NCAA)每年都组织不少全国性大学生体育比赛，较知名的有大学篮球、大学橄榄球联赛等。此外，如果没有美国大学田径、游泳、排球、女足等活动的良好开展，很难想象美国人在奥运会的这些项目上能组成高水平队伍，能取得优异成绩。

可以说，无论美国职业体育还是奥林匹克运动的发展，都有赖于学校体育这一雄厚基础的支持。一个体育项目要想在美国得到蓬勃开展,不进入学校就很难办到,像乒乓球、羽毛球等,目前没有打入美国中小学,因此难以成气候;美国足球在商业运作方面取得很大进展,吸引了一些广告商,但是在美国学校中远未普及,正是这一原因,造成美国国家男足以及美国足球职业联赛中的不少队伍当前只得靠外来移民球员支撑门面。

除上述两大类之外开展的各种体育活动,在美国可统统归为社会体育,包括大众健身及各项目民间体育俱乐部活动,也包括美国奥委会下属部分单项协会组织的比赛和有关活动。通常情况下,美国社会体育不像职业体育那样,能够得到企业界、媒介的重视,也不像学校体育那样有教育经费的支持,社会体育的自我发展相对艰难一些。不过,由于美国社会移民多,包容性强,各民族文化都有自己的立足之地和欣赏者。像武术,虽然进入不了美国体育主流,但这一中华古老文化瑰宝还是得到不少人青睐,近几年美国各地的武术馆已增加到数千家,学几套功夫和东方健身术,也成了一种时尚。

美国联邦政府没有任何部门是与体育有关的。

美国联邦政府有一个健康与公共事业部,这个部门主管全民健康,通过倡导全民身体锻炼的方式来促进人们的健康,但它是对全体公民的,并不为运动员服务,而且是以精神上人们参加鼓励为主,没有金钱上的资助。比如这个部门下有一个疾病控制与预防中心,该中心联合世界卫生组织、国家癌症协会等健康组织、国际奥委会、FIFA等体育组织搞了一个无烟草运动行动活动,劝说年轻人以运动来取代吸烟行为。

美国还有一个身体健康和运动总统会议,这是一个顾问委员会性质的组织,由20名志愿者(普通公民)组成,没有工资,每个人任期2年,每年至少召开一次对公众公开的会议,给总统提出一些关于人民健康方面的建议,并提出一些用于促进全体美国公民健康的身体方面的项目计划,这些项目主要是以精神鼓励的方式对人们参加锻炼进行奖励。

在这个组织的倡导下所建立的项目有:

(1) 总统挑战(The Presidents Challenge):一个用来鼓励所有美国人进行经常性的身体锻炼的计划。这个计划中包括积极生活方式总统奖,用来鼓励那些经常锻炼的普通人。从1966年开始,总统挑战为学生们提供健康嘉奖,由教师、俱乐部、基督教青年会等人和组织来管理和执行。到现在已经有六百万年轻人接受了奖励。项目中还有州优胜者奖,这是一个联合教育部门的,为学校提供的奖励,每年一次,每个州有三个学校获奖,获奖条件是该学校的身体健康总统奖的获奖人数和学生人数的比例是该州前三强。

(2) 全国学校示范计划。选出一些身体健康锻炼开展比较好的学校，让其他学校来参观和学习。

(3) 其他项目。全部都是用来鼓励人们参与健康锻炼的。请注意这些项目中所提到最多的词是 fitness(健康)，而 sports 很少提及。这些奖励都是精神上的鼓励，只是对人们进行锻炼的一种承认和认可。

不过，由于美国实行的是联邦制，各个州、城市的制度都不太一样，有的城市政府有涉及体育的部门，比如纽约市政府就有纽约体育委员会(官方网站：http://www.nyc.gov/html/sports/html/home.html)，但它的目的是为了发展城市经济、给市民提供参与体育的途径、刺激旅游业的发展，所以其主要工作是吸引各种体育比赛和体育活动到纽约举行，说白了，就是鼓励、协助各种体育组织或商业企业在纽约开展体育比赛和活动，劝说、鼓励、协助各种全国性、国际性的比赛到纽约举行，而不是花钱培养运动员出去打比赛为城市争光。由于美国各政府的财务都对外公开，受到各种"刁民"的严格审议，所以绝不会出现政府花钱为个别人服务的情况。如果有市民愿意花自己的钱去支持运动员或某项体育运动，他可以直接把钱打入那个运动员或体育组织的账号(许多人就是这样做的，美国各个体育组织包括美国奥委会在内，都对外募款)，而用不着要求政府花所有纳税人的钱去支持运动员，如果你认为别人也应该支持运动员，那么你可以建一个类似于支持我们的运动员这样的组织[1]，劝说别人支持运动员并募集资金。

美国在 1978 年通过了一个《业余体育法》，1998 年重新修改成了《特德史蒂文斯奥林匹克与业余体育法》。该法案规定美国奥委会是具有垄断性的与奥运相关的体育活动的协调机构，对美国参加奥运会的所有事项行使专属管辖权，这就意味着其他任何人、组织、政府都不得插手奥运会的事务。当然，美国奥委会依然是民间机构，法律保护的是其唯一性，而不是意味着它是一个政府机构或者与政府有关的东西。之所以要保护其唯一性，是因为在美国任何人都可以成立组织，也可以举办体育比赛，美国有各种各样五花八门的体育组织，甚至有北美同性恋排球协会这样的组织(虽然规模非常小，但它是一个正规运作的体育组织，每年都有全国联赛)，所以如果没有明确的法律保护，那么后果可想而知。

美国奥委会的运作资金来自个体公民的捐赠、赞助、特许使用费、商业经营。美国政府不出一分钱(下面有财务报告)。美国奥委会的主要开支是资助奥委会的成员组织(比如举重协会)，资助运动员，开展奥运集训，出国参加比赛等。美国奥

① http://supportourathletes.org.

委会及其成员组织的财务全部是对外公开的，在其网站上可以下载每年的税务报表和年度报告，从中可以很清楚地看到其收入和支出情况。例如 2004 年（也就是雅典奥运会的那年）美国奥委会的财务情况。

表 3.2　2004 年美国奥委会的财务情况

序号	总收入 2 亿 3 966 万美元		总支出 1 亿 1 803 万美元	
1	接受捐赠	2 056 万美元	会员支持	5 815 万美元
2	合资企业股票收益	3 660 万美元	奥林匹克训练中心奥运集训	2 293 万美元
3	电视转播权费	1 亿 919 万美元	奥运选拔赛等	239 万美元
4	美国奥委会商标使用权	2 952 万美元	国际比赛（参加雅典奥运会）	1 624 万美元
5	许可费用	901 万美元	运动科学研究	368 万美元
6	投资收入	2 026 万美元	药物控制	370 万美元
7	零售收入	30 万美元	公共关系	230 万美元
8	其他	489 万美元	运动医疗	287 万美元
9			国际性事务	322 万美元
10			美国奥委会自身的运营支出	4 672 万美元

第三节 英国的乒乓球发展史

乒乓球源于维多利亚时代的英国，最初被称为桌上的网球。19 世纪末，欧洲盛行网球运动，但受场地和天气限制，把网球移到室内，后来逐步演化成现在的乒乓球。当时，中国还闹义和团，英国人就已经盛装打扮开始玩起了乒乓球，欧洲的第一个桌球俱乐部就位于英国伦敦的“Bounce”。对英国来说，在 20 世纪初期，有过和乒乓球的蜜月期。那个时候，很多人热爱这项运动。并且，人们会慎重对待，一度不鼓励女人加入。除此之外，乒乓球还承担着沟通东西方的作用。在 1901 年，有在中国从事英语教学的英国学者动情地写道：“乒乓球毫无疑问地迷倒了这个世界，它的魔力能让全球人民走到一起。”[①]不过这项运动却在它的诞生地被冷

① 扬子晚报网.英媒：我们丧失了乒乓球话语权，中国是超级霸主[EB/OL]. http://www.yangtse.com/system/2012/08/03/014010296.shtml.

落了，如今这个项目在遥远的东方很兴盛。

1 英国乒乓球运动的起源与发展

50多年前，英国许多公司设有乒乓球台供员工闲暇时消遣，乒乓球运动曾风靡全英。“但随着这个国家制造业日趋衰落，开支受节制，工作地点的乒乓球项目的开展也大面积消失了。”乒协主管理查德·于尔说。乒乓球在英国的“没落”，还与它无法“征服电视”有关。小小一粒球，尽管经过了一系列技术改造，但除了奥运会时出现在荧屏中，平时极少能在英国的电视节目中看到它的身影。英国人总认为乒乓球是一项有些呆板的运动。据英国乒乓球协会发布的数据，20世纪70年代，英国职业乒乓球运动员的数目是20万，而今只剩5万，业余爱好者也已经少于200万，甚至许多人将其看成雨天打发时间的消遣项目。不过，近年来，伦敦人对这项运动的印象有了很大改变。“乒乓球现在变得流行多了”，英国乒乓球协会的一名负责人告诉记者。他还认为，乒乓球流行的部分原因在于“搭建乒乓球台以及学打乒乓球都比较容易”。

英国在乒乓球运动前期有很多优秀的运动员。伯格曼(1920—1970)，奥地利和英国乒乓球运动员。1937年(代表奥地利)，1939年、1948年、1950年(代表英国)四次获男子单打冠军，1939年与巴纳获双打世界冠军，1953年作为英国队成员获团体世界冠军。1938年从奥地利去英国。50年代，他是乒乓球史上第一个职业选手；后曾开办“乒乓球马戏团”。他右手握三夹板单层胶皮椭圆球拍，八字式横握。主要战术是削球引诱对方攻击，借以取分。他号称是乒乓球史上防守范围最广的削球手，也是“巅峰状态最长久的选手”。1955年后曾四次战胜日本选手、世界选手、世界冠军田中利明。1993年伯格曼入选国际乒联名人堂。

数据显示，2007—2008年，全英国共有78 000名成年人参与乒乓球运动，三年后，几经努力，参与人数增至114 800人，近四万名成年人每周至少有一次站到了乒乓球台前，让乒乓球成为自己日常的运动选择。2009年9月，英国时任首相戈登布朗在热刺室内训练基地发起“英超为运动”每年英国政府都会从英超的收益中拿一大笔钱创建“英超为运动”基金，分配给弱势项目求生存求发展，乒乓球能拿到380万英镑。尽管英超球队每个赛季都要经历漫长的征程，对于参加欧冠的球队更是舟车劳顿，但包括曼联和阿森纳这些豪门俱乐部在对待“英超为运动”时却鼎力支持。曼联球员也投入到不同的项目来倡议这个活动，前红魔后卫布朗就选择了乒乓球，如果孩子们击败这位球星，就能登上英格兰乒乓球协会网站。

尽管现状不那么乐观，但于尔却决心让更多人拿起球拍。“我们将鼓励人们经常打乒乓球!”他的目标是让这项运动“复兴”。这份雄心壮志也赢得了英国政府体育主管部门的支持，政府方面为2010年至2013年的乒乓球项目，筹措了950万英镑(约为1亿元人民币)，而此前这项运动的支出，只有650万英镑。

在谈到未来发展计划时，英国乒乓协会CEO萨拉·萨克利夫女士介绍得更为具体。她希望在短期内英国乒乓球项目能获得政府更多的支持，这样就能提高得更快。同时要提高普及度，减少专业与大众乒乓球训练间的距离，开设更多的俱乐部、体育社团的训练。并说在这方面，已经制定了一些有趣的项目，如贯穿全英的“乒”计划，她说:“我们会把社会普及作为我们整体发展的一部分。在公园、学校、车站等场所，增设更多乒乓球桌，大家可以一试身手”。乒乓球是一项伟大的运动，因为它很易于普及，无须复杂的器械，没有年龄的限制，男女皆宜，脑力体力都锻炼。我们已经并正在和更多的合作伙伴携手，把这个项目更深入普及。英国乒乓协会CEO萨拉·萨克利夫女士解释，由于体制的原因，英国很多选手的确不能在英国成为职业选手，不能拿到很多薪酬，这制约了他们成为顶级球员的发展之路，但现在他们到国外打球，很多人加入欧洲联赛，如此一来可以从那里获取薪金，于是他们就成了职业选手。目前不少英国球员在德国、丹麦或法国等地训练和参赛。而在英国则不然，在这里还有不少体育项目无论如何也不会像足球、橄榄球抑或棒球那样受到大的关注。奥运会之后，情况有了点儿改变，也引起了更多的媒体的重视，更多的报纸开设专栏介绍这些项目。一些知名人士对乒乓球的热爱也推动了这项运动的发展。英国著名乐队 Blur 的主唱达蒙·阿尔本以及好莱坞女星苏珊·萨兰登都是乒乓球爱好者。

“我们没有固定的训练中心，每个月差不多能够集训一到两次，我们球员只能租国家体育中心的一个地方来训练，自己付吃住的钱——这在中国是不可想象的。”刘加诒已经在英国执教了17年，他的弟子德林克霍尔是英国头号男单选手，2008年曾获得世青赛银牌。英国很多学校都开展了乒乓球运动，但仅限于业余领域。据刘加诒介绍，这和英国政府的政策有很大关系。亚特兰大奥运会之后，英国由于排名非常靠后就决定开始发展竞技体育，也开始重视乒乓球。英国政府有一项专门支持运动项目在本土普及的计划，名叫“体育英国”，投资逐年递增，去年这笔费用已经接近1 000万英镑。但是英国政府骨子里是要发展全民健身的，他们的观念里面对竞技体育就没有太大的热情。所以，虽然支持体育的资金在提高，但是支撑英国奥运争光计划的投入却大幅度下降，现在能分配到乒乓球协会三年的费用也不过220万英镑，所以乒乓球作为一种竞技运动始终没有发展起来。

借着奥运契机，比赛现场甚至还有摇滚助兴，但是看台上依然还只是中年人居多，这项运动未来的主宰者在现场鲜见踪影。英国乒乓球人对于自己运动特性的解读似乎比我们更加与时俱进些,他们定义为"时髦、现代,最好像是孩子们钟爱的滑板一样"。更让乒乓球人兴奋的是,在伦敦,乒乓球已经悄然变成了最佳的社交项目之一,这恐怕要感谢一个名叫"乒"的计划。其实,执行起来并不复杂,就是一家设在利物浦的专业机构,在伦敦的闹市区摆放了100张乒乓球台,乍听起来活像是不靠谱的行为艺术,但在伦敦街头着实看着醒目,启动仪式上市长大人帮着一起作秀。这项计划在欧洲其他城市都有成果,在英国又增添了两个参与的城市,伯明翰摆下了55张球台,赫尔城则拥有了45张。我们自然不需要四处摆球台,拉人过来打球,国球可以主宰一切,可是真到有一天意识到需要了,可也就来不及了吧。

英国乒协还有一项"政绩",并非是打造出个把像样的新人,在德里英联邦运动会上拿上两块奖牌,而是与自己的装备赞助商一道打造运动项目的影响力。Fred Perry是英国的老资格的运动品牌,以前赞助穆雷,如今签约小德,同时还是英国乒乓球国家队的合作伙伴。作为赞助商,Fred Perry被说服与英国乒协一道要有所担当,吸引下一代参与乒乓,因此也就有了Fred Perry城市杯乒乓球赛,猜猜在一个乒乓球小国里有多少孩子参与?有10万之众。这项比赛的资金有一部分也来自Premier League 4 Sport基金,因此12月3日进行的决赛中,80个孩子选手中,每四个人要身着一家英超球队标志的球衣比赛,在乒乓球台前实现与英超联赛之间的共赢。通过这样的比赛,英国乒乓人执着地要证明古老的乒乓球可是一项"未来的运动"。当然在电视转播中,很多英国人依旧无法完全感知到这项运动的魅力所在,自然也无法分享中国选手带来的至高境界。

2 民间的乒乓球运动

尽管在国际赛场上没有竞争力,但乒乓球却在英国走进社区,成为夜店流行的项目,年轻人甚至将它当做时尚运动,这也是英国乒乓球与众不同的特点。伦敦夜店新玩法:如果现在宣布这是一个业余乒乓球运动盛行的时代,听起来似乎有点莫名其妙。但这是事实——专业的乒乓球选手正在备战下个星期的伦敦世界锦标赛,而业余的乒乓球球爱好者正在努力推进属于他们自己的乒乓球盛典:试图创造一个世界纪录。他们计划星期天聚集在伦敦的Rich Mix艺术中心,以最多人数共打一局乒乓球的纪录打破吉尼斯官方保持的最多人数参与一局乒乓球的纪录。

英国政府在乒乓球上投入的资金不多,英国选手将要在明年遇上强大的亚洲选手。从另一方面说,乒乓球只流行于娱乐场所,而非专业领域。英国体育局的数据显示,玩乒乓球的人数在一直持续不断地按规律增长,尤其是在校生。公共场合的乒乓球桌也在不断地增多。

威尔·赖斯是打破吉尼斯世界记录运动的组织者。2007年,他和他的双胞胎弟弟丹在伦敦东部开了一家乒乓球夜总会。威尔说,“这家夜总会是第一家把乒乓球桌搬进酒吧并与喝酒、DJ、年轻人这些元素融合的场所。”

由于那家夜总会经营得很成功,赖斯兄弟决定重新复苏英国乒乓球协会(Eppa)。Eppa存在于1901到1903年期间,后来与英国桌球协会(Etta)合并,成为如今乒乓球在英国的官方体育机构。虽然Eppa的部分目的是发掘社交乒乓球比职业乒乓球更加好玩的一面,但也不仅仅是给人们带来一个愉快的夜晚那么简单。对于这些想要玩乒乓球的人来说,唯一的实际问题就是一张合适的球桌。一张体积庞大的球桌不可能会合适在普通的家庭摆放,所以增加公共空间乒乓球桌的数量就至关重要。(Eppa)希望能深入社会企业中,并与像Untitled Space's Hit & Run Ping Pong这种机构取得联系,他们会在商店里或行人街道上摆放球桌鼓励市民打乒乓。

除此之外,威尔认为正是这项运动的易普及性才使乒乓在社会上再度流行开来。威尔说:“只要你找到一张桌子,其他的设备就很容易配置了。我觉得要打一场正规的乒乓球赛很容易,不像其他运动或娱乐活动需要有很多规则。你只要想就可以做得到。”

甚至在去年11月,威尔·赖斯计划在伦敦的Rich Mix艺术中心,以最多人数共打一局乒乓球的纪录打破吉尼斯官方保持的最多人数参与一局乒乓球的纪录。威尔·赖斯和他的双胞胎弟弟丹在伦敦东部开了一家乒乓球夜总会,威尔说:“这家夜总会是第一家把乒乓球桌搬进酒吧并与喝酒、DJ、年轻人这些元素融合的场所。”当英国18个月大婴儿打乒乓球的视频走红网络时,你看到的并不是一名奥运冠军在招手,而是英国各种场所刮起乒乓球风的缩影。

如果唯金牌论的话,那英国乒乓球依然只能重在参与,换句话说“英超4运动”并没有帮助本国的乒乓球在国际大赛中争金夺银,但如果拿参与人数和投入热情作为参照物,那英国乒乓球在“英超4运动”的推动下其影响力的确得到显著提升,这项运动已经走进社区成为英国人休闲娱乐的项目。

2010年,英国乒协在伦敦各大场所,包括圣·潘克勒斯国际火车站及希斯罗机场第三航站楼等地,安放了100张乒乓球台,使公众可以随时打球。这项街头推广运动名为“乒!”,旨在激发公众对乒乓球的兴趣,连伦敦市长鲍里斯·约翰逊都参加了启动仪式。这项计划在欧洲其他城市都有成果,在英国又添了两个参与的城市,伯明翰摆下了55张球台,赫尔城则拥有了45张。

在过去的几年中,乒乓球一直比桌球享有更好的评价,它在英国是一项社会性很强且拥有很多不同版本的体育运动,在夜店和酒吧里很流行。尽管在全欧洲只有英国没有职业联赛，而且没有职业球员，但在英国人的心中，对乒乓球已淡化了竞技的意义，而是像滑板一样成为一项引领时尚的运动，甚至成为最佳的社交项目之一。2011年乒联总决赛在伦敦举行，借着奥运契机，比赛现场甚至还有摇滚助兴，但是看台上依然还只是中年人居多，这项运动未来的主宰者在现场鲜见踪影。英国乒乓球人对于自己运动特性的解读似乎比我们更加与时俱进些，他们定义为“时髦、现代，最好像是孩子们钟爱的滑板一样”。

3 英超“养活”的英国乒乓球①

英国乒乓球协会是一个典型的民间组织，英国有众多的官方、半官方以及民间组织每年向运动项目协会发放资金，在2009年前政府拨款是乒协最大的金主，在亚特兰大奥运会后，英国乒协每年可以得到近千万英镑的拨款，但是因为奥运奖牌无望，乒乓球项目的财政拨款就一直在减少，到2009年的时候已经减少到240万镑。

而最近两年又恰逢政府缩减公共开支，英国乒协的财政拨款又一进步被削减。2009至2010财政年度，英国陷入第二次世界大战以来最严重财政赤字危机，财政赤字为1 561亿英镑(2 185亿美元)。为了应对创纪录的1 547亿英镑赤字，英国政府各部门的财政预算平均削减19%，体育部的财政拨款更是将减少28%，连英国运动员的备战经费也受到牵连。在有限的经费下，2009年为了力保伦敦奥运夺金，英国体育理事会决定只能优先给那些(有夺牌希望的)运动员提供资金支持，如自行车、田径、赛艇、游泳等英国传统强势项目。乒乓球自然不受重视：英国头号男单选手在世界排名不过第136位，而女运动员基本上都在140位开外。夺金无望又逢财政危机，过去两年，英国乒协从政府那里得到的财政拨款足足少了一半，仅有120万镑，这一数字也让乒协成为受拨款最少的奥运项目。

由于运动经费的减少，英国的乒乓球运动经历了前所未有的冰冷。英国乒协的运动总监汉森在得知乒乓球项目经费被削减到120万镑后就曾无奈的说道：“由于经费不足，我们球队的体能教练、理疗师和心理辅导师都已经离开球队，其中理疗师的缺失是最致命的，因为训练中球员经常会出现小伤，如果没有理疗师的照顾很可能是小伤变大伤。”最终的结果是，这名丹麦人辞职而去，以示抗议。过去几年间，英国乒乓球选手发觉在英国从事乒乓球运动愈发困难，一些运动员只能选择去

① 穆勒，石珂.英超养活的英国乒乓球[EB/OL].http://sports.163.com/12/0329/02/7TNT2JIC000502OI_2.html,2012-03-29

国外进行训练。英国现男单的头号选手金克·霍尔被誉为是波尔接班人，18岁时就获得了全英乒乓球冠军，他是英国乒协为2012年奥运会准备的“秘密武器”。如今他却不得不重新规划职业生涯，2011年开始，这名英国金童也不得不去意大利进行训练。现世界排名第261位的达利尤斯·奈特也无奈地表示：“我的两名队友，现在已经搬去国外，如果我想获得奥运会参赛资格，那么我必须击败他们，所以我不得不搬家。为了我的将来，这是迫不得已的选择。”最终奈特决定移居澳大利亚，“澳洲的生活支出并不昂贵，而且那里的乒乓球环境比英国好得多。”

英国政府对于乒乓球这样的冷门项目倒也并非残酷到底，还有别的体育资金可以流向这个影响力有限的项目，英超足球联赛堪称英国第一体育资产了，2009年9月，英国时任首相戈登·布朗在热刺室内训练基地发起 Premier League 4 Sport 基金（英超4运动）。每年英国政府都会从英超的收益中拿一大笔钱创建“英超4运动”基金，分配给弱势项目求生存求发展，乒乓球能够拿到380万镑。除乒乓球外，英国还有羽毛球、柔道、排球三个项目获得基金资助。而今年1月宣布接下来两年“英超4运动”将增加200万英镑投入，而受益项目也会增加。

钱可不是白拿的，“英超4运动”不要求奖牌的事情，至少在运动参与人数上得有起色。“英超4运动”基金创建的最初目标旨在改进英国冷门项目的基础设施和民众参与度，为青少年提供更多课余活动的机会，并增加学校与俱乐部之间的联系。“英超4运动”基金成立了一家动态体育调查机构，不断地发布各个运动项目成年人参与人数的状况，数据显示2007—2008年，全英国共有78 000名成年人参与乒乓球运动，三年后参与人数达到114 800人，近四万名成年人每周至少有一次站到了乒乓球台前。

英超不仅出钱资助英国乒协，他们还有一整套的模式来实施自己的“英超4运动”计划。所有的英超俱乐部都会有专门部门或者工作人员，负责以本俱乐部为中心，与所在社区的体育俱乐部进行合作，依次在各个学校开展卫星俱乐部计划，尽最大限度的为年轻人创造参加体育运动的机会。

尽管英超球队每个赛季都要经历漫长的征程，对于参加欧冠的球队更是舟车劳顿，但包括曼联和阿森纳这些豪门俱乐部在对待“英超4运动”时却鼎力支持。像“英超4运动”就在曼彻斯特、索尔福德和特拉福德创建13个卫星俱乐部，而曼联球员也投入不同的项目来倡议这个活动，当时还没有离开红魔的后卫布朗就选择了乒乓球，如果孩子们击败这位球星就能登上英格兰乒乓球协会网站。

每年为了给草根选手比赛机会，“英超4运动”和英格兰乒协合作举办一项名为城市杯的国家级赛事，那些受益于“英超4运动”的乒乓球选手，可以代表各自的英超俱乐部参加比赛。在决赛中，80个选手每四个人要身着一家英超球队标志的球衣比赛，在乒乓球台前实现与英超联赛之间的共赢。值得一提的是，在“英超4运动”基金成立后的四年，这四个运动项目的增长人数有八万，而其中四分之一都是来自这些英超俱乐部的努力。

第四节☞
苏联的乒乓球发展史

苏联的乒乓球发展历史是很短的。这种运动起始于1926年以前。20世纪20年代末，乒乓球运动已经很普及了，在莫斯科、列宁格勒以及俄罗斯联邦共和国的其他城市，在基辅、哈尔科夫、第比利斯、巴库、埃里温，几乎每个机关、俱乐部、电影院的休息室，公园和一些家庭里，一到傍晚，总听见乒乓球碰着桌子所发出的特有的声音。在各个地方举行了许多次个人的和团体的竞赛，也举行了市级的竞赛。莫斯科和列宁格勒的代表队，都是由最优秀的乒乓球运动员组成，他们之间举行过几次友谊赛，但始终都是列宁格勒运动员获胜。

在那时候，大多数运动员的位置距离球桌很近，打球的技术和战术都是老一套。只有个别优秀运动员击球的方法能够接近现代乒乓球运动员的水平。

在1931—1932年这个期间，人们对于乒乓球的兴趣降低了。这种运动几乎停顿下来，乒乓球和打球的用具也不再继续制造。

直到1946年乒乓球才最先从莫斯科开始重新恢复起来，以后传到其他城市。这次和20世纪20年代时情况有所不同，关于乒乓球运动员贡献很少的说法和无组织的现象发生改变了。乒乓球运动的发展立即进入比较完整而有组织的形式。开始按照现行国际规则打乒乓球，规定了等级标准。在有体育委员会的地方出现了不少积极进行活动的乒乓球运动部。教练工作问题得到了较好地解决。有许多爱好这项运动的青年很快掌握了相当复杂的、先进的乒乓球技术。各市、各加盟共和国、各体育协会中央理事会都举行了许多次的冠军赛。如今，乒乓球运动不仅在莫斯科、列宁格勒广泛开展，就是在俄罗斯联邦共和国的其他许多城市，如乌克兰、立陶宛、拉脱维亚、爱沙尼亚等地也同样普及起来了。

1950年11月在莫斯科会经组织了第一届全苏乒乓球竞赛，这是全国20个最优秀的运动员的竞赛。在激烈的竞赛中，立陶宛的运动员获得了胜利。同年成立了全苏乒乓球运动部。

从1951年到1952年乒乓球竞赛更广泛而大规模地开展起来了。1951年4月在里加会举行莫斯科、列宁格勒、里加、塔林、卡乌纳斯、埃里温、利沃夫和基森列夫等八大城市代表队的乒乓球竞赛。优秀的卡乌纳斯代表队得了第一名。男子个人成绩优秀者阿·阿科平(埃里温人),在21场比赛中完全获胜。女子组爱沙尼亚的米托芙也没有输过一次。

1951年11月来自莫斯科、列宁格勒和11个加盟共和国的96名男女运动员在维尔纽斯汇集,来选拔全苏第一届的乒乓球冠军。参加选拔的运动员中,青年运动员约占30%左右,他们都是第一次参加这样大规模的竞赛。全国第一届冠军是优秀的、多方面擅长的"斯巴达克"队队员阿克平。

1952年2月在哈尔科夫市举行了第一届全苏青年男女乒乓球赛。参加比赛的有莫斯科、列宁格勒和11个加盟共和国的代表队。爱沙尼亚苏埃社会主义共和国青年队获得了国际冠军。青年女子队员别苏雨(爱沙尼亚人)获得冠军。青年双打中,获得第一名的为爱沙尼亚的密克隆和依瓦斯克。混合双打中,得第一名的为帕切和帕什加维邱斯(立陶宛人)。

1952年11月在爱沙尼亚首都塔林再度举行苏联锦标赛,这次为个人——国际赛。交锋的共有各体育协会16个优秀的代表队:"斯巴达克(两个队)、劳动、火花、冶金工作者、查里吉利斯、卡列夫、连岛夏夫、海燕"等。每队由4个男队员和2个女队员组成。每队须赛15场:男子单打9场、女子单打4场、混合双打1场。按淘汰制进行国际冠军决赛时,交锋的是"斯巴连克"第一队和"查里吉利斯"队。比赛开始时,"斯巴达克"队虽然处于十分不利的情势,运动健将瓦良科依斯有病,对方一下子就双得了3分,前面以7∶4领先,但斯巴达克队员抱着必胜的决心,终于以8∶7获胜,第一次赢得了全苏体育运动委员会的流动锦标。

全国个人冠军赛标志着青年们的成就。1951年全国冠军阿科平已在第三轮中败于立陶宛青年运动员蓬岛若利斯。24岁的蓬岛若利斯,在比赛时,特别困难,防守十分稳固,善于正拍击球,胜利的信心很强,结局以3∶1胜莫斯科冠军村施克蓬斯,因而获得了苏联冠军的称号。

立陶宛女运动员列维邱坊(查里吉利斯队)决赛时,以3∶0战胜全国第一届女子冠军米托芙而获得了1952年苏联女子冠军。这位苏联的女子新冠军,杰出地表现出比赛的攻击姿势。男子双打冠军为维里斯吉切和岛雨金泊(两人都是立陶宛人)。混合双打冠军日列维邱切和会里岛斯卡土(两人都是立陶宛人)。这样,在四种比赛中,都产生新的冠军。

1953年3月在里加举行了莫斯科、塔林、维斯和里加等四个城市代表队的竞赛。在激烈的竞赛中,这项运动在人民民主国家更普遍地受到了欢迎。匈牙利、捷克斯洛伐克、罗马尼亚的运动员不只一次地在最大的国际比赛中都获得了卓越的成绩。

1953年初在罗马尼亚首都布加勒斯特举行了第二十届世界乒乓球锦标赛,参加比赛的有 14 个国家的代表。优秀的罗马尼亚女运动员洛霞奴以 3：1 在决赛中战胜匈牙利的法尔卡什，因而第四次连续获得了世界冠军。匈牙利男运动员席多在决赛中以 3：0 赢了捷克斯洛伐克运动员安得烈吉斯而成为世界冠军。

男子双打中，匈牙利运动员席多和科奇安以 3：2 战胜了英国的李奇和伯格曼，获得了冠军的称号。

女子双打决赛是洛霞奴和法尔卡什对英国的德·洛芙和列·洛芙两姐妹。洛霞奴和法尔卡什以 3：1 得胜。在混合双打决赛中，洛霞奴和席多赢了唯尔梯(奥地利人)和多里纳尔(南斯拉夫人)，因而获得了世界冠军。

乒乓球这项引人入胜、对人有益的运动，一天一天地普及起来并受到观众的欢迎。无论什么地方，只要有一个善于打乒乓球的球员、几把球拍、一个乒乓球，于是在那个地方就能把许多喜欢打乒乓球的人组织成一个乒乓球队。

苏联是如何组织乒乓球比赛和进行乒乓球文化的推广的呢?

积极分子或发起人的第一步，就是要把所有爱好乒乓球的人们团结到本企业或学校体育集体的乒乓球运动部里来。再从积极而又擅长这项运动的人中选出三、五人组成部办公室，并由他们互推主任和秘书各一人。部办公室的全部工作首先要和体育专业委员取得联系。

部办公室的职责是：吸收新运动员参加乒乓球运动部、吸收他们做体育专业协会的会员、编制本部总得工作计划、规定训练的日期和时间、组织训练小组核对、检查教练工作的进行、训练各个运动员和代表队准备参加竞赛以及应试劳卫制标准等等。部办公室是在常和工会组织的领导下及共青团组织和体育专业委员会的协助下进行本部会员的教练工作。

任何一次违反纪律的事件都必须引起部办公室应有的注意。同志们的讨论、体育专业专家的言论于犯错误的人往往有极良好的影响，并能防止错误的重犯。必须教导运动员能服从专业的意志，并培养他们具有崇高的道德品质。

会员中，往往有些人对于乒乓球运动具有相当丰富的知识和经验，这样的人很快就会从那些最有能力而参加不久的新手中显露出来。部办公室应当设法使他们充当执行教练工作的业余指导员。最有益的办法是，把这样的一些同志派去参加体育委员会和体育协会所经常举办的乒乓球指导员训练班。

体育专业、体育协会的领导人的职责是适当指导各种活动、帮助积极分子——部办公室的人员、业余指导员、队长等。应当给积极分子指出工作中的优点和缺点，引导讨论体育组织生活的一般问题，提高业余指导员的技术水平，协助借款或买卖体育书籍等等。还要吸收所有运动员参加社会工作。

对于业余积极分子予以细心熟练的指导可以收到良好的效果。积极分子常是能很好地掌握组织方面和教练方面的技能，成为真正热心体育教育的人，而且也是业余体育运动的基本动力之一。

每一个乒乓球运动部的教练工作，必须以苏联体育教育制度两项重要原则作为基础，即身体训练与竞技的专门训练相结合，以及全年的训练。乒乓球运动部的每个运动员应当知道和了解这项运动只有在身体全面发展的条件下，才能获得重大的成就，也只有在这种条件下，运动员才能充分掌握应当的技能和竞赛战术。

运动员要练到身体的全面发展，必须要把竞技的专门训练（如乒乓球）和参加其他运动、通过劳卫制正确地结合起来全年训练，也保证有计划地通过劳卫制标准和不断提高乒乓球的竞技技巧。

业余指导员（教练员）在组织练习者们身体训练时，应当使他们受到劳卫制的标准，掌握乒乓球的技术和战术，获得运动等级，并且要以苏联体育运动道德精神教育每个运动员。

每一名乒乓球运动业余指导员最好是固定编在一个10～12人的小组中工作。

小组编制是根据运动员的训练程度来定的。最优秀的运动员编入一小组，较差的编入另一小组等等。有时小组也可以按生产单位——车间、科或时班、级、系等来编排。

业余指导员（教练员）为了进行教练工作，也可固定编在按照年龄和等级的原则所编成的小组内，如二级运动员小组或青年小组内。

最重要的是把最优秀的、最熟练而具有教练经验的指导员（教练员）分配到儿童组去工作，因为儿童组的教练工作必须组织得特别好。不可让练习乒乓球的儿童、青年男女任其自流。乒乓球运动很能吸引儿童，但只要合理的组织及很好的安排教练工作，才能很快地使他们成为优秀的运动员。

学校、少年宫、少年夏令营、公共宿舍的运动场等地乒乓球运动部的工作如果做得好，就可以带来很大的益处，它可以不致使儿童为有害的娱乐所引诱，同时可以把他们导向正规的体育活动上去①。

第五节☞ 匈牙利的乒乓球发展史

匈牙利是一个位于欧洲中部的内陆国家，与奥地利、斯洛伐克、乌克兰、罗马尼

① 弗·柯列戈雨斯基，伊·施拉姆柯夫.乒乓球[M].北京：人民体育出版社，1955：2-14.

亚、塞尔维亚、克罗地亚和斯洛文尼亚接壤，人口约1 000万，首都为布达佩斯。

匈牙利队是世界乒坛的一支老牌劲旅，第一个获得男女单打世界乒乓球冠军的运动员男子是匈牙利的阿·雅可比，女子是匈牙利的M.梅德尼扬斯基。在前18届世乒赛中，匈牙利队是名副其实的头号霸主，在全部的117个冠军中夺得了57.5个。蝉联冠军的记录由匈牙利队（第1—5届）男团比赛。

前18届世乒赛，以匈牙利队为代表的欧洲人一统乒坛天下，直到20世纪50年代，日本队打破欧洲垄断，世界男子乒坛重心转移到亚洲。到了70年代，匈牙利再次崛起。1979年平壤第35届世乒赛上，匈牙利队夺回了阔别27年的男子团体冠军奖杯，他们出奇制胜的一大法宝便是使用了“快速胶水”。据说是克兰帕尔在一次比赛中偶然发现重新粘贴的海绵具有魔术般的效果，击球时速度和旋转都明显增强，这一“秘密武器”很快便被各国运动员所周知和掌握，并成为乒乓球厂商的一大生意。“快速胶水”的玄机在于，其中的有机溶剂快速挥发时能渗透到球拍的海绵层，使细小的微孔结构充气和鼓胀起来，海绵层因此增厚3%～10%，贮能模量提高30%，损耗模量明显降低，击球时更富有弹性和容易透板。至于发出的声音格外清脆响亮，其原理可以追溯到“气穴现象”和“水锤效应”。不过这种“灌胶”的威力只能持续一两个小时，以致运动员在比赛中不得不多次反复刷胶。乒乓赛场从此也像备有“吸烟室”一样专门开设了“刷胶室”，供参赛者冒着刺鼻的气味“临阵磨枪”。

中匈对抗一度成为乒坛主流，但是短暂的辉煌之后，后继无人的匈牙利队再也无力和世界劲旅一争长短。然而由于早期在世乒赛上的长期垄断，匈牙利队依然在世乒赛金牌榜上以68.5枚仅次于中国队，雄踞世界第二。又过了27年，在2010年的第50届世乒赛团体赛中，匈牙利队战胜瑞典队奋力挤进男团八强，创造了继第37届世乒赛之后的最好成绩。

1 西装领结皮鞋的世界冠军

如果现在回到1926年的伦敦第一届世界乒乓球锦标赛现场，当时的情景可能会让人觉得有些吃惊。1880年，乒乓球作为一项贵族游戏诞生在英格兰，在1900年到1905年的5年期间，这种“桌子上的网球”风靡了整个欧洲和美国。看当年的比赛照片就可以知道，那时候的乒乓球比赛有点像现在的斯诺克赛事，男选手们身穿西装皮鞋，而女性则是身着长裙，对于他们来说，比赛更像是一场宴会之后的余兴节目。

匈牙利人雅可比是历史上首个男子乒乓球单打世界冠军。而第一届世界锦标赛只设立了男子团体、男子单打、男子双打和女子双打四个奖项，匈牙利人包揽了所有的奖杯。当时首次世锦赛参加团体比赛的国家为7个，而会场的球台只有4张而已。

有意思的是，第一届世界乒乓球锦标赛原来只是叫欧洲乒乓球锦标赛，但是几名在伦敦留学的印度学生代表印度参加了赛事，而他们的加入使得这一赛事跨出了欧洲，结果临时召开紧急大会，最终决定将欧洲乒乓球锦标赛升级为世界乒乓球锦标赛，并一直叫到了今天。

从1926年第一届世界锦标赛开始到1935年第二次世界大战开战前夕，匈牙利一直垄断了世界乒乓球比赛的赛场。除了开创第一的雅可比之外，不能不提G. V. 巴纳，他在世界锦标赛上曾经得到过包括5次男子个人单打在内的22个冠军头衔，堪称一代球王。而梅德扬斯基从第一届开始连续5届蝉联女子单打世界冠军，也是一名巾帼英豪。随后捷克的凯特纳罗娃接过了桂冠，也多次蝉联女子单打个人冠军。

2 著名运动员

维克托·巴纳

在世界乒乓球史上，G. 维克托·巴纳可以称得上是最伟大的传奇。他是匈牙利人，1911年出生于布达佩斯，卒于1972年。他拥有着一个光辉灿烂的职业生涯：世乒赛中，他一共赢得过40枚的奖牌，其中包括22枚金牌、8枚银牌和10枚铜牌。此外，他是乒坛第一位实现世锦赛金满冠的选手——5个单打冠军，8个双打冠军，2个混双桂冠以及7面团体赛的金牌，这样的骄人记录实在让后人无法企及。匈牙利队在1926年到1936年期间统治了世界乒坛，而巴纳也在此阶段缔造了一个惊人的记录：1930—1935年，他在男单赛场上呼风唤雨、所向披靡，6年时间里仅有一次被同胞兼双打好友斯扎巴多斯击败过。难怪国际乒联前主席蒙塔古曾如此评价："他是乒乓球史上第一个王者，他创造了一个'赢球怪物'，他是我见过的最伟大的选手。"

梅德杨斯基

世乒赛女单首个五连冠。玛丽亚·梅德杨斯基是女子乒坛的第一位乒坛皇后。当然，是世乒赛的大舞台成就了她的辉煌：自第一届到第五届赛事，她囊括了全部的女单冠军，缔造了历史上首个单打五连冠的奇迹。当时，乒乓球在匈牙利堪称最流行的运动，年少的梅德杨斯基也很快对此项目产生了浓厚的兴趣，于是，她毅然选择走向这条路。凭借过人的天赋，她迅速进入国家队并有幸在第一届伦敦世乒赛中登场亮相。那时乒乓技术的发展趋向于防守，选手们注重相持来回多拍，可她却开启了乒乓进攻性打法的先河。梅德杨斯基正反手抽击犀利，令其他球员无所适从，最终毫无悬念地捧得了首届世乒赛女单冠军奖杯。此后的几年，她继续统治着女子乒坛，不仅在随后四届世乒赛女单成功卫冕，而且还在女双和混双赛场上各六次封后。

第六节☞ 乒乓球在欧美的传播方式与特征

欧美国家从经济发展程度来看，都属于发达国家，当代世界的"一超"、"多强"，除日本外都集中在北美（美国是现今世界上独一无二的"超级大国"）和西欧（即所谓的"老欧洲"），囊括了原"西方七国集团"（所谓的"世界富国俱乐部"）和"经合组织"的几乎所有的成员。且不说澳大利亚和新西兰，即使"苏东"巨变后的俄罗斯和东欧国家（即所谓的"新欧洲"），发展程度也比其他地区国家高得多。从社会制度性质来说，它们都是资本主义国家。西欧是资本主义的发源地，美国是当代资本主义的中心，北美的加拿大和大洋洲的澳大利亚、新西兰，也形成了比较成熟的资本主义制度。从文化传统和形态上说，都属于基督教文化、西方文化的范畴。基督教有三大宗派，天主教、新教流行于西欧和美洲，东正教流行于东欧。构成现代文化核心观念的科技理性和"自由、平等、博爱"的价值意识，在经历了从西欧到北欧、再到"苏东"剧变后的俄罗斯和东欧国家的漫长过程之后，已成为这些国家的主流文化。

乒乓球起源于英国，并且通过英国快速向欧美大陆传播，有几点原因是必须强调的：

第一，英国是近现代竞技运动的发源地。当欧洲大陆还处于资产阶级革命的风暴之中时，英国已经接近完成工业革命，因此，英国没有为军事目的而推行大陆体操的迫切需要。在自由竞争与和平闲适的环境中，英国人形成了独具特色的户外运动与竞技运动传统。随着绅士体育的发展，除了传统的体育项目外，英国人创造了许多新兴竞技运动项目，如田径中的竞走、跨栏、三级跳远等；水上运动项目的划船、赛艇、水球等；球类运动的足球、网球、曲棍球、橄榄球、高尔夫球、板球、冰球等。与欧洲大陆的体操相比，这些项目具有竞技性、娱乐性和观赏性，因而深受大众尤其是青少年的喜爱。

第二，随着竞技运动的流行，很多项目的比赛规则开始成熟，各类比赛也成为制度化。英国近代最早的正式比赛是1818年伊顿公学与哈罗公学之间的校际比赛。1819年，伊顿公学与威斯敏斯特第三，英国是近现代职业运动的发源地。早在绅士体育发展的初期，已经出现了运动员（卖主）—体育界老板（经营者）—观众（买主）这样一个典型的职业运动商品交易模式，这是近现代职业运动的萌芽。

第三，英国还是近现代运动俱乐部制度的产生地。为了便于在专属领域中开展体育活动，在绅士体育实践中产生了近代最早的体育组织——运动俱乐部。如17世纪中叶英国就产生了第一个花样滑冰俱乐部——爱丁堡俱乐部。虽然当时的体育俱乐部都具有贵族流亡社会私人会所性质，不对普通市民开放，或对他们人为设置种种障碍，但这是近现代体育组织的前身①。

正是由于英国良好的社会经济、文化和体育环境，催生了乒乓球的诞生与发展，同时也使乒乓球在欧美的传播获得极大的可能与动力。

纵观近代西方乒乓球文化在欧洲大陆及美国的传播，开始主要通过商人、神职人员、军人等方式向各国传播，当乒乓球在欧洲大陆逐渐被社会了解后，社会各界都开展相应的活动，在人际传播达到一定程度后，乒乓球已经被社会广泛了解和接纳，一些商业集团比如英国帕克兄弟公司等，都组建了自己的乒乓球俱乐部，如英国历史最为悠久的切尔滕纳姆乒乓球协会等等，还有一些社会组织，也都有自己的乒乓球协会或俱乐部，从英国和美国以及苏联的乒乓球历史看来，当时的欧洲和美国的乒乓球俱乐部还不能算是一个独立运行的实体，主要挂靠在一些大公司和一些企业里面，乒乓球比赛的最终目的大多是作为一种广告的目的，处于商业推广的作用。通过乒乓球大型比赛，来进行商业化的操作。当时一些乒乓球俱乐部的一些制度已经建立，包括激励机制和竞争机制，这些机制的建立保证俱乐部的乒乓球运动员在比赛时尽力发挥出最高水平。同时乒乓球在传播过程中也产生了一些因竞赛交流等方面带来的矛盾，如发球的不统一，导致协会制定相应大家公认的规则的出现，这对乒乓球的传播与影响意义重大。当时欧洲和美洲的乒乓球俱乐部，已经在逐步的朝专业化和商业化方面发展，其经费主要来自大企业或赞助商。当时的乒乓球比赛更加倾向于商业化，专业化程度低，乒乓球运动员还不能形成职业化，都有其他的工作来支撑起生活，所以说当时的乒乓球运动员的收入不高，不能完全形成职业化，虽然乒乓球球员的训练积极性很高，水平也在不断增长，但不能完全依赖于打球而无生活之忧。

正是拥有正式或非正式的乒乓球组织，乒乓球竞赛活动的活跃，使乒乓球文化传播到欧洲的各个角落。出于各地区历史条件不同和社会状况相异的情况，欧洲

---

① 周西宽.外国体育史[M].北京：人民体育出版社，1989：71.

乒乓球文化的传播也呈现出地区性特点。在美国，乒乓球还曾被当作是他们发明的，也在很长一段时间上存在争议。美国乒乓球的传播很多出于商业的目的，他们协会都有比较严格的制度和规定，对乒乓球球员的活动都有严格的要求和约束，制度较为规范和严明。其实乒乓球早在英国起源后，美国的商人早已窥到巨大商机，商业利益使乒乓球在美国获得开端，此后美国的乒乓球运动也日益火热，成立了很多的乒乓球协会或俱乐部，最开始流行于基督教青年会，后来逐步扩展到整个社会，很多商业性的比赛在全国各地举行，在社会广泛传播开来后，乒乓球文化进入学校，虽然发展没有社会完善，可也使乒乓球的传播率先进入到学校教育领域，使更多的年轻人了解和参与到乒乓球运动中去。英国的乒乓球传播主要靠乒乓球俱乐部来推动，专业性的协会还未正式形成，球员多为兼职的业余活动。前苏联的乒乓球传播，主要靠国家相关组织来推动，分别建立不同的乒乓球组织，有专门的结构负责乒乓球活动与竞赛，对乒乓球文化的价值认识也比较深入。总之乒乓球在欧洲的传播得益于欧洲得天独厚的地理优势和条件，西方各宗教教派开办的教会学校、基督教青年会，对早期乒乓球的传播起了十分突出的作用。特别是青年会，不仅在各国进行西方竞技体育的宣传，而且对其国内和国外的比赛活动也发挥了直接作用[①]。随着乒乓球开展的逐步深入，相应的社会组织成立，而且相应的乒乓球俱乐部或协会都有相应的规则及制度，这些为乒乓球有组织有制度有规律的传播提供了非常好的平台。

① 颜绍泸.竞技体育史[M].北京：人民体育出版社，2006：26-30.

04 第四章 非洲的乒乓球运动

第一节☞ 非洲社会及体育

1 对非洲社会认识与理解

非洲，留给世人的印象一直是政局不稳、权力更迭、兵荒马乱的是非之地。追溯历史，造成非洲动荡的状况既有非洲人自身的责任，也有历史的成因。在经济上，非洲诸国长期处于西方国家经济的附庸状态，一直进行着被掠夺的不平等的贸易。在政治上，当非洲各国于20世纪六七十年代完成民族解放后，一些国家的发展因照抄苏联模式而一波三折；八九十年代期间，西方国家开出治国"药方"，向非洲大陆兜售民主，结果遗害无穷，导致更多国家的政局岌岌可危，冲突四起。现在，人类社会步入21世纪，和平与发展已成为世界的主题，一些长期困扰非洲的冲突、动荡等问题或者已经结束，或者正在降温。百闻不如一见，到过非洲的人会发现，一些国家比中国还富裕，很多城市建设得非常优美，经济建设快步进行。其实，非洲有58个国家和地区，现正在发生的或有可能发生冲突的非洲国家仅是少数而已。

非洲大陆是全球经济发展落后的国家集中的地方，世界上经济欠发达国家有23个在非洲。评价非洲，人们总是从贫穷、饥饿开始谈起。事实上，非洲的一些国家"祖上都曾阔过"，例如以石油、锰、铀和木材作为国民经济四大支柱的加蓬，在1985年人均国内生产总值就已达到3 177美元；以农产品加工工业为出口工业的科特迪瓦，1980年人均国民生产总值曾达到1 200美元；以石油和木材长期作为经济支柱的刚果(金)也曾达到 1 200 美元；北非重要的石油生产国利比亚 1985 年的人均产值竟达 5 000 多美元，在当时居世界第 28 位。后来随着石油价格下降、美元贬值、地区冲突、政策失误、贪污腐败等原因，部分国家开始“家道没落”，但更多的国家经济发展后来居上，国力大增。今天的非洲，粗略估计有 20 多个国家和地区的人均国民生产总值超越中国，一些国家相当富裕。例如：在 1999 年至 2000 年，塞舌尔的人均国民生产总值为 6 100 美元；留尼汪为 4 800美元；利比亚为 4 400 美元；加蓬为 4 006 美元；毛里求斯为 3 600 美元；南非为 2 920 美元；博茨瓦纳为 2 848 美元；突尼斯为2 100美元；纳米比亚为 1 791 美元；阿尔及利亚为 1 581 美元。

关于非洲文化。首先，非洲具有悠久的历史。关于现代人的起源问题，在国际学术界中，一直存在着“多地区起源论”和“非洲起源说”两种观点，在科学家们经过多年的研究和探索后，他们得出公认的结论是：现代人源于撒哈拉沙漠以南的非洲地区，也就是说非洲是人类的诞生地。其次，非洲的悠久历史和灿烂文化在人类文明史中占有重要的组成部分，留下了丰富的文化遗产。埃及是世界上最古老的文明国家，在其之后，北部非洲又陆续成为迦太基、希腊、罗马古代文明的重要地区。在非洲其他地区也形成了一些早期的文明古国，例如：早在公元 1 世纪之前就已形成的强大的阿克苏姆王国；人类进入铁器时代之后的加纳王国；非洲历史上非常著名的马里王国；马里王国衰落之后出现的桑海帝国；发掘出公元 13 世纪至 15 世纪中国陶器的莫诺莫塔帕王国，另外还有贝宁王国、伊费王国、刚果王国、库巴王国，等等。

2 非洲的体育运动会

1965 年 7 月 18 日至 25 日，在非洲最高体育理事会的领导和协调下，非洲体育界期盼已久的首届非洲运动会在刚果首都布拉柴维尔举行，来自非洲 30 个国家的 2 500 名运动员参加了田径、足球、自行车、游泳、摔跤、网球、手球、排球、篮球、拳击等 10 个项目的比赛。获得金牌总数前三名的国家是：埃及(18 枚)、尼日利亚(9 枚)和肯尼亚(8 枚)。

由于受到一些早期遗留问题的困扰，刚刚诞生的非洲运动会只举行了一届便告中断。直到 1973 年，第二届非洲运动会才在尼日利亚首都拉各斯举行。运动会设立了田径、篮球、拳击、柔道、足球、自行车、手球、游泳、草地网球、排球、乒乓球等 11 个项目，共有 36 个国家的 3 000 多名运动员参赛。获得金牌总数前三名的国家是：埃及(25 枚)、尼日利亚(18 枚)和乌干达(8 枚)。

五年之后，非洲 45 个国家的 3 000 多名运动员又在阿尔及利亚首都阿尔及尔相聚，参加了 1978 年的第三届非洲运动会。运动会的 12 个比赛项目是：田径、篮球、拳击、柔道、足球、自行车、手球、游泳、乒乓球、摔跤、网球、排球。获得金牌总数前三名的国家是：突尼斯(29 枚)、尼日利亚(22 枚)和阿尔及利亚(21 枚)。

1987 年 8 月 1 日至 12 日，来自非洲 41 个国家的运动健儿参加了在肯尼亚首都内罗毕举行的第四届非洲运动会。该届运动会包括 14 个比赛项目，参赛运动员达 3 000 多人。获得金牌总数前三名的国家是：埃及(33 枚)、尼日利亚(30 枚)和突尼斯(28 枚)。东道主肯尼亚以获得 22 枚金牌的成绩排在第四位。从该届以后，非洲运动会才开始走入正轨，每四年举行一次。

1991 年，第五届非洲运动会在埃及首都开罗举行，来自非洲 46 个国家的 4 000多名运动员参加了包括新增项目武术散打、跆拳道在内的 18 个项目的比赛。

1995 年，第六届非洲运动会在津巴布韦首都哈拉雷举行，49 个国家的 5 000 多名运动员参加了田径、游泳等 19 个正式项目和 2 个表演项目的比赛。这是迄今为止规模最庞大的一届非洲运动会。东道国津巴布韦为筹办本届运动会投入了 4 800万美元。运动会结束后，非洲体育界的一些领导人指出：非洲运动会规模越来越大、花钱越来越多的发展趋势已经对运动会本身产生了威胁，如不加以控制，今后没有几个国家能举办得起全非运动会。

3 首届亚非拉乒乓球友好邀请赛

亚非拉乒乓球友好邀请赛是洲际乒乓邀请赛。1971 年 11 月，在亚非乒乓球友好邀请赛期间，举行该赛 6 个发起国团长会议，一致同意将友好邀请赛的范围扩大到拉丁美洲，并选出智利、朝鲜、厄瓜多尔、埃及、日本、毛里求斯、尼泊尔、尼日利亚、坦桑尼亚、中国的乒乓球协会代表团组成亚非拉乒乓球友好邀请赛筹备委员。第 1 届于 1973 年在中国北京举行。1973 年 8 月 25 日至 9 月 6 日，首届亚非拉乒乓球友好邀请赛在北京举行，亚非拉 86 个国家和地区的乒乓球代表团前来参加。为纪念这次邀请赛，中国邮电部于 1973 年 8 月 25 日发行《亚非拉乒乓球友好邀请赛》邮票 1 套 4 枚(图 4.1)。亚非拉乒乓球友好邀请赛 1973 年 8 月 25 日至 9 月 7 日在中国北京举行，属洲际乒乓球邀请赛[①]。

---

① http://politics.sports.cn/history/2014/0825/36695.html.

"亚非拉乒乓球友好邀请赛"的标志

热烈欢迎亚非拉朋友的到达

女乒乓球运动员

团结和友谊

图 4.1

第二节 ☞ 非洲的乒乓球发展史

1 乒乓球运动在非洲的传入及发展

大约在 20 世纪初，乒乓球开始传入非洲。但长期处于帝国主义殖民统治下，过着牛马不如的悲惨生活，并没有获得从事这项运动的权力。在第二次世界大战以前的漫长岁月中，乒乓球同许多其他运动项目一样，为少数殖民主义者所垄断。只是在当时的埃及、马儿加什和尼日利亚等地区，稍有开展。直到 20 世纪中叶以后，随着非洲人民的日益觉醒，殖民地半殖民地人民反对帝国主义、争取民族独立运动逐渐高涨，乒乓球运动才在这个大陆的一些国家，如加纳、毛里求斯、塞勒拉窝内、苏丹、埃塞俄比亚、摩洛哥、乌干达等国慢慢活跃起来。到 1960 年，索马里和北罗得西亚也有不少人参加这项活动了。

我们从下面几个国家的情况可以看出非洲乒乓球运动发展的一般特点。

摩洛哥(北非)

在长期处于法国的保护国地位时，乒乓球运动仅有一小撮隶属于法国乒乓球协会的法国殖民主义者所掌握，参加这项运动人，绝大多数是法国统治者。1956年摩洛哥独立不久，便成立了“乒协”——摩洛哥人民自己的第一个体育组织。这个组织当时确定的主要目标就是从苏丹手中夺回这项运动的控制权，让摩洛哥人们能够参加这项运动。继而组织完全由摩洛哥组成的代表队来管理和控制。

突尼斯(北非国家)

突尼斯的情况也是如此。在突尼斯独立以前，参加乒乓球运动的几乎全是法国、意大利等欧洲人和其他一些外国人。也是到1956年独立以后，这项运动才在突尼斯青年中开始发展，到1960年，非洲人第一次夺得了全国少年比赛的冠军。而在南非联邦，乒乓球运动员反对种族歧视的运动取得了一定的进展。二次大战以后，乒乓球运动在南非的非洲人民中相当迅速的发展。并在1949年成立了乒乓球协会。一些奉行种族歧视政策的南非政府及其走卒成立的白人乒乓球组织对非洲人的组织进行了种种刁难和排斥。甚至规定南非的非洲人不仅不允许与白人一起打球，而且不能和白人同在一个体育馆或一个体育馆观看比赛。由于南非乒乓球协会受国际乒联的支持，被吸收为会员。同时国际乒联还谴责了政府的种族歧视与隔离政策，南非政府竟恼羞成怒地吊销了南非乒协与运动员的出国护照。不许他们出国参加任何比赛和任何国际活动，也不允许任何外国队入境同他们进行比赛。这种倒行逆施的行为，受到世界各国人民和乒乓球运动员的严正谴责。

2 乒乓球运动在非洲传播的价值

(1) 竞赛活动频繁，国际联系增多

随着乒乓球运动的日益发展，大多数非洲国家都成立了全国性的协会组织。许多国家与地区每年都举行学校、俱乐部、大城市之间以至地区性的全国性的比赛。有的还将各项比赛分为甲级、乙级和少年级。20世纪50年代，非洲的国际乒乓球比赛也逐渐增多。除国家间的友好访问比赛外，较早开始的正式国际比赛有每两年举行一次的北非和西亚阿拉伯国家参加的泛阿拉比锦标赛，从1956年开始西非乒乓球锦标赛(由加纳、尼日利亚、塞拉勒窝内等国家参加，东道主由西非各国轮流承担)，还有东非的东非学生杯赛。1960年开始举行泛非锦标赛，而到1962年9月更在阿联亚力山举行了第一届全非乒乓球锦标赛。

非洲国家参加世界乒乓球锦标赛以阿拉伯联合共和国次数最多，从1937年到

1961 年共参加 8 次，其中有五届均派男女队参加。1957 年由非洲人组成的南非乒乓球男子队出席了在斯德哥尔摩举行的第二十四届世界锦标赛。1961 年 4 月，在北京举行的第 26 届世界锦标赛上，又出现了加纳男女队、尼日利亚男队和摩洛哥男队，历届世界锦标赛中，这是非洲国家出席最多的一次世锦赛。

非洲乒乓球界还曾邀请了中国、日本、捷克斯洛伐克等劲旅前往非洲大陆访问，这不仅对非洲乒乓球运动的发展有所裨益，而且对增进彼此之间的了解和友谊起到了很好的作用。

(2) 竞技能力提高迅速

埃及、加纳、尼日利亚是目前非洲最强的乒乓球劲旅。而在国际比赛中，埃及队的成绩最好。他们在历届世界锦标赛中曾名列法国、印度、挪威、希腊、威尔士、苏格兰、意大利、卢森堡、荷兰、西班牙、葡萄牙、比利时、澳大利亚等国之前，并夺得 1956 年第二届泛阿拉伯锦标赛所有项目的冠军。1961 年在第三届泛阿拉伯锦标赛中，埃及男女运动员又取得与上届相同的优异成绩，其中埃及男子选手埃利勃拉西获得单打、双打、混合双打(与巴克里配合)三项冠军。女选手埃达尔维什夺得女单和女双两项冠军(与巴克里配合双打)。

1962 年 9 月在亚历山大港举行了第一届全非锦标赛，埃及男女队荣获男女团体赛的冠军(加纳男女队获得亚军，尼日利亚男子队获得男子团体赛的第三名)。在个人项目中，除男子单打首席为加纳选手依·阿·卡耶夺得外，其他四项冠军都是埃及选手；女子单打、男、女双打和混合双打的首席埃尔达尔维什在女子单打决赛中击败了西非冠军加纳的雅克斯，男选手埃利勃拉希和法赫米在男子双打决赛中击败了加纳的卡耶兄弟。女选手埃尔达尔威同巴里克配合战胜了加纳的雅克斯和埃·阿威特，14 岁男小将萨拉马和 15 岁女选手娜·纳赛尔战胜了另一对埃及老将埃利勃拉希和埃尔达尔维什后，赢得男女混合双打冠军。

在第 26 届世界锦标赛中，第一次参加的加纳队给人们留下了良好而深刻的印象。加纳男子队在团体赛小组比赛中，首先取胜蒙古和尼泊尔男子队，在与捷克斯洛伐克比赛时，加纳冠军依·阿·卡曾以 21∶8、21∶9 的优势战胜捷队老将安德里亚迪斯，并在同缅甸队比赛时，又为加纳队赢得了可贵的两分。1962 年 9 月第一届全非锦标赛，依·阿·卡是在与来自埃及、尼日利亚、苏丹、坦葛尼喀、乌干达、肯尼亚、给巴尔、毛里求斯等国一百多选手角逐中，经过艰苦的战斗，最后击败埃及冠军埃利勃拉希，才荣获全非男子单打冠军的。1962 年中国队访问加纳时，他和他的弟弟奥·卡耶都曾战胜过我国横拍选手陈协中，女将雅克斯也曾战胜过我国选手胡淑芬。

(3) 技术发展快，各有千秋

乒乓球文化在非洲的传播，使得非洲的技术得到了长足的发展，不但横拍直拍都有，而且技术各有千秋。

非洲各国乒乓球选手不仅在握拍方法和使用球拍的种类上有所不同，而且在打法上也各有千秋。在握拍方法既有欧洲的横拍，又有亚洲的直拍；在使用球拍的种类上，既有胶皮拍，又有正贴海绵胶板和反贴海绵胶板；在打法与风格上，既有死守型，又有攻守兼备或猛攻打法型的选手。

埃及选手多数是横握胶皮拍，在打法上有的为全攻类型，有的为死守类型，而以死守的较多。以守为主的埃及选手大都采用死守战术，控制落点，以攻为主的选手则两面起板，拉攻时长短结合，伺机重板扣杀，有时亦能搓中起板会用发球抢攻战术。现在有的埃及选手基本上掌握了发各种侧旋球的战术。

在加纳，人们不仅可以看到欧洲式的横板选手，也可常常看到亚洲式的直板选手。加纳男女选手大多使用正贴或反贴海绵胶拍。横拍选手大多以稳健、加转的削球为主，直板选手则采用左右两面起板，积极进攻的打法。从第 26 届世界乒乓球锦标赛以后，加纳选手在技术上又有了较明显的提高。他们现已基本上掌握了搓球、拉弧圈上旋球和放高球的技术，加强了正反手进攻的威力，在发球上也能发出各种旋转球。战术上他们仍然以稳削球加转为主，配合突然起板、发球抢攻、搓中起板等战术。加纳男子队目前三个主力队员的打法各异，依·阿·卡耶的特点是稳守加转，配合反攻，年轻的奥·卡耶是攻守配合，攻势较强；阿罗特则为正贴海绵胶的积极进攻型直板选手，两面起板，拉攻与搓攻相结合。从今后的发展趋势看，加纳的直板攻击性选手是非洲不可忽视的新生力量[①]。

第三节 ☞ 中国与非洲的“乒乓外交”

1 周恩来总理与加纳总统在城堡里打起乒乓球

1963 年底至 1964 年初，周恩来总理对非洲 10 国的访问堪称新中国外交史上建立中非新型关系的“开山之旅”。在这次访问中，周恩来提出了中国同非洲国家发展关系的五项原则和中国对外经济技术援助的八项原则，为中非长期友好合作奠定了坚实的基础。

① 雪容. 迅速发展的非洲乒乓球运动[N]. 体育报，1963-2-18(4).

周总理访问非洲10国过去了四十多年，杜修贤老人已不能清晰地回忆起每一个细节，留在他印象中最深的，是非洲各国对中国代表团热烈欢迎的盛况。

周总理访问的前两个国家是埃及和阿尔及利亚，在那里他分别宣布了中国同阿拉伯国家和非洲国家相互关系的五项原则，对于刚刚独立、地位不高、发言权不大的非洲国家来说，五项原则是极大的支持。

杜修贤回忆说："我记得不论到哪个国家、哪个城市，几乎都是万人空巷，男女老少穿着颜色鲜艳的民族服装、踏着激昂欢快的鼓点，尽情欢歌狂舞。到处都是纵情的欢笑和热烈的掌声。中国代表团车队经过的地方，永远都是夹道欢迎，非洲朋友争相上来摸摸中国客人的汽车，与中国客人握握手。"

据说，还有非洲妇女按照当地风俗，将花袍脱下铺在地上，让中国客人的汽车从上面碾过，好让心爱的衣服上留下友谊的痕迹。

在摩洛哥，从不外出迎接客人的国王哈桑二世将宫殿"和平宫"让给总理居住，还亲自站在宫门口迎接；在几内亚，好客的塞古·杜尔总统没让代表团住到欧美式的别墅里，却径直把他们送进了非洲式草屋"美景别墅"，使客人们体味到亲昵的友情。

周总理那次访问的非洲国家中大都建国不久，有些政局尚不稳定。1964年1月2日，预订访问日程中的加纳，发生了刺杀恩克鲁玛总统的事件，总统本人受伤，卫士长被打死，国内形势紧张。恩克鲁玛总统不得已搬入克里斯兴城堡，并免去了一切外出活动。

当时刺杀事件还未弄清，中央也非常关心总理的安全问题，不时来电报询问情况。但周总理和陈毅副总理经过认真考虑后还是决定要去，并派代表团秘书长黄镇先期前往，与我国驻加纳大使黄华一道，向恩克鲁玛总统转达了周总理的建议：这次访问免去一切礼节，总统不要到机场迎接，也不要在城堡外举行会议和宴会。当时恩克鲁玛总统正处于矛盾心态中，他既希望周总理去，又担心自己不便出门迎接有失礼仪，听了建议后，恩克鲁玛总统非常高兴，双方马上安排了访问具体事宜。

"记得克里斯兴城堡外都是军车和士兵，气氛非常紧张。一切正式和非正式的活动都在城堡里进行。"紧张会见之余，不乏轻松与活跃，周总理还在城堡里和恩克鲁玛总统打起了乒乓球，杜修贤马上按动快门，留下了一张珍贵的照片。这恐怕是世界乒球历史上规格最高的一次比赛[①]。

---

① 50年前，周恩来首访非洲始末[N]. 河北青年报，2014-5-11(10).

2 中突“闪电建交”内幕

很多人并不知道，周总理访非前，中方对外宣布消息时说的是访问非洲9国，当时尚未与中国建交的北非国家突尼斯并不在访问之列。

更令人吃惊的是，突尼斯在周总理访问的第二天便宣布与中国建交。当年在中国驻阿尔及利亚使馆工作的黄金祺作为总理访问突尼斯的翻译，见证了周总理是如何用自己的机智、胸怀与魄力，为中国赢得了突尼斯这个非洲朋友。

“当时突尼斯比较亲美，并未与中国建交。我当时在阿尔及利亚使馆担任大使翻译，从准备接待总理到代表团抵达，我们一直都不知道总理还要到突尼斯去访问。总理在阿尔及利亚访问期间，有一天突然会见了突尼斯驻阿尔及利亚大使，当时由我担任法文翻译。”黄金祺回忆道。

“这位大使是突尼斯执政党政治局委员，与总统布尔吉巴说得上话。总理与大使会谈大概的意思是表示如果对方欢迎，他愿意到突尼斯去访问。隔了一天，这位大使就又来拜见总理，转达了布尔吉巴总统欢迎总理访突的意思。两边呼应起来，条件就成熟了，一次计划之外的访问就这样确定下来了。”

此时正值1964年新年前，由于当时中国在突尼斯没有使馆，中国驻阿尔及利亚大使曾涛率领的一支外交官队伍接到紧急任务，赴突尼斯为总理访问打前站，安排接待事宜，黄金祺是其中主要成员之一。

1964年1月9日，周总理抵达突尼斯，总统布尔吉巴设晚宴款待，黄金祺坐在两人之间担任翻译。“首先由布尔吉巴总统致欢迎辞。按照惯例，对方应该事先提供讲话稿，但这次直到晚宴开始前，我们都对讲话内容一无所知。”直到宴会上布尔吉巴从兜里掏出稿子，他的随从才递给黄金祺一份。

黄金祺飞速浏览了一遍稿件，发现第二段出现了批评和攻击中国对外政策的内容。黄金祺马上把这一情况小声告诉周总理，总理听完表情严肃。

“致辞开始后，布尔吉巴总统果然按照稿件内容宣读起来。在欢迎晚宴上就对到访国的对外政策发表负面评论，这种情况在外交活动中实在少有。布尔吉巴批评了中国的外交政策之后，全场气氛紧张，所有人都对周总理如何应对拭目以待。”

轮到总理发言了。“虽然我已经事先拿到了稿子，但总理在发言前还是悄悄地对我说，‘小黄，我要加一句话’”，黄金祺回忆说，按照惯例致答谢辞之后，总理抛开讲话稿发挥了一句，大意是中国和突尼斯两国虽然就对外政策持不同意见，但并不妨碍两国求同存异，建立良好关系。“总理说完这句话后，整个大厅里掌声雷动，原本紧张的气氛烟消云散。”

事实证明，总理这句话的作用丝毫不亚于繁琐的建交谈判。在访问第二天，陈毅副总理就与突尼斯总理就建交具体事宜进行会谈，两国于当天宣布正式建立外交关系，访问联合公报变成了建交公报。中突建交，是周总理率团访非的一大收获。

访问未建交国这一决策产生了巨大影响。这次访问结束后，当年年底，刚果(布)、坦桑尼亚、中非共和国、赞比亚、贝宁等非洲国家，相继同我国建立了外交关系[①]。

3 塞古·杜尔——首位访问新中国的非洲国家领导人

1959年10月4日，几内亚同中国建交，这是非洲撒哈拉以南第一个与中国建交的国家。1960年9月，几内亚总统塞古·杜尔访华，成为第一个访问中国的非洲国家元首，掀起了一个非洲领导人访华的高潮。

“打开上世纪60年代的《人民日报》，人们会发现一个有趣的现象，一位非洲国家领导来访时，头版上会同时出现中国四位最高领导与他会晤的照片。”在非洲工作了24年、现任中国非洲问题研究会会长的安永玉大使接受新华社专访时如是说。

当时，塞古·杜尔受到了毛泽东主席的亲切会见，也成为毛主席会见的第一位访华的非洲国家元首。塞古·杜尔总统向毛泽东主席赠送了利用象牙的自然曲线，雕刻出的一位文静高雅的几内亚少女形象“牙雕少女”。

访华期间，毛泽东主席、周恩来总理和邓小平副总理一起宴请了塞古·杜尔总统，他访华的镜头被西方国家作为20世纪大事件载入史册。当时，周恩来总理亲自陪同杜尔总统在国内参观。

在新中国外交关系史中，几内亚还创造了多个第一。双方签订的中几友好条约是中国与非洲国家之间签订的第一个友好条约。《中几两国政府文化合作协定》是中国政府同非洲国家签订的第一个文化合作协定。为执行双边经济技术合作协定，中国帮助几内亚建设的火柴厂和卷烟厂是中国在非洲援建的第一个成套项目。塞古·杜尔当政时制作发行全世界第一枚毛泽东金币。

在彼此尊重、信任的基础上，中几友好关系绵延至今。在几内亚，中国援建的几内亚人民宫被称为几内亚的人民大会堂；中国援建的几内亚总统府，是几内亚的

---

① 周恩来与外国首脑及政要会谈录编辑部. 周恩来与外国首脑及政要会谈录[M]. 北京：台湾出版社，2012年5月.

标志性建筑;中国援建的几内亚广播电视中心不断地向几内亚人民传递几中友好交往的讯息。50多个成套项目在支持几内亚国内建设的同时,也传递着中国人民的情谊。

4 埃及——同新中国建交的第一个非洲国家

20世纪50年代到70年代,广大非洲国家相继独立。1956年5月16日,中国和埃及建交,开启了中非友好关系的大门。此后,相继获得独立的非洲国家陆续与中国建交。迄今,中国已同53个非洲国家中的48个建立了外交关系。

20世纪50年代,新中国受到西方封锁,建交国主要是苏联和前东欧社会主义国家。因为沟通渠道不畅,已经取得独立的一些非洲国家对中国缺乏了解。“中国急需从一个有代表性的非洲国家入手,通过建交行动打开在非洲的局面。”外交部部长助理吕国增说。

1955年4月,亚非29个国家在印度尼西亚的万隆召开了具有历史意义的会议,周恩来总理同与会的非洲国家代表频频接触,并与埃及总统纳赛尔多次会谈。

外交部最新解密的档案显示,时隔一年后,纳赛尔在接见中国代表团时郑重表示:“承认中国早已不是原则问题,而是时间问题。”

1956年5月16日晚,埃及决定,承认中华人民共和国并表示愿意建立外交关系和互换外交使节,成为同新中国建交的第一个非洲国家。

中埃建交以后,中国旗帜鲜明地支持埃及收回苏伊士运河的主权,尽己所能给予财政和物质上的援助。中国以实际行动向非洲展示了新中国崭新的对外形象——支持非洲国家民族解放和维护主权与领土完整、支持独立后的非洲国家发展本国经济。

继埃及之后,阿尔及利亚、几内亚、苏丹、加纳、马里、索马里、肯尼亚、赞比亚等国相继与中国建交,到1970年,中国已同20个非洲国家建立了外交关系,约占当时非洲独立国家的一半。

这个时期中非高层互访也拉开了序幕。1963年到1965年,周恩来总理三访非洲,所到之处,百姓倾城而出,夹道欢迎,盛况空前。“他(周恩来)是如此和蔼可亲,当我看到他的眼睛时,我就知道我们和中国之间产生了联系,这种联系从此延续下来。”当年曾为周恩来献花的小女孩、现任埃及电影节主席的苏海尔说①。

---

① http://history.sohu.com/20140505/n399108816.shtml 综合新华社、《北京青年报》报道.

第四节
现代非洲运动员介绍

1 看非洲运动员打乒乓球

尼日利亚的塞贡·托里奥拉，生于1974年9月18日，身高1.82米，体重63公斤。这是一位让乒乓世界多了一点色彩的有意思的选手。

让我们看看记者们对他在北京奥运会比赛的报道："3：4败给奥运会男单种子选手、韩国名将吴尚垠，面对观众热情的掌声，托里奥拉才像个真正的胜利者，他高挥双手，绕场半圈，向观众频频示意，引来观众善意的笑声和更加热烈的掌声"。见此情景，一向含蓄的吴尚垠也忍不住在一旁露出了微笑。对于这个结果，托里奥拉显然有开心的理由，他世界最新排名115位，而吴尚垠则世界排名第15，两人恰好相差100位。但他显然输得不甘心，双方一直相持到第七局，"在最后一局中我运气不好，从6平拉到了10：7，让对方暂时领先"。"我当时想自己至少还有一半的机会获胜，但结果没那么幸运"。

这就是托里奥拉，今年34岁，非洲乒坛第一高手。他最令人津津乐道的是，6年前在一次激烈的单打决赛中，他把鞋子都打掉了。有记者问他为何选择乒乓球而非足球或田径，他回答说："因为我很瘦，打乒乓球相对轻松，而且我视力很好。如果我踢足球的话，估计不太行。"对于身高1米82的托里奥拉来说，63公斤的体重显然够不上重量级。"我选择乒乓球，是因为我很喜欢，而且它能引起我思考，"他补充道。①

因排名过低单打须从预选赛开始打起，在紧张的状态中，他一路磕磕绊绊以4：3的惊险比分分别战胜美国的庄永详和波兰的若·蒙泰罗，升入第二轮。最惊人的一幕出现了，这个从单打最底层拼上来的非洲小子，在第二轮中竟以4：2战胜比利时名将塞弗，再次终结了这位奥运"六朝元老"的奖牌梦。第五局时的一个长球甚至让这位老将失足跌倒。"我打得还不错，我很开心；我从未发挥得如此之好。我现在是非洲第一，才得以冲进32强，"托里奥拉说，"我非常擅长打正手。我很了解他（塞弗），我们在比利时联赛的时候有过7次交手，我只有两次落败。"

直到遇见吴尚垠，他的胜利才被终结。他认为比赛经验缺乏是非洲选手水平不高的重要原因，吴尚垠也说："以前只在非洲打过邀请赛，第一次在如此重要比赛

---

① http://blog.sina.com.cn/s/blog_5c40787701014u5q.html.2009-02-15 14:35:00.

中见到他的身影，我低估了他的实力。""很高兴我的成功能够促进我的国家发展乒乓球运动，我会继续全力以赴，"这个来自非洲尼日利亚的瘦高小伙子说。

不可思议，当乒乓球成为了亚欧人垄断的项目时，居然还有一位非洲人有这样好的水平。如果有一批好的教练对非洲年轻选手进行认真培养的话，也许非洲的机会就在不久的将来。

2 埃及无臂大叔酷爱乒乓球 用嘴叼拍也要打

41 岁的埃及人易卜拉欣·侯赛尼·哈玛托在 10 岁时因为火车事故失去双臂，然而他并未因此放弃对乒乓球的热爱，从小练习用嘴叼住球拍打球、用脚发球的方法，至今已有 27 年。在 2011 年的非洲残疾人乒乓球大赛中，他获得男子单打亚军；在 2014 年的日本世乒赛上，他作为嘉宾参与了表演；他曾和马龙等中国乒乓球员打过友谊赛。哈玛托希望自己能成为世界乒联的形象大使，在全球推广乒乓球[①]。

3 赛事趣闻

根据凤凰体育的报道，英联邦运动会正在格拉斯哥如火如荼地进行中，在乒乓球男子团体的比赛中，尼日利亚队击败印度队获得铜牌。原本这只是一场平常的比赛，但因为尼日利亚队员奥纳拉波·奥约赛后奇葩的庆祝方式，受到了众多网友的关注。

这场比赛前三场，尼日利亚队 2∶1 领先印度。在关键的第四场，世界排名仅列第 358 位的奥约对阵印度队的阿昌塔，后者的世界排名高达 44 位。但看起来实力相差悬殊的比赛却爆出大冷门，奥约以 3∶1 战胜阿昌塔，帮助尼日利亚锁定铜牌。

拿下制胜一分后，奥约第一时间瘫倒在地，激动庆祝。随后，他和冲进场内的队友教练兴奋拥抱，又喊又跳。但似乎这也不足以表达奥约的激动心情，他居然脱下了外裤，又掀起自己的 T 恤大声喊叫。有趣的是，旁边的队友对奥约的疯狂举动熟视无睹，都在自顾自地庆祝。[②]

---

① 广州日报[N]. http://www.chinanews.com/ty/2014/08-28/6537876.shtml.

② http://www.letv.com/ptv/vplay/20399787.html.

第五节☞

尼日利亚的乒乓球运动

乒乓球是中国的国球，中国乒乓球队在世界乒坛的地位更是无可争议。但是，在遥远的非洲国家尼日利亚，乒乓球运动也非常受欢迎。近日，尼日利亚乒乓球联合会就公开表示，要大力培养乒乓球后备力量，确保其在非洲乒坛的霸主地位。

尼日利亚是非洲传统体育强国，在足球、田径等项目上曾取得过非常骄人的成绩。但很少有人了解，尼日利亚乒乓球队在非洲也具有很高的水平，他们的运动员在过去几十年里打遍非洲少遇敌手，是名副其实的非洲头号乒乓球强国。在全非运动会乒乓球比赛中，尼日利亚队曾多次获得过所有单项的冠军。

与中国相似的一点是，乒乓球运动在尼日利亚这个西非国家有着深厚的群众基础。在尼日利亚，几乎每个城市都有自己的乒乓球俱乐部，虽然没有固定的全国联赛，但是各俱乐部之间经常组织比赛。在工厂、学校甚至农村地区，随处可见乒乓球台，许多青少年都喜欢打乒乓球。在首都阿布贾，各大超市商场都能看见球台、球拍等乒乓球器材在售卖，而且销量很好。

但是现在，这个非洲乒乓球霸主却面临着“无人可用”的困境。近日，尼日利亚全国乒乓球联合会表示，由于优秀运动员年龄老化和训练不系统，乒乓球运动人才储备严重不足。再加上国内的安全局势一直不稳定，愿意参加专业训练的青少年寥寥无几，乒乓球运动的发展受到了很大制约，甚至将要被埃及超越。为此，该联合会副主席表示，联合会内各俱乐部，将从基层开始重新选拔乒乓球运动员，配备优秀的教练，并努力提供良好的训练环境，为确保尼日利亚非洲乒坛“不倒翁”的地位打造一批明日之星[①]。

① http://gb.cri.cn/42071/2013/05/12/5892s4112438.htm.

05 第五章 日本的乒乓球运动发展史

第一节 日本乒乓球运动的兴起与传播

1 乒乓球传入日本的具体时间

有历史可以考证的是，乒乓球传入亚洲，日本算是最早的国家之一。但是乒乓球传入日本的具体时间，在日本有两种说法。

一种说法是在1895年即明治28年，就已经传入日本。考虑到19世纪末乒乓球才开始在欧美起源，并于1900年赛璐珞球发明后才在世界各地逐渐传播开来，此说法疑问很大，应该不确切。

另一比较可信且有记载的说法是在1902年，一位叫坪井的教授从欧洲把乒乓球带回东京。当时日本叫它“卓球”，并一直沿用到现在。据说乒乓球在欧洲时打球者都是横握拍，而日本惯用直拍，这与当时日本也习惯用筷子有着密切关系。

乒乓球从1902年(明治35年)左右正式进入日本，主要是以学生社团组织娱乐的，当时是以学生组织俱乐部的形式为主。

2 日本乒乓球运动的发展

乒乓球传入的最初20年间，只有一些大学、高等专业学校或者是旧制度的中学等地方有由一些志趣相投的爱好者成立的乒乓球俱乐部之类的组织。之后，在1921年(大正10年)，日本政府成立了日本第一个管理统筹乒乓球活动的日本乒乒球协会，在关东关西各设置了总部，开展了关东关西乒乓球对抗赛，以及日本乒乓球锦标赛。然而，遗憾的是这个日本乒乓球协会并没有持续久存。由于协会内部纷争不断，异常激烈，最终分裂成各个小组织。然后在关东诞生了全国乒乓球联盟。这个联盟在乒乓球以后的发展中成为了主流，且是目前日本乒乓球协会的前身。其他的一些乒乓球相关机构如日本乒乓球联盟，日本帝国乒乓球协会等等也在之后相继成立。那年，在如此分裂、混乱无秩序的状态下日本举行了 2 次，也有说是 3 次（众说不一）日本乒乓球锦标赛。另一方面，不同于乒乓球机构、组织问题，乒乓球竞技比赛阶层，队伍却在每年不断地壮大，甚至扩大到女性阶层和学生人群中。在 1926 年（大正 15 年）秋季第三届明治神宫体育大赛上乒乓球作为一个竞技项目首次得到了认同。次年 1927 年（昭和 2 年），乒乓球在第八届东亚会（日称为“远东奥林匹克运动会”）上成为了公开竞技项目之一。在 1928 年日本乒协加入了国际乒联。然而，在那之后由于各乒乓球组织纷争不断，乒乓球项目在第五届明治神宫体育大赛上自此被踢出比赛项目名单，遗憾不幸之事不断发生。直到 1931 年（昭和 6 年）经过教育文体部的周旋和多方调解，与其存在种种参差不齐的乒乓球组织，倒不如创立一个综合的新团体，发展乒乓来消解目前各不同组织的纷争。征得目前乒乓组织的同意，成立了一个综合性强的乒乓球组织——这也成为了日本乒乓球在其发展史上的一个转折点（7 月 12 日）。乒乓球从此开始普及和发展。之后 1937 年（昭和 12 年）改名为日本乒乓球协会，与目前的日本乒乓球协会有着很深的渊源。1933 年，制订了新的竞赛规则，订正了一些规章条约，扩充了地方乒乓球组织，在全国各地开设了分会，以日本乒乓球锦标赛为主举行了体育各个项目的比赛，竞技的普及，拥有对外交涉权使之成为大日本帝国唯一的乒乓球统一管理的团体组织。1939 年加盟了日本体育总会并得到了承认。迄今为止所举行的比赛主要是软式乒乓球，而且在 1934 年采用了国际规则（硬式乒乓球），第二年在日本乒乓球锦标赛中又作为一个公开项目举行。1936 年硬式乒乓球正式成为体育比赛上一个正式项目，从此打开了一条以乒乓球来进行国际交流的道路。自此日本乒乓球界出现了软式和硬式共存和并用的现象。1937 年日本乒乓球协会成立。简称“日本乒协”。英文为“Japan Table Tennis Association”（缩写为 JT-TA）。1938 年，匈牙利的前世界冠军访问日本，和日本第一次进行了国际乒乓球交流。当时的日本运动员还在使用光板，而匈牙利人则用的是有橡胶的球拍。第二次世界大战之前，日本人根本就没有和世界进行任何形式的交流，而是关起门来自己练自己的。1941 年 12 月，第二次世界大战爆发，随着战事的发展，乒乓球在日本的发展也随着进入了一个瓶颈期，为了禁止英语在日本发展，乒乓球的规则也改成了用日语。然而，一些乒乓球的核心国家原本还是会偶尔举行乒乓球大赛，在

1943年全面停止举行，这样空白的历史一直持续到战争结束。

1946年持续了几年的战争结束，以在战争中好不容易幸存下来的原负责人员为中心，开始致力于日本乒乓球协会的重建。组织规章等还是沿袭战前的东西，少数的协会职员在经历了辛酸与痛苦，为保持标准化团体的声誉，继续努力着。同年秋天，在战后新生日本的建设中，体育运动的建设占据了很大的比例，发挥了重要的职责。它替换了战前的明治神宫大会，国民日本体育协会主办了第1届全日本体育运动会，并且乒乓球也作为了其中一项比赛项目，进行了全日本乒乓球锦标赛。1947年，乒乓球在麦克撒元帅杯大赛上作为城市对抗竞技活动进行，国民对于体育运动也渐渐地开始有自信。1949年再次加入国际乒联并得到了认可，日本国内各竞技团体也回归，重新参加了一系列的国际比赛，以此作为先锋日本争取到了参加世锦赛的机会。1951年，政府为了鼓励企业间的乒乓球运动积极性，附加了一个"日本企业乒乓球锦标赛"的项目。经过这样一个低谷时期，终于迎来了发挥日本乒乓球价值的绝好机会，作为亚洲最早开展乒乓球运动的国家之一，直到1952年才第一次参加世乒赛，在亚洲印度的孟买举行。谁也未料到，异军突起的日本人打破了欧洲人垄断的局面。日本人一参加就使世界乒坛发生剧变。在1952年日本抓住了参加第19届世界锦标赛印度之战的参赛机会，实现了梦寐以求的参赛梦想，在7个比赛项目中称霸4个项目，让世界为之惊叹。之后却在英国举行的友谊赛中铩羽而归，在1953年第二届亚洲乒乓球锦标赛(东京举办)上，东道主优势不明，仍然败北。在之后的一年，即第21届伦敦乒乓球大赛上，仅由战后出生的年轻人组成的日本代表选手(从小就专业地培育)，全力以赴，终于在3个项目上获胜，继承了先辈的优良传统。之后的10年里，日本人也屡次登上世界冠军的宝座。1956年，日本举办了第23届世界乒乓球锦标赛，参加国家多达22个，连续几日东京体育馆爆满，史无前例。此次大赛上日本收获了4个项目的奖牌，获得大成功。统计一下1952年至1959年的七届世乒赛，49个冠军被日本夺走24个。从1952年(昭和27年)的孟买世乒赛以来，日本已经获得了48枚金牌①。

之后一直到慕尼黑乒乓球锦标赛，日本收获了多数的金牌。在这期间，中国以第26届北京大赛为契机，跃居到了世界首位，成为日本的劲敌。然而之后中国国内兴起了文化大革命，因此中断了比赛的参加，于是日本再次独占鳌头。1972年，中国以在名古屋举行的第31届世界乒乓球锦标赛为契机，再次参加了比赛，获得了4个项目上的胜利。引领乒坛变革的日本，依靠着先人一步的优势，让20世纪50年代的世界乒坛成为"日本时代"。

---

① 東京オリンピック委员会.競技の歴史[EB/OL]. http://www.joc.or.jp/sports/tabletennis.html.

之后日本进入乒乓球低谷期，使得中国成为了压倒性的乒乓球强国。在名古屋举行的第31届世界乒乓球锦标赛上令人无法忘怀的就是中美两国以“乒乓外交”的姿势握手称好。大赛结束后，一条美国代表团将访问中国的爆炸性新闻通过广播瞬间传遍全世界。球类运动中最轻的是乒乓球，但在政治上却遗留了史上最厚重的一笔。名古屋大赛之后为了再次邀请中国参加，日本站在整顿亚洲乒乓球同盟的立场，退出了亚洲乒乓球联盟，携手中国，在1972年创设了亚洲乒乓球联合协会，成为首席国家。创设亚洲乒乓球联合协会之后，为了发扬亚洲乒乓球技术，同中国一起开展各种活动，以2A，3A大会为开始，每隔一年召开亚洲乒乓球锦标赛，同时，指导乒乓球技术发展中的亚洲国家，为乒乓球的发展做出了努力和贡献。经历了这些历史，1976年7月12日，以日本乒乓球协会创立45周年纪念日为契机，实现了长年的心愿，成立了日本财团法人，确立了今后发展划时代的基础。1981年，在巴尔干半岛的诺维萨德举行了第36届世界锦标赛，1952年以来日本持续夺得冠军的选手中，只有少数在这届比赛中获胜，让世界大为震惊。已经是10年前的竞争力了，在这一届比赛中落后也是无可厚非的事实了。自从诺维萨德一赛中失败以来，日本痛定思痛，决心在下一届东京大赛上重登冠军宝座，改善政策，为重振乒乓球技术声威全力以赴。1983年4月，在东京举行了第37届世界乒乓球锦标赛，此次比赛是在日本举行的第三届。此次比赛有来自世界各国86个乒乓球协会，参加选手1 033名，为史上规模最大的一届，从而受到了国际乒乓球协会会长的最高赞誉，然而却未能实现重登冠军宝座的梦想。

总之，1921年，在日本创立了最初的综合乒乓球组织，举办了正式的乒乓球比赛。1931年，创立了日本乒乓球协会的前身日本乒乓球会，以普及和发展乒乓球为目的，1952年第一次参加了孟买的世界锦标赛，至今日本获得了48枚金牌。目前从8岁一直到85岁都有参加乒乓球俱乐部，绝大多数人将乒乓球作为了一项爱好技术，2003年登记在册的人数超过了27万。乒乓球在1988年成为奥运会竞赛项目之一，在首尔体育盛会之后的奥运会日本几乎所有项目都参加了。

第二节☞
中日乒乓球交流史

1925年3月7日，中日乒乓球选手第一次交手，即中日“秋山杯”乒乓球赛，同时这也是中日乒乓球运动交流史的开端。

当时旅沪日人卓球协会理事长城户尚夫与上海乒乓球联合会会长胡铁晋协商

举办比赛，日本三菱洋行经理秋山得知后，为比赛捐赠一大银杯，故比赛命名为“秋山杯”。中华队首届以9比2大胜，后来各届比赛的中日比分分别是6比5、5比6、7比4、7比4、8比3，按双方连胜二次永远保存奖杯的规定，中华队得杯，这大大鼓舞了中国人。

1927年4月，上海一批乒坛好手组成中华队赴日与日本队再较量，结果3比2、5比0胜日本全国学生联队两场，3比2胜日本卓球研究会队，2比3负于大阪合同纺织厂队，0比5负于日本老年队，最后一役中华队又以4比1获胜。4胜2负，远征凯旋，给全国乒乓球运动注入了一股强大动力，一时间乒乓球大热传到全国不少地方。然而中国选手没有力求精进，无明显长进。时隔不久，中日在第8届远东运动会上再战，中国选手团体、单打均告失败。1930年中国选手再组中华队访日，又遭败绩，中国乒坛从此沉寂。

新中国成立后，中日选手的首次交锋是1955年在华沙举行的第2届国际青年友谊运动会，中国选手在比赛中战胜了日本等国，名列前茅。在1957年世界锦标赛上，中国选手王传耀战胜了荻村，但并没有引起日本乒乓球界的足够重视。

1959年的第25届世界锦标赛，中国男队已经具备了与日本队全面对抗的能力，可惜的是中国队输给了匈牙利队，失去了与日本队决冠亚军的机会，然而在单打比赛中，容国团连胜日本队主力星野以及欧洲名将，终于夺得世界单打冠军，从日本运动员手里夺走了圣·勃莱德杯。这时日本乒乓球界才意识到中国运动员的威胁，开始研究进攻和防守中国队的战略战术。

日本的乒乓球运动在亚洲最先崛起并且首屈一指。中国乒坛非常注意学习日本的长处，党和国家都特别重视与日本的体育文化交流，以推动两国友好往来。1956年4月2日，第23届世界乒乓球锦标赛在日本举行时，中国派出18人组成的中国乒乓球队赴日，借助国际性的比赛推进与日本的交流，这是第一个到日本的中国体育代表团。刚刚在世界乒坛领先的日本选手感受到了中国选手强劲的实力和友好的风度。

1961年在北京举办了我国有史以来的第一次世界性比赛，日本乒乓球队是二战以来第一次来到尚未建交的中国参加第26届世乒赛。日本视中国队为最大竞争对手，为对付中国队，日本队做了精心准备，赛前，日本运动员创造了一种新型的进攻性技术——弧圈球。当时，匈牙利和南斯拉夫运动员访问日本，被这种弧圈球技术弄得一筹莫展，日本队自称发明了参加大战的“秘密武器”，并扬言中国队虽有进步，尚不足以威胁日本。

赛前，日本体育界人士和一些体育报刊总认为日本是“乒乓球王国”，他们在此次比赛中“可能拿到全部冠军”，讥讽一些冷静人士是“发神经病”“脑子有毛病”。

1960 年 8 月日本的“乒乓球通讯”刊载《曲线形抽球》一文，说日本人靠这个打法把匈牙利队打得“体无完肤”，将弧圈球说得神乎其神。连欧洲冠军别尔切克也说这是“新式打法”。

中国队已知弧圈球的特殊威力，为了应战日本队，全队群策群力。从 1960 年底到 1961 年底，根据外刊报导我们先后共撰写 6 篇综合性译文和大量的及时信息，揭示弧圈球的奥妙，例如，《关于日本近代打法》、《所谓“弧圈形”上旋球》、《关于旋转性发球》、《日本的秘密球》、《曲线形抽球的实质》、《关于日本选手情况》以及《欧洲乒乓球选手打法的特点》等。

同时分工专人学习这种球来帮助队员适应。当时薛伟初、胡炳权主动出来学习弧圈球，帮助其他队员训练。这种技术问世不久，虽然旋转强烈但是速度较慢，中国队很快掌握了对付这种球的办法。在第 26 届世界乒乓球锦标赛上，中国选手的独特的近台快攻抑制了弧圈球的作用，中国获得男子团体和男、女单打的冠军。本次大赛上，中国男队首次战胜日本男队，表现了自己的优势。日本队只在女子项目上保持优势。中国女队要整体打败日本女队还需加紧训练和技术研究，不过中国女队水平已经很接近日本女队。日本新闻界评论说：“日本的快攻抽杀压倒了欧洲，但中国以更快的进攻打败了日本”。

赛后日本人士也承认，“日本队被打得动弹不得”；“带着沉痛的表情像残兵败将”。英国《每日镜报》《每日快报》记者评论说：“……中国取代了日本”，“整个第 26 届世界乒乓球锦标赛是东方的压倒优势的胜利”，“但是比东方击败西方更有趣的是东道国中国以压倒优势战胜日本”。

然而日本队并未就此认输。第 26 届世乒赛一结束，日本队以击败中国队为目标进行强化训练，日本队于 1962 年 6 月访问中国并于同年 10 月邀请中国队到日本进行比赛交流。中国队非常重视中日体育交流，在交流比赛中，中国队对日本新阵营的组成、新技术的发展以及日本队每个队员的特征、训练、打法都有了充分的了解，并通过各种方法和途径，研究了日本队的特长，提高了自己的技能。在第 27 届世乒赛上，中国男队再次获得团体冠军，同时垄断男子单打和男子双打的冠亚军，保持了中国男队的优势。

日本男队不甘心再次失败，1964 年 5 月，邀请中国队第三次访问日本，寻找突破口。由于第 27 届比赛日本队获 4 项冠军，因此，日本乒坛要在第 28 届世乒赛至少夺 5 项冠军。在第 28 届世乒赛上，中国共夺得 5 项冠军、4 项亚军和 7 个第三名。日本队只获女子单打、混双两项冠军。从 1961 年的第 26 届到 1965 年的第 28 届的 21 个冠军中，中国得了 11 个，其中男子项目的 9 个冠军中国得了 8 个。这表明日本称霸乒坛的时代已经过去，乒坛的优势转到中国。中国选手创造了直拍近台快攻打法，发展了削球打法，给世界乒乓球技术带来又一次革命。以后，日本与欧洲乒乓球界都将眼光集中到中国，学习中国的长处，研究快攻打法，培养新队员，日本尤其注重中日乒乓交流。

1966年5月5日陈先率领中国乒乓球队到日本，1966年8月24日后藤钾二率领日本乒乓球队到中国进行了互访交流比赛。但是随着“文化大革命”的开始，中日乒乓球交流很快受到影响，不仅乒乓球，整个体育运动都受到冲击。中国体育运动几乎退出了国际体坛。

自到70年代初，中国乒乓球队才重返国际乒坛。由于中国未参赛，日本再次称霸第29届、第30届两届世界乒乓球锦标赛。1967年的第29届世乒赛上获得6枚金牌，1969年的第30届世乒赛上获4项冠军。日本一时名声大噪、信心百倍，并已确定在1971年举行的第31届世乒赛同中国再决一战。

中国曾缺席1967年和1969年两届世乒赛。周恩来总理想尽办法保护了中国乒乓球队，并于1970年借为尼泊尔王子新婚庆典之机，派中国队参加了在那里举行的青年运动会。在这次运动会上，日本朋友终于又看到了李富荣、庄则栋等人的身影。他们坚定了一个信念，一定要让中国队重返世乒赛！当时的日本乒协会长后藤钾二清楚地知道，要让中国参赛，就必须把台湾从亚乒联清除出去。他认为，世乒赛如果没有中国队参加，那将毫无意义，如果提案被否决，他就辞去亚乒联主席职务。

在日中文化交流协会的白土吾夫和村冈久平多次往返北京、东京进行铺垫之后，1971年1月25日，后藤带着村冈久平和球员森武、秘书小田悠枯秘密访华。森武回忆说，当时后藤会长向中方提出，要整顿亚乒联，邀请中国参加第三十一届世乒赛。周恩来总理力排众议，极力支持后藤，提议世乒赛后进行中日友谊赛，还把对日本民间团体的感谢加进了最后的《会谈纪要》中。森武还告诉记者，周恩来总理在会见后藤时，先是回忆了自己青年时代在日本的留学生活然后鼓励后藤说：“您背后有7亿中国人民的支持，请放手做吧。”

同年2月7日，亚洲乒乓球联盟举行临时会议，除新加坡弃权之外，只有日本一票同意后藤提出让中国参赛的提案，后藤当即拿出辞呈拂袖而去。反对派之后选出越南代表为新会长，并准备推荐台湾乒协参加国际乒联。事情越闹越大，国际乒联主席伊文斯表态，国际乒联不接受台湾以中国的名义进入国际乒联，因为台湾不代表整个中国。后藤返回日本后，宣布组建新的亚洲乒乓球联合会。经过千难万阻，中国队终于出现在第31届名古屋世乒赛上。这次大赛不仅异常精彩，中国队也不失时机展开了著名的“乒乓外交”，以此契机启动中美民间交往。小球转动了大球。遗憾的是，这场“乒乓外交”的发球人后藤，却在1972年1月22日不幸猝然辞世。

1971 年 1 月 25 日，日本乒乓球协会会长来到中国访问，邀请中国参赛，并于 29 日会见了周恩来。毛主席和周总理决定接受日本的邀请，派队参加，并提出了“友谊第一，比赛第二”的口号。中国对这次比赛非常重视，从 1970 年底中国重返乒坛赴欧比赛来看，由于“文化大革命”的影响，中国乒乓球水平有所下降。中国队为了保持国家的荣誉，吸取教训认真地准备。1971 年 3 月 17 日，中国乒乓球代表团到达日本，参加了第 31 届世乒赛。经过拼搏，中国男队从日本队手中夺回了团体冠军，中国女队获得团体第二名，冠军由日本队保持。中国还垄断了女子双打、女子单打前 3 名及混合双打冠军，共获 4 枚金牌，这再次表明优势还在中国。中国再获多枚金牌对世界影响极大，推动了中国乒乓球的对外交流。1972 年 5 月，首届亚洲乒乓球锦标赛在北京举行。中日之间从 31 届大赛后到建交前一年多时间内，中国邀请日本乒乓球代表团来中国达 7 次之多，同时也多次派中国代表团到日本。

20 世纪 70 年代末，欧洲复兴，中欧对抗取代中日对抗。由于欧洲的复兴，中国的竞争对手也已从亚洲转移到欧洲。从第 31 届以后的 10 届看，日本队只得了 3 个金牌，而中国队在第 36 届世乒赛上囊括全部金牌。获得第 31 届以后的 10 届 70 个冠军中的 45 个。

第三节 日本乒乓球职业发展及管理

1 日本乒乓球职业化发展历程

日本乒乓球联赛创立于 1977 年，组委会隶属于日本乒协，经过前后十多年的准备工作，在东京举办了第一届比赛。联赛共有 12 支男队、14 支女队参加，分为一部、二部，代表各自的公司和企业角逐。男子一部冠军是日本乐器，女子一部冠军为川德队。1986 年，日本联赛成立十周年，已经发展到 14 支男队、20 支女队的规模。1995 年，日本职业联赛开始有了新的变化，建立了乒乓球职业联盟，并开始在一部的比赛中正式实行主客场制。尽管乒乓球职业化在日本开展较早，但是，乒乓球运动并不被看好，普及率不高直接导致比赛观众寥寥无几。日本的职业乒乓球俱乐部由企业和公司组建，没有真正意义上的乒乓球俱乐部。联赛都是以公司、企业的名义组队参加。公司对乒乓球的投入全部是企业行为。这期间有的是为了避税,有的是出于商业宣传的考虑,也有几家公司有老板对乒乓球项目的感情因素在内,企业支持保证了日本乒乓球。

目前的乒乓球俱乐部主要有:(男队)格朗布里、三立兹、日产、寿屋、雅马哈、东京艺术、琵琶湖银行、健胜苑、和歌山银行。(女队)索尼一宫、松下电器、日本生命、松下电器彦根、池电银行、樱花银行、日产、住友生命、北陆银行、十六银行、日立化成。

日本乒乓球职业化管理体制的组织结构分为三层:第一层日本乒乓球协会,第二层职业乒乓球盟(JTL),第三层俱乐部。

最初,日本的职业乒乓球比赛采用升降级形式。一年内进行前期、后期两次集中比赛,类似赛会制。1995 年,日本联赛开始有了新的变化,成立了日本联赛联盟,竞赛规则调整为:每个队在前、后期的集中比赛前,分别进行一次主、客场的比赛。

2 日本乒乓球职业化的管理特点

(1) 资金充足,吸引国外球员加盟

由于日本的乒乓球俱乐部背靠各大企业财团,有雄厚的经济基础,俱乐部联赛的奖金比较高,因而日本的乒乓球联赛对国外选手具有较强的号召力,尤其是对亚洲选手。日本的职业联赛运行多年,每年都有来自包括中国在内的很多国家的乒乓球高手加盟俱乐部参加比赛,甚至出现过在职业联盟比赛的前 16 名中有 15 个中国女选手的局面。

(2) 俱乐部球员隶属于公司

日本的职业乒乓球俱乐部由企业和公司创建,俱乐部不独立运营。日本乒乓球俱乐部的球员概括地说,既不专业,也不业余。很多球员都属于本公司的正式职员,平时要像普通员工一样正常上班,下班后挤出时间训练,几乎是纯业余选手;或者半天上班,半天训练,算是半专业选手。这种制度的优点是球员不用担心未来的工作,缺点是由于各俱乐部提供的训练条件不同,训练的时间得不到保证,训练水平也参差不齐,很难培养出高水平的本土选手。

(3) 职业联盟的建立确保了职业联赛的顺利进行

由各俱乐部代表组成的职业联盟负责每年联赛的组织、运作,其主要经费来源重要依靠于加盟的企业,俱乐部要为联盟支付几百万日元以应付联赛的各种开支,得以确保联赛顺利进行。

3 日本乒乓球职业化管理体制的成功经验

(1) 企业或俱乐部独立运营,不依赖政府出资

联赛运营所需要的资金全部依靠企业或者私人老板出资,政府并不给予资金支持,促使俱乐部的经营动力增强,有利于俱乐部自我生存,自我完善,自我发展。

(2) 有健全的联赛组织机构,政府对联赛或俱乐部行政干预少

日本乒乓球协会属于社团型协会,并不参与对联赛的直接管理,在联赛组织结构上都成立了联盟这样一个中间环节。联盟主要由各个俱乐部的老板和协会的代表组成,在职业乒乓球联盟向协会交纳了一定数量的费用以后全权负责联赛的组织、运营。俱乐部有很大的自主权利,政府一般不会主动干预联赛的具体事务。

(3) 联赛赛制运作规范

日本职业联赛运作规范,乒乓球运动的开展均以联赛为中心。为了确保联赛的连贯性,很少给其它赛事让路,确保了联赛的整体性。

日本乒乓球俱乐部作为企业中的一个组成部分,不具备独立的法人资格,并不是真正意义上的职业俱乐部。

第四节
日本乒乓球重要人物及器材

1 代表人物

(1) 优秀的知名运动员荻村伊智朗

荻村伊智朗(1932 年 6 月 25 日—1994 年 12 月 4 日)是 20 世纪 50 年代世界乒坛最有影响力的乒乓球运动员之一。当时日本乒乓球的领军人物荻村伊智朗带领日本男团完成了震惊世人的"五连冠"霸业。荻村伊智朗的技术特点是高速长发球和抢扣技术。退役后,荻村开始从事教练工作,曾在瑞典、美国、韩国等 20 多个国家和地区执教。

从 1970 年起,荻村任国际乒联理事,后任第一副主席、亚乒联盟执委等职务。1988 年荻村当选国际乒联主席,成为担任此项职务的第一个亚洲人。经过荻村努力,1991 年朝鲜南北双方联合组队参加了第 41 届世乒赛,这一事件成为荻村任期内的一大亮点。

(2) 后起之秀福原爱

福原爱(1988 年 11 月 1 日—),生于日本宫城县,日本女子乒乓球运动员。福原爱幼年时期便来到中国学习乒乓球,深得中国球迷的喜爱,素有“瓷娃娃”之称。福原爱擅长右手横板快攻结合弧圈球打法,2000 年进入国家乒乓球队,成为历史上年龄最小的日本国家队成员。职业生涯巅峰时刻是,2012 年获得伦敦奥运会女团亚军。

2005 年 4 月 23 日拜会中国驻日大使王毅,写下“中日友好”留念。2007 年 4 月 5 日,在日本首都东京首相官邸,日本首相安倍晋三会见“2007 日中文化体育交流年”亲善大使酒井法子和福原爱。当日,日本“2007 日中文化体育交流年”实行委员会召开新闻发布会宣布,日本著名演员、歌手酒井法子和乒乓球运动员福原爱将分别出任本次活动的文化亲善大使和体育亲善大使。亲善大使将参加 2007 年日中文化体育交流年所举行的主要活动。2008 年 5 月 8 日下午,与在日本访问的中国国家主席胡锦涛打球交流。

在福原爱获得成功后,日本乒乓球开始探索一条新路子,那就是“美女＋乒乓球”的策略,以提升乒乓球在国内的影响力。日前一个年仅 8 岁的童星平里美宇横空出世震惊日本国内,未来虽然尚难预料,但是随着乒乓球运动的普及将会有越来越多的女孩投入这项运动。当然,在日本现在最受欢迎的乒乓球运动员当属“乒坛库娃”四元奈生美。

2 乒乓球器材

诞生于 1931 年的日本品牌 TSP(日本乒乓球体育品牌),可能是现存世界一流乒乓球品牌中最高龄的。TSP 曾创造过世界乒乓球器材史的多项第一:第一个研制出无缝球并成为国际乒联认证用球,第一个来到中国赞助中国国家队,第一个赞助国际乒联创办的团体世界杯。2008 届北京奥运会新加坡李佳薇即由该品牌赞助。

TSP 乒乓器材公司是全球知名的乒乓球运动器材公司,他们的乒乓系列产品有服装、底板、胶皮、快速胶水、乒乓球台和乒乓球发球机等。

3 日本的乒乓球科技创新

日本的机器人工业高度发达,令乒乓球爱好者关注的就是“乒乓球机器人”。日本电子制造公司“欧姆龙(OMRON)”开发了一台乒乓球机器人,对于乒乓球运动而言，缺了一个人自己是没法玩儿的。此“乒乓机器人”为人们消遣时光的同时，也有力地展示了日本的自动化设备实力。

图 4.2

第五节 ☞ 乒乓球运动在日本的传播方式、特征

纵观近代西方体育的世界传播，是通过两个渠道完成的：一是由随殖民扩张浪潮涌向世界各地的西方人，如移民、商人、神职人员、军人等向世界各国的传播；二是在改革旧制度过程中世界各国的自行主动引进。出于各地区历史条件不同，而社会状况相异，因而西方竞技体育的传播也呈现出地区性特点。

在亚洲，近代西方竞技体育的传播曾遇到一定的阻力。由于西方竞技体育传入时，亚洲国家的传统竞技体育已经有了相当长的一段历史，早已具有充分发展的形式和与之相应的维持这一形式的民族心理，这是使西方竞技体育难以顺利植根的重要遏制因素。另外，由于近代西方竞技体育是伴随着帝国主义的鸦片、大炮、不平等条约渗入各国的，其正常的流传同疯狂的侵略行径交织在一起，易于被人们笼统排斥。但是，西方体育的世界传播已经是时代的大趋势。因而近代西方竞技体育仍然不断破除阻力，在亚洲国家站住了脚跟。19 世纪前期，部分西方项目，如划船、赛马、田径等已经在东方出现，到 19 世纪后期，特别是 19 世纪末 20 世纪初，西方运动项目更开始了大规模的东渐历程。

亚洲国家的封建主曾为引进西方竞技体育作出过一定贡献，例如土耳其封建王朝官办的学校和中国一些封建官僚创办的军事性质的学堂，就曾开展过足球、跳高、跳远、跑步等项目。各国资产阶级改良派和革命派对西方竞技体育的传播起了更大的作用，他们引进西方竞技体育是为了满足国内发展资本主义的需要，目的与封建主不同。这在菲律宾著名资产阶级改良主义者何塞・黎萨、中国的旧民主主义革命者引进近代西方竞技体育的活动中便清楚地反映出来。

19 世纪中期以前，由旅居亚洲国家的西方人传播西方竞技体育项目的情况还不够普遍。但从 19 世纪后期起，几乎所有重要的西方运动项目都经他们传到了亚洲。法国人，继而英国人以及美国人，先后将划船、田径、足球、篮球、排球、乒乓球、高尔夫球、橄榄球传入日本。从 19 世纪最后 10 年到 20 世纪最初 10 年的 20 年间，通过日本人和西方人的介绍，朝鲜人已经开始从事足球、田径、游泳、自行车、篮球、滑冰、网球等项目。19 世纪后期，菲律宾人已向在菲的德、英、法国侨民学会了足球等运动。20 世纪初，新的占领者美国人又在菲推行篮球、排球、棒球、网球、田径等运动项目。在印度，19 世纪末到 20 世纪初初、中级学校的体育为英籍教员把持，因而英国流行的曲棍球、橄榄球、板球、足球等运动项目成为这些学校体育内容的基础。

西方各宗教教派在亚洲国家开办的教会学校、基督教青年会，都曾以竞技体育为其体育活动的主要内容，因而对竞技体育的传播起了十分突出的作用。特别是青年会，不仅在各国进行西方竞技体育的宣传，而且对其国内和国外的比赛活动也发挥了直接作用。

乒乓球起源于英国，对亚洲来讲，乒乓球文化的传播是一个舶来品，可以说早期的发展是非常慢的，从世界大赛的竞赛成绩可以看出，亚洲在早期成绩落后于欧洲，欧洲在早期是占据主导地位的，亚洲的乒乓球组织起步也比较晚，制度也相对落后，但是由于欧洲乒乓球俱乐部的模式，是亚洲乒乓球俱乐部的发展获得一个参照，所以颇有后发制人的态势。在日本和韩国，乒乓球俱乐部或协会大多是在经济实力雄厚的大工商企业门下，都是以企业为主的俱乐部。对乒乓球的传播社会给予了极大的重视，尤其日本在 20 世纪 50 年代占据世界乒坛的冠军宝座，一直是日本乃至亚洲的聚焦点。众多日本的大型重要的传播媒体都对此不遗余力的报道。日本最大的报纸之一《朝日新闻》全程跟踪报道了日本参加第 27 届乒乓球锦标赛。用记者渡边在《朝日新闻》的话来说，“日本是用长抽打垮欧洲的削守而取得王座的，现在，日本的长抽又被中国的速攻打垮了。”日本的远台长抽和中国的近台快攻，究竟哪一个在速度上占优势，在日本乒乓球界有不同的看法。部分人认为，鉴于在北京举行的第二十六届世界乒乓球锦标赛的经验，在日本最不被重视的短打技术，已重新获得生命；谁能够先发制人地发动进攻，谁就有五成以上的获胜希望。

另一部分人虽然也承认近台快攻有其特点，但仍然认为日本传统的远台长抽，如能进一步研究提高，威力仍然不小。日本乒乓球队前教练长谷川说："我想，日本不应舍弃长抽打法。但是失去速度的长抽是无效的。木村之所以有所建树，也是因为他的抽球具备速度。"基于这样的看法，日本乒乓球界对近台快攻和远台抽球，采取了一律重视的方针，并加强了这方面的训练。

《朝日新闻》报道说："发球和发球抢攻，也是日本乒乓球界讨论的一个重点。"因为日本方面认为，在第 26 届世界锦标赛中，"腕力的强弱运用灵活，使得中国的发球难以捉摸。日本的发球全靠身体旋转，中国则不同，只靠手腕的转与不转，来发各种各样的球，使对方对于球路很难捉摸"。在分析了中日乒乓球队发球的特点后，提出了日本攻击型选手今后在发球时要出手快，力争主动，不让中国选手发挥积极主动打法的威力。

对于如何重建日本"乒乓球王国"的问题，日本乒乓球界也提出了方向。长谷川曾说："我们决心从输球的第二天开始进攻，重建日本乒乓球坛。今后日本运动员应在十七岁到二十三岁进入全盛时期……使日本返老还童。"日本乒乓球队这次访华前在今年 1 月举办的集训里，星野、涩谷、村上等老手都没有参加。《朝日新闻》说，"日本的乒乓球界转移了时代，走向扶持年轻人的道路"。日本乒乓球界的新手逐渐取代老手的局面，也表现在这次访华的日本乒乓球队的人选和年龄上，他们大都是二十岁上下的选手①。

第六节 ☞ 乒乓球运动在日本的传播价值

这个阶段是日本运动员采用的中远台单面长抽打法最辉煌的时期，日本为乒乓球运动发展作出了巨大贡献，而 1937 年国际乒联关于对球台、球网高度和比赛用球规则的修改，更是为这项先进技术取代削球打法打下基础。

在 1952 年第 19 届世乒赛中，日人佐藤博治首次亮相了一块厚度 8 mm 的海绵球拍，这块黄色的海绵充分发挥出球拍力量大、速度快的特点，结合中远台长抽打法夺得男单冠军。在本届世乒赛中，日本队凭借海绵拍以及自身灵活脚步移动，一举获得女团、男单、男双、女双四项冠军，成为最大赢家。在 1952—1959 年间，国际乒联共举办了 7 届世乒赛，其中日本运动员获得了全部 49 枚金牌中的 24 枚。

---

① 何立. 日本乒乓球坛的动向[N]. 人民日报，1962-06-16(1).

日本使用海绵拍取得了出色的成绩，颠覆了欧洲运动员削球打法的统治地位。因此，一些欧洲乒乓球人士则呼吁禁止使用海绵拍，但同时一些支持这种在木板上覆盖海绵及胶皮做法的声音也是此起彼伏，他们的依据则是 20 世纪 50 年代奥地利选手在比赛中用海绵球拍也未见到其他运动员或选手的抗议或反对。

由于海绵球拍的出现对当时的乒乓球技术产生了重大的冲击和影响，时任国际乒联主席看到了海绵球拍的未来发展潜力，对此表示肯定，认为海绵球拍能为乒乓球运动的发展做出积极的贡献，这也就巩固了长抽打法长期存在的地位。乒乓球运动从此进入到追求力量、速度的时期。

06 第六章 乒乓球文化在中国的传播

第一节 ☞ 乒乓球运动的引入

我国学界包括体育界对近代中国乒乓球的发展历程缺乏应有的关注，几乎一笔带过，鲜有详述及系统研究。乒乓球从最初近代中国的传入到现代的发展，其在历史流传过程中完成了从毫无规则的杂乱自主游戏到组织化、规范化的一项体育运动，无疑其传播是一种带有历史延续性、层累性的推进过程。深入研究近代中国乒乓球传播发展历程，应该成为学界及社会各界回顾这一阶段史学演变的主要问题意识，同时对乒乓球为我国现代体育体制探路，直至传播中国文化软实力，建设体育强国的考察和评价也将具有更开阔的视野。

1 对目前乒乓球引入近代中国历史的质疑

不论全国体育院校教材编审委员会审定编写的《乒乓球》(人民体育出版社，1999 年)，还是《新世纪：乒乓》(高等教育出版社，2006 年)和《球类运动：乒乓球、手球垒球、羽毛球》(高等教育出版社，2006 年)，以及其他相关的乒乓球中文书籍，抑或其他中文报纸或杂刊中。几十年来，学界包括体育界一直认为：一个叫王道平的上海商人，他在 1904 年前后，由于经常奔赴日本采购文具，在日本看到乒乓球的表演比赛，于是买了一些 10 副乒乓器材(球台、球网、球和带洞眼的球拍)带回上海，摆设店中，并亲自作打球的示范表演和介绍在日本所见识到的人们玩乒乓球游戏的情形，以吸引顾客，这就是乒乓球运动在 20 世纪初的中国播撒下的第一把种子。

为求证此史料来源，经查实，提及到王道平把乒乓球带入中国的有三个较为重要的来源，第一个来源于1963年3月4日《体育报》第三版徐增祺的文章，此文认为："我国民间很早就有类似的乒乓球游戏。但作为现代乒乓球运动，却是在五六十年前才传入我国的。有人说，在1904年左右，上海四马路大新街南面有一家文具商店。店主王某经常远渡重洋采购文具用品。有一次去日本购货时，看到日本有比较完美的乒乓球游戏，便采购了部分乒乓球道具回国。王某把这些器材摆设在店中，并亲自做打球表演。于是买乒乓球的人和打乒乓球的人逐渐多起来了。"①另一个是来自于复旦大学法学院郭建教授，其是复旦大学中国法律文化研究中心主任和中国法律史学会常务理事，他在2008年2月14日写的博客中谈到他10多年前曾翻译《上海近代史年表》②，可惜出版的上级部门在其翻译完后却予以否认该计划而导致出版译稿最终流产，虽然未最终出版，但其译稿还在其电脑，译稿《上海近代史年表》(1840—1949年)里1904年最后一条显示：1904年上海首次出现乒乓球。其实他早在2000年10月1日《中华读书报》中就提到"比上海人更了解上海——木之内诚和他的《上海历史地图》"③(该书已由日本著名的大修馆书店正式出版)。再一个史料来源于上海地方志办公室的网站上④，其专业志——上海体育志——第二编竞技体育——第三章球类运动——第一节乒乓球中的沿革有以下描述："上海是我国乒乓球运动的发源地。光绪三十年(1904年)，上海河南路昭通路合记文具店，从日本进口了乒乓球器材在店内销售，店主王某组织示范表演以吸引顾客。以后，乒乓球逐渐在上海得到推广。"

通过以上资料的比较和分析，可以了解到我国认为乒乓球传入中国的具体时间是1904年，地点是上海，而且主要得益于上海商人王道平个人的大力提倡，然而体育界既成的版本与上海地方志上所记载的店址又存有冲突，而且上海地方志未提及王商人具体姓名，这是否是同一个人也存有疑点，《体育报》中所提及的也仅仅"有人说"等不确切的消息。如果说在1904年乒乓球传入中国，当时的体育主要新闻报刊应有所报道，可当时我国的第一份体育单项类期刊《乒乓球》也没有提及。总之查询相关史实资料，现代对乒乓球传入中国具体时间及地点虽然有所提及，可在最为重要的近代中国(民国时期)的诸多乒乓球书籍及新闻报刊，未见相应的提及和报道，乒乓球经王道平引入中国的经过等基本历史背景语焉不详，现代相关乒乓球的书籍出处和引

① 徐增祺.我国早期的乒乓球运动[N].体育报，1963-3-4(3).

② [日]木之内诚编著、野泽俊明执笔，该年表为《上海历史地图》的附录.

③ 比上海人更了解上海——木之内诚和他的《上海历史地图》[EB/OL]. http://www.china.com.cn/chinese/RS/6766.htm.

④ 上海地方志办公室网站.第一节乒乓球[EB/OL]. http://www.shtong.gov.cn/node2/node2245/node4455/node13485/node13555/node60880/userobject1ai15221.html.

用来源不明，乒乓球传入中国的具体时间和地点也一直是人们心中悬而未决的疑惑。

2 具体历史考证

2007年国际乒联官方网站刊登了设在瑞士的国际乒联乒乓球博物馆时任馆长洽克·霍伊先生的一篇论文：《1901年乒乓球出现在中国的证据》(*Evidence Found: Table Tennis in China* 1901)，洽克·霍伊是一位极为热情友好又博学多闻的专家，其文中提到了中国乒乓球起源的具体时间，最为直接的证据就是一张明信片(图6.1)。这是一位欧洲人在天津的邮政机构采用挂号信的形式寄到比利时的布鲁塞尔，此邮政机构是德国设在天津的一个分支。明信片上显示的寄出具体时间是1902年1月25日，上面的日戳依然清晰可辨。明信片上的图像显示一个中国人在抽大烟，其文字是法文，翻译显示如下：

1902年1月22日写于天津。

在这里每个欧洲家庭客厅里都有一种网球，玩起来十分有趣。它在一张大桌子中间安放一个网，两只拍子用鼓皮做成，球是赛璐珞的。就像在网球场那样进行比赛。但以桌子的尺寸为限，运动者站在桌子两端。此类运动在这里极为流行。它应该会在布鲁塞尔的玩具店里有售……①

2007年为"科技之光"撰写40集科普系列片《科技与奥运》的中国科技新闻协会副理事长、电视科普栏目"科技之光"主编赵致真先生，因要海量涉猎相关的体育资料，其少不了与国内外很多体育机构发生很多的联系。洽克·霍伊先生于2007年9月7日给致真先生发来一封邮件，谈起他这篇论文中所最近收集到的这张非常珍贵的明信片，赵致真先生在2007年《中国青年报》发表了——《一张明信片改写乒乓球传入中国的历史》新闻报道②。此后，卡片制成的图片曾在中国世界乒乓球团体挑战赛期间举办"世界乒乓球历史回顾展"，由2010年上海体育博物馆展出，随同展出的还有早期画着宫廷仕女图的木质球拍，从英国贵族手持羊皮球拍击球的绘画，到北京奥运会国乒夺冠的大幅图片等30件乒乓球发展历程中的各类器具、纪念物，配合图文并茂的展板，同时上海的记者俞剑、周国强在2010年7月2日摄影报道于《新民晚报》。

天津位于京城北京的东南，距京大约80英里路程，是一个非常大的商业中心。当时天津有很多西方的定居者，考虑到卡片中提到的赛璐珞球是由英格兰球员詹

① Chuck Hoey. Evidence Found: Table Tennis in China 1901[J]. ITTF Museum, 2007, September/October: 69.

② 赵致真. 一张明信片改写乒乓球传入中国的历史[N]. 中国青年报, 2007-09-1(11).

姆斯·吉博于1900年发明，而且乒乓球游戏起源于英国的事实，乒乓球从英国传入到比利时需要一定的时间，乒乓球又从比利时远距离的长途跋涉传入到中国，而且此游戏也需要时间在天津走俏并变得“非常非常流行”，从时间上推定，可以认定1901年或1900年是乒乓球游戏进入天津的具体时间。之前，我们仅仅是猜测没有证据证明乒乓球是如何以及何时抵达中国。这张刻画着一个身穿长袍有着细长指甲端着烟枪正在吸食鸦片的中国人的明信卡片，确凿可据，他们怎么也不会想到在欧洲风靡一时的游戏在100多年后会在中国这样一个泱泱大国获得辉煌发展！可以说此明信片是乒乓球进入中国最早最为确凿的证据，它确凿无误地证明，乒乓球至少在1901年已经传入了中国，地点是在中国的天津。

图 6.1

第二节

乒乓球运动在近代中国的发展

从1840年鸦片战争到1949年的中国近代史，也即中华人民共和国成立前这一时期。这一时期列强入侵、国破家亡、中国劳动人民饱受战乱之苦，疲于奔命、民不聊生，社会发展一度中止，同时也使中国逐步接受西方文化，包括西方体育，乒乓球在此时期应运而生，由西方的定居者带到中国。虽然在黑暗的旧中国，由于反动统治和战争的影响，使广大人民生活在水深火热之中，没有条件从事体育锻炼，乒乓球运动也不可能得到健康的发展，但是近代中国在乒乓球组织、竞赛、技术、规则等方面都进行了一定有益的探索与发展，为当今我国的乒坛霸主地位与乒乓球事业打下了初步的基础，实现了当初“乒乓人人，人人乒乓”的美好夙愿。

1 组织的建立及发展

(1) 组织的建立

有志之士很早就认识到我国乒乓球运动的持续发展，需要完备的组织和领导。

"欲身体强健，有美满的体育效果，必须妥善的组织"。[①] "夫队伍之成立，端赖人才之培植，技术之超越，全来组织之得当。故队伍组织法，犹国家之法律"。[②] 由此可见当时人们对乒乓球组织重要程度的认识。

乒乓球从国外引入中国后，在中国沉寂了很长的一段时间，甚至在十余年的时间里，中国人对外国人打乒乓球的热情还抱有怀疑和嘲笑的态度。起初阶段，在上海、广州、天津等沿海城市一些外国人控制的政治、经济、文化机构里工作的一些外国人和极少数的中国人开展打乒乓球的娱乐活动，然后流行于学校里面，并且也只限于少数学校，除学校外再难觅到乒乓球的踪迹。后来虽然逐步推广，也是推行很慢，没有多大进步。直到1916年(民国5年)，由坐落在上海市四川中路599号的上海中华基督教青年会的童子部干事美人克拉克氏(J. C. Cleak)与国人童星门氏、赵士瀛氏三君首创，配备了9张球桌，设置于青年会童子部内，供给会员们娱乐，但一般市民无缘入内，仅富家子弟和有钱的大学生等少数人去寻找乐趣。从此标志着我国乒乓比赛的开始，也是中国乒乓球组织化的发轫和开端。之后，乒乓球运动逐渐地在上海、广州、北京、天津等几个大城市开展起来。1918年，上海乒乓球联合会宣告成立，不少球队纷纷建立，适值1918年，乒乓球开始传布于全国，就在这一年推广到不少的地方。参加的人更是拥挤，练习乒乓球的人一天一天的多了起来，遂有夜校方面的俞斌祺先生，与青年会日校方面的唐昌民先生，及青年会的干事顾光祖先生，诸三人同仁一起倡议发起组织成立了一个上海乒乓联合会。"1918年前后，广州有的小学在体育教师指导下开展了乒乓球活动，香港在1920年有了乒乓球活动。1923年天津基督教青年会在该会的少年游戏室设了一张乒乓球台"。[③] 并于1923年首次举办了比赛。比赛采取对抗方式，11人参赛，先胜六盘者为赢。同年，全国乒乓球联合会在上海诞生，中国乒乓球运动从此得到了初步的发展。1925年，在上海举行了中华队与旅华日侨之间的秋山杯比赛。1927年和1930年，中国正式派出乒乓球选手参加第8届、第9届远东运动会乒乓球赛。因球技落后，团体和个人赛均告失败。直到1935年，中华全国乒乓球协会在上海成立，乒乓球在我国才开始被列为正式的体育项目[④]。嗣后组织日多，人才辈出。

(2) 组织的发展

至民国13年时，国内的乒乓球团体组织日渐增多，南洋大学乒乓队、精武队、新青社乒乓队、岭南队、广东队等，都在这一年相继组织成立。民国十六年的时候，适值

① 佟振家. 体育组织与实施[M]. 天津：白城书局，1930：1-3.
② 俞斌祺. 乒乓球训练法[M]. 上海：勤奋书局，1949：18-22.
③ 国家体委体育文史工作委员会. 中国近代体育史[M]. 北京：北京体育学院出版社，1989：437.
④ 魏秀春编著. 中外文化交流史轶闻趣事[M]. 山东画报出版社，2008年.

第八届远东运动会开会，乒乓球也在会外表演，我国球队成绩斐然，轰动全国。从此国内各机关都兴高采烈地组织乒乓球队；尤以沪地为最盛，之女子方面，只有两江女子体育学校之乒乓队，像金叶交易所，纱布交易所，南洋兄弟烟草公司，东亚银行，通易公司，跑马总会等，大家都组织了乒乓球队，共相比赛，可说极一时之盛了。①

民国16年(1927年)，日本大阪的大日本乒乓球联合会考虑到比赛规则的需要，欲与我国商议共同制定，所以致函上海乒乓球联合会。客观考虑到上海仅此一隅，还不足以代表全国，上海乒乓联会乃登报纸，广泛听取不同意见建议，结果商议，最终采取委员制的方式组成全国乒乓联合会。由于各种原因，这个全国乒乓联合会更多的出于对外交流的作用与意义，所以在成立后不久便名存实亡了，但它却是全国性乒乓球组织的第一次具体的尝试。其实就乒乓球组织来看，需要一个不断磨练的过程，透视精武乒乓球队组织之经过，就知道组织过程之艰辛。“本会向有乒乓队之组织。自1928年后，队员星散，发展维艰。虽经李君龙、标过贤等苦心擘划，然尚未有整个计划之组织，而后的卢文与车雨亭、李子祥、陈建勋诸君赞助。于是在不景气中，得一线之曙光。在征求队员之过渡时期，由得本会总干事黄君维君予以精神物质上之攘助，队务因更臻发达，队员日渐增多。”②1935年(民国24年)初，全国乒乓球运动风起云涌，范围日渐广泛，传播到全国不少地方，在此情况下，“中华全国乒乓球协会”终成立于上海。全国乒乓联合会的成立是我国乒乓球运动发展史上的里程碑，它标志着乒乓球运动作为一项正式的体育运动项目登上中国体坛，这也成为近代中国乒乓球界正式对外联络的组织，从而也使我国乒乓球在日益频繁的相互交流过程中技战术得到了更快的发展。

2 赛事的开展

(1) 国内赛事开展

成立于1918年(民国7年)的上海乒乓联合会对我国乒乓球赛事示范贡献良多，1919年后上海乒乓联合会开始组织乒乓球团体比赛。在1921年到1930年间，各种乒乓球竞赛接连不断，许多比赛由乒乓球团体发起，奖品由机关或商店捐赠。尽管这些比赛大多为资本家做广告宣传，但同时也推动了乒乓球运动的开展。许多单位为了积极参与，都组织球队进行比赛。当时全市知名的球队有华一队、圣约翰大学队、中国台球研究会队等。以后又出现了由各单位较高水平运动员组成的

① 中国体育社. 最新注释乒乓球规则[M]. 上海：三民图书公司印行，1947：4-8.

② 冼文灿. 精武乒乓队组织之经过[J]. 上海：精武丛报，1933，(1)：5.

混合队，如天马队、精武队、琅琊队、广东同乡会队等。1925 年后，香港也组织了一个乒乓队。“广州市的乒乓球活动，是 1918 年前后在体育教师的指导下首先在小学中开展的。从 1926 年开始，广州市有了正式的乒乓球比赛。”[①]1927 年（民国 16 年），戴季陶先生在广东发起运动会，把乒乓一项，也列入锦标比赛之中。这以后，广州、香港、澳门等地之间经常举行乒乓球比赛。这时，天津、北京都已出现一些实力较强的乒乓球球队，并且在两地之间经常举办友谊赛。青岛、济南等一些华北的中等城市也组织过规模较大的乒乓球比赛。从此以后，国内各地，如杭州、无锡、苏州、南京、镇江等处也逐渐有乒乓比赛的举行了。自此，乒乓球相关比赛在社会各界获得广泛呼应，乒乓球活动从学校逐步扩展到社会各界，各行业和省市地区的比赛逐渐如火似荼的开展起来了，国人对乒乓球的热情达到了空前的高度。

1924 年，经乒乓球界热心人士几度努力，终于将乒乓球列为全运会的表演项目，但未取得应有的效果。同时，在上海、天津等地虽也出现了一些称为“比赛会”的组织，但参加人数不多。清末和民国时期开展乒乓球运动的 40 多年间，共举行过两次全国性比赛。一次是在 1935 年第六届全国运动会上举行了第一届全国乒乓球比赛，地点设在上海四川路横滨桥中央大会堂，乃由上海乒乓联合会发起全国竞赛大会，各省市纷起响应，“惟因限于经费，有数处不克赴会参加。”[②]；一次是在 1948 年在上海江湾体育场举行的第七届全运会上，参赛单位有 32 个省、市，陆、海、空三军、联勤、警察，香港以及檀香山、暹逻、菲律宾、马来亚、西贡、仰光等地华侨共 58 个代表队，2 670 人，是国民党政府在大陆组织举办的最后一场全国运动会，此届全运会上的乒乓球比赛参加的单位也不多，西南、西北、华北的许多省市都没有参加。运动会上，乒乓锦标赛只设单打比赛，男子冠军由台湾代表队的王信友，女子冠军由香港代表队的梁玉洁获得。

(2) 国际赛事开展

中国乒乓球队，组织几经完善，球艺大增，突飞猛进，声名远播，已达中外。1925 年春，旅沪日人桌球代表城户尚夫经三菱公司经理秋山的同意，捐助秋山大银杯一只，作为上海中日乒乓比赛的锦标。当时我国胡君铁吾也曾参与这次锦标比赛筹备事宜，共同拟定比赛规则等。这一次秋山杯比赛的结果为我国的乒乓队所夺得锦标，此次中日之间在我国本土的第一次较量，已流露出我国对于乒乓球赛的一些优良成绩。到了 1927 年（民国十六年），当中日两国乒乓球专家协定了乒乓球规则以后，日本特来函邀请交流，我国欣然前往，由俞斌祺领队率众征东，结果中

① 崔乐泉. 中国近代体育史话[M]. 北京：中华书局，1998：220.
② 马治奎. 乒乓球[M]. 上海：康健书局，1948：3.

华队取得6场4胜的好成绩，获得荣誉而归。这一次是中国赴海外与日乒乓球队的第一次交手，也是我国乒乓球队在海外获得光荣成绩的出发点。同年8月，适为第八届远东运动会的开会地址，轮在我国的上海举行，乒乓比赛亦于会外表演，成绩斐然，于是轰动全国，遂引起国人之注意。此后各地咸皆相起组织乒乓队，尤以上海最盛！1930年(民国19年)5月，第九届远东运动会在日本举行时，中华乒乓队亦拟参加比赛，结果未能前往。后由日本桌球会名义，邀请中华队前往作为第二次比赛，旅费中日各半。出发前，由于经费所限，不得已中华队向中国内衣公司，中国乒乓球公司，上海市教育局，跑马厅，同人俱乐部，三和公司，新利洋行等倡议捐助，共得三百余元。[①] 赴日后，共比赛9次，其中两次为锦标赛，我国失败，余为友谊赛。此外再与日本群山学校比赛，结果中华队全胜。自经与群山比赛后，回国后极力提倡女子乒乓，以作为将来与日本女子比赛之准备，女子乒乓遂亦各处举行比赛了。此后，国内的乒乓球界，更加努力，大有再接再厉的形势。[②]

1937年，我国乒乓球运动员第一次同欧洲选手接触，对手是匈牙利的乒乓球选手沙巴都士和他助手，沙巴都士在当时名列世界第四，曾获得世界单打冠军，他们于1937年来中国香港和上海作乒乓球的表演。我国运动员同他们进行过多场友谊比赛，但只胜两场。其中一场是中国香港选手潘世安胜沙巴都士，另一场是胜他的助手。[③]

民国时期，中国没有参加过乒乓球的世界比赛。1936年2月，国际乒乓球联合会主席蒙塔古先生曾致函我国，诚邀加入国际乒联组织，但是当时我国受处于内战的阴影下，政治局势也不明朗，而1935年1月在上海刚刚成立的中华全国乒乓球协会又因经费窘迫、球队组织也不完善，未能办成此事。1952年10月，在北京举行了解放后的第一次全国乒乓球比赛，六大行政区和铁路体协的62名男、女运动员参加了比赛。当时的国际乒联主席蒙塔古应邀来京访问，并对全体运动员发表了热情友好的讲话，他预言中国队将会以世界强队的姿态出现在世界乒坛。1952年，中华全国体育总会乒乓球部正式加入国际乒联，随后我国乒乓球国家队宣告成立。1953年，在克罗地亚的布加勒斯特举行的第二十届世乒赛上，第一次出现中国人的身影。1936年与世乒联的失之交臂，让中国乒乓球走上世界舞台的时间推迟了十七年之久。直到中华人民共和国的成立，才使中国的乒乓球运动获得了勃勃生机。

---

① 故视. 全国乒乓竞赛大会上海市预选略况[J]. 乒乓世界，1935，(21)：342.
② 中国体育社. 最新注释乒乓球规则[M]. 上海：三民图书公司印行，1947：11.
③ 国家体委体育文史工作委员会. 中国近代体育史[M]. 北京：北京体育学院出版社，1989：440.

3 技战术的演变

(1) 技术演变

我国早期的乒乓球爱好者很早就认识到乒乓球技术的重要性。"勇士对于技术亦大有研究和训练的必要，技术的存在才会发生兴趣。"①整个民国时期由于与世界乒乓球存在的差距，对乒乓球技术的研究开展较少，研究也不够深入，成果不多，计有1933年上海商务出版社出版的《乒乓》、上海勤奋书局出版的《乒乓球训练法》及上海乒乓球研究会出版《乒乓球世界》，可是凤毛麟角，除此之外难觅其他相关研究。

《乒乓》是我国最早开展系统技术的研究成果，认为"若能本不慌、不忙、不骄、不慢之义，奋斗到底，锦标可望矣。"②其他早期的一些研究散见于由上海中国乒乓研究会所编的我国历史上第一份单项运动杂志《乒乓世界》月刊。

《乒乓球训练法》是我国较早开展系统技术的研究成果，对球拍握法有独到之处，如"以大拇指与食指，握于拍柄中间，再以其余三只，按于板后中央。初学者二指往往用力不均，以致击出的球，方向无定。此坐握板不稳之病，学者当使二指紧捏板，不致成侧式，以板面向网击球，练习既熟，自能得心应手矣。"发球"以左手大拇指、食指中指握球，靠近台端，离台面二寸(6.67 cm)，右手握拍，离台端一尺二三寸(40～43 cm)。左手握球不动，板在台端外做七十五度之鞠躬式，并向球上做压击式。当球着板，即受板弹性而着台，复由台上窜至对方。此种发球，转而急，对方颇难回击，惟须注意发球时，板不能如于台内。发球之强弱，以压击力为转移。重责力强而球远，轻则力弱而球近。故希望发球胜利，须视对方人站立地位如何。如站立地位甚远，则开球宜轻，使球击至对方近网处，致对方不及伸手还击；如站立地位甚近，则开球宜急，使弹力坚强，球越网之对方台端，既急又高，致对方人不及后退。此法由日本首先发明，奏效颇大，惟初学者须知开球之轻重，过轻则易致死于网内，过重则易出于台外。此须有经验而成，不可轻于尝试也"③同时对挡球法、击球及左右法、知悉球性法、缩球法、推球法、转球法、削球法、抽球法、挡球抵敌法等都详尽说明，是当时练习乒乓球技术的指南。

(2) 器材与技术的演变

1937年国际乒联对球网和球台高度都进行了改革，通过降低高度，实质上鼓励了进攻。随着规则针对性的改革，乒乓球球台的加长以及球网的降低，乒乓球也

---

① 林端候. 乒乓闲话[J]. 福建体育通讯，沙县：福建省立体育场编辑股，1940：52.

② 曾迺敦. 乒乓[M]. 上海：商务印书馆，1933：1.

③ 俞斌祺. 乒乓球训练法[M]. 上海：勤奋书局，1949：11.

由软球改为硬球，于是打法也由防守型转向进攻型打法，这些促进了新技术新打法的发展。所以器材与技术发展是紧密相连的，有什么样的器材，就会有相应的技术出现。我国乒乓球研究者认识到球板的优劣对技术影响极大，“我国乒乓，虽有十余年之历史，但其发达，仅有五六年。乒乓用具，需要骤增，各书局及运动器具公司，尚无完美用具之出售。所有者，仅轻薄有洞，弹力薄弱，古旧不堪之球板，联合会早已不用。然初学者，不知球板之优劣，尚纷纷购买，一般商贾，只知保守不思改良。”①现任全国联合主席林泽苍君，有鉴于此，于 1923 年（民国十二年），创设三合公司，专售合乎标准之乒乓用具。所有三夹四夹五夹板等，均按乒乓规则，乒乓板长不得过八寸，阔不得过七寸（柄不在其内），板用木制不得夹以橡皮沙布等类。同时对球网、网柱、和球也做了要求，要求球“乒乓球种类颇多，远东运动大会规定应用Ｐ·Ａ·球。由于价值甚昂，故现在多用杂球。球之重量，为一两之十三分之五至一两之十三分之二五（即 1/13.5～1/13.25），周圆为四寸十六分之十一（4 11/16），弹力以离台五尺高处下堕而跃起离台二尺五寸至二尺八寸为度。”几乎同时，其他商家也从其中窥到巨大商业价值，纷纷制造相应器材，供爱好者选购。

我国最早的乒乓球比赛，最初技术非常简陋，由于使用的是纯木板的球拍，并在球板的中部钻出横直各四五行拍成菱形状的小孔，大多质量很轻，所以击球速度很慢，打球的攻防动作都很慢，只有挡球的技术，很多时候都是站在近台彼此推来推去而已，有些运动员已开始采取提拉动作，但速度力量较差，互相强烈的对攻则更是少见。到了 1937—1948 年期间，开始用胶皮拍，技术有所改进，比赛中经常采用快速的攻球和远台的削球。我国乒乓球运动从 20 世纪 20 年代一直到 40 年代，基本上处于一个完全模仿的阶段，主要靠学习国外乒乓球运动员的技战术打法，没有形成自己独特的技战术风格。直到新中国成立后，在 1957 年中国才发明直拍削球和左推右攻技术。开创了新的握拍的姿势，修正了日本式的直拍握拍弱点，照应了攻守两端的均衡，以及新的站位方式，世界乒乓球运动从此才有了中国元素。

4 乒乓球规则的变动及发展

(1) 国内及中日规则的初制定

当乒乓球传入中国，早期开展乒乓球比赛的时候，由于国际上也无统一的乒乓球规则可以遵照，所以尚无乒乓球规则可以应用。“室内游戏之事，张网于长方形

① 俞斌祺. 乒乓球训练法[M]. 上海：勤奋书局，1949：8-11.

之桌上，其规则则与网球同，惟拍子用木板，而球则以明角等质料为之，轻而不能及远。”[①]其比赛方法及规则等，均参照网球比赛的方法。

初期阶段比赛规则大多临时指定，比赛时候不但拍子的重量、大小、形状等均无规定，至于最为重要的器材——球台的长宽高低，也常因人而异，往往利用现成的桌面，球的质量也差，有所谓的“单双料”之分，每场比赛往往要打坏很多球[②]。我国在乒乓球比赛进行的时候就深知乒乓球规则的重要，“球类规则，非常重要，所以各种球类像足球、篮球、网球、棒球和排球等都有一定的比赛规则，体育家没有一个不是当他做金科玉律的，差不多像国家的法典一般。乒乓比赛，当然也不可没有规则。查乒乓规则的订立，各国都有，不过订立的年代还没有长久，而精密完备的乒乓规则，那还是在最近数年内方在订定的。”[③]有鉴于此，1923 年在我国的第一个乒乓球组织——上海乒乓联合会成立大会上，会长由胡铁吾及林泽苍两君担任，扩充会务，不遗余力。在 1924 年 3 月 1 日召开的上海乒乓联合会春季会上全体讨论并通过。并于 1924 年 9 月 1 日由上海乒乓联合会林泽苍主编的《乒乓规则》(并附有英文版本)。1925 年，“秋山杯”临近时，中日两国还没有适当的乒乓规则，当时世界上英美德法等国都有乒乓规则的订立，可是各国互异，还没有统一的规则。我国派有代表胡铁吾，会同城户先生编订比赛规则及各项办法，以供比赛时应用。因此两国代表会同编订了乒乓球比赛规则，以备比赛时候的标准。可是这种规则，还是临时性质，不过也算是我国正式的最早的乒乓球规则了。

全国除了上海已经初定乒乓球规则外，国内其他城市也开始制定相应的规则，以指导比赛的进行。1933 年《体育画报》就报道了天津乒乓球比赛规则，其划分较详细，有 42 条要目，其中规定“乒乓球桌面长 9 英尺，阔四英尺八寸；桌高二英尺七寸；桌面需用坚硬的木料为之，以标准球字离桌五尺高处下坠之台上，须有平均二尺五寸至二尺八寸之高弹力性。桌面须平滑，板之厚度在一寸半之间。桌面须涂以深绿色颜料(Dark Green)不宜加漆，并涂以四分之三寸阔之白线于桌边之四周，然漆后需用不影响球之弹性。乒乓球室内之空隙，须离桌面两端各十英尺，两旁各六英尺，自桌面之天花板九英尺。发球范围平方三尺八寸，一段与阔底线相接，围绕发球范围变现须具下列各线……等等。”[④]

(2) 万国规则的制定

提倡乒乓者，日盛一日，而完美标志之规则，尚付缺如。随着乒乓球在国内的传

---

① 王倘等. 中国教育词典[M]. 上海：中华书局，1933：925.

② 崔乐泉. 中国近代体育史话[M]. 北京：中华书局，1998：222.

③ 中国体育社. 最新注释乒乓球规则[M]. 上海：三民图书公司印行，1947：8-9.

④ 天津乒乓球比赛规则——一个修正案[J]. 天津：体育周报，1933，2(4)：11-14.

播，比赛的增多，各省级、各行业及各单位交往的频繁，规则混乱导致的纷争也逐渐增加，规则的统一及标准化愈加重要。中日两国有鉴于斯，特于1927年(民国十六年)二月二十二日，着急各国代表，进一步会议乒乓规则。当时中国代表，我方为俞斌祺(中华全国乒乓联合会主席委员)，胡铁吾(中华全国乒乓联合会委员)，金季明(中华全国乒乓联合会委员)，何逸云(中华全国乒乓联合会委员)，林泽苍(中华全国乒乓联合会委员)，会议记录委员张永乃(中华全国乒乓联合会委员)；日本代表委员为九岛福太郎(日本全国桌球协会干事，)，仓知四郎(上海日本人桌球协会会长)，木村证司(上海日本人桌球协会理事)，城户尚夫(上海日本人桌球协会干事长)，会议记录委员福岛进藏(上海日本人桌球协会理事)，真锅宝(上海日本人桌球协会干事)，顾问前田寅治，美国代表爱格来(顾问)，英国代表霍金氏(顾问)等。这许多乒乓专家，聚集一处，专门讨论乒乓规则[①]。它包括比赛方法、比赛制度、比赛概括等[②]。他的结果，当然是十分完密的。在第8届远东运动大会里面，第一次把这种乒乓球规则实地施用，获得高度评价。所以也有称之中日协定标准乒乓规则，也有既称它万国乒乓规则的。其后在1948年，第七届全国运动会筹备委员会制定了《乒乓规则》，这本《乒乓规则》64开，14页，无编辑出版单位，此《乒乓规则》一书有很强的商业色彩[③]。

乒乓球比赛规则的不断完善，不但推动了此项运动的发展，促使技术的改变和发展，同时避免了比赛时因不懂规则到导致成绩不利的局面和影响，最为重要的是为我国乒乓球同世界乒乓球发展的接轨铺平了道路，指明了方向。此外还有几个乒乓球家曾经定过几种乒乓球规则，由于水平等其他限制，效果不甚理想，不能把它当做标准。

5 女子乒乓球发展

(1) 女子乒乓球组织的建立

乒乓球不像足球等其他球类项目，这些项目大都激烈的居多数，不合女子的体格，但乒乓球合乎女子身心特点，运动量不是很大，可在室内游戏，对于女子尤为相宜，所以女子练习乒乓球的，为数很多，并且各种球艺风格的人中也有许多俊者。就女子练习乒乓球，不后于男子，可是女子乒乓球的比赛，从来没人提倡，因此就不免比男子落后了，这成为近代中国女子乒乓一度落后的原因。

由林泽苍所著的《乒乓规则》经上海乒乓联合会于1924年出版，林君在书末提到了女子乒乓球的发展，林泽苍指出中国乒乓球发展进步神速，但仅仅局限于中国

---

① 俞斌祺. 乒乓球训练法[M]. 上海：勤奋书局，1949：18-22.
② 俞斌祺. 乒乓球训练法[M]. 上海：勤奋书局，1949：25.
③ 卫华. 民国乒乓球规则[N]. 泰州晚报，2009-10-14(7).

男子乒乓球的发展他愿与诸人鼎力解决。在其号召下，1927 年(民国 16 年)，两江女子体育学校发起组织乒乓球队，这是女子乒乓球队中发起最早的一支。《上海女青年》与其他报刊就有关提倡女子乒乓球的重要性的报道有很多，如，“乒乓既为室内极便极良好伴侣，望女子皆能加以深切关注。”①

后来到了 1930 年，第九届远东运动会在日本举行时，中华乒乓队亦拟参加比赛，结果未能前往。后由日本桌球会名义，邀请中华队前往作为第二次比赛。“赴日后，共比赛 9 次，其中两次为锦标赛，我国失败，余为友谊赛。此外再与日本群山学校比赛，结果中华队全胜”②。自经与群山比赛之后，回国归极力提倡女子乒乓，积极建议组队，以备将来比赛所需，由此中国女子乒乓遂亦各处举行比赛了③。同时女子乒乓球组织的队伍，日渐趋多，比如感动女子乒乓球队、爱国女子乒乓队，都是当时有名的队伍。

(2) 女子乒乓球赛事的开展

自女子乒乓组织以来，经热心人提倡，社会上对女子乒乓球的兴趣，已日渐浓厚了。1933 年天津市举行第三届公开乒乓球比赛，“自二月一日起始报名，参加者异常活跃，女子组为第二届比赛，亦较去岁进步多多，计有个人八名。”④乒乓运动在武汉，年来颇有风起云涌之概。武汉青年会为谋进一步技术之精研，特主办第一届武汉市乒乓赛。内分男子甲、乙两组，女子、小学等四组。统计本届加入角逐者，计女子组有懿光、懿德两队。“每值比赛，室内围得水泄不通，后至者均无插足地。战之紧张处，全场观众莫不平心静气，鸦雀无声，待胜负已判，则鼓掌声震彻屋瓦。经月余之混战，女子组懿光独获冠军”⑤。

随着女子乒乓球的普及，不再仅仅局限于大城市，乒乓球的传布于全国，推广到不少的地方，逐渐进入普通家庭和全国各地，万县媒体的报道甚至称第三小学师生为“乒乓狂”。万县市第二届女子乒乓比赛首次为体育协进会举办各种球类银杯赛及国术比赛，特别加入了乒乓一项，女子组加入者，仅女中校，市三小，女一校三队。“比赛时精彩百出，每场观众踊跃，平均约在一千人以上”⑥。

回顾中国女子乒乓球运动的发展史，首先不得不提我国妇女的地位。广大妇女在中国历史的长河中，一直生活在中国社会的最底层，在封建礼教和封建思想的毒害下，身份卑微，而且被社会定位相夫教子、侍奉公婆的角色，一直受到压抑，长期被禁

① 景星.万县市第二届女子乒乓比赛记[J].乒乓世界，1935，(21)：372.
② 中国体育社.最新注释乒乓球规则[M].上海：三民图书公司印行，1947：8.
③ 马治奎.乒乓球[M].上海：康健书局，1948：3.
④ 莫不抗.第三届天津公开乒乓球比赛纪实[J].体育周报，天津：体育周报社，1933，2(8)：10-13.
⑤ 先锋.武汉第一届乒乓锦标赛记[J].乒乓世界，1935(21)：370.
⑥ 景星.万县市第二届女子乒乓比赛记[J].乒乓世界，1935(21)：371.

锢在家庭这个狭小天地里，这也是造成女子乒乓球落后于男子的根本原因之一，直到近代中国男性社会对女性教育和体育的关照，妇女自我解放运动及新知识女性群体对体育的自我觉悟和教育，才导致女性体育的快速发展。女子体育的兴起，使得女子乒乓球从而获得发展的源动力；其次，也得益于中日在 1930 年的乒乓球比赛，由于见识到日本女子乒乓球的发展和水平，使国人看到中国女子乒乓球与日本之间的差距，"知耻而后勇"。再次还得益于早期乒乓球热心人士对女子乒乓球的大力提倡，得林泽苍等诸君之诚意呼吁及匡助，今日我国女子乒乓球的勃兴，诸君之功不可没。

国民党反动统治时期，乒乓球运动是"不能登大雅之堂"的。正如曹廼敦在"乒乓"一书中所述"视乒乓为小道"。为粉饰太平，也曾举行过所谓的"全国乒乓赛"。1935 年那次，赛程乌七八糟姑且不说，赛后的强军也很出奇，同榜冠军竟达三名，难怪香港队要骂主持竞赛的职员像"猪一样蠢"了。原因是职员怕得罪人，比赛结果公布上海队、澳门队、江苏队同获"冠军"。于是有人题诗嘲云："一榜尽赐及第，三个锦标凑趣；大家都是贵客，我敢叫谁生气！"

有些投机商人把乒乓球当做生财有道的生意经。上海跑马同人俱乐部每年办两次"乒乓香槟赛"，大售门票，把乒乓球运动和跑马、赛狗等量齐观。有一次参加比赛的一个强队——俭德乒乓队在作最后几场比赛时，向主持人拆账分门票，竟遭拒绝。俭德队于是罢赛提出诉讼。当时的"第一特区法院""推事"先调和说："此种游戏小道，不值得打官司，最好不要打官司"。

抗日战争爆发，上海沦陷，乒乓运动更加糜烂腐朽。1939 年延安中路的大方饭店六楼金门剧场的老板，因营业清淡，生意眼就转到乒乓球上，开设乒乓房，聘请一些略会打乒乓球的青年少女招待顾客，美其名曰"伴打员"，当时打乒乓，已沦为"醉翁之意不在'打乒乓'了"。而这种邪风，在解放前国民党反动统治时期，还有增无已。据统计，除金门外，还有大新、华新、太湖、华东、新中国、强华、洞庭春、新世界、虹口……等数十家。光怪陆离，真使人难以想象。

第三节☞ 乒乓球在当代中国的发展

1 中国乒乓球队的第一次创业

1952 年 11 月 15 日，中央人民政府委员会第 19 次会议上通过成立中央人民政府体育运动委员会(中央体委),任命贺龙为主任。中央体委是后来国家体委的雏形。1954 年第一次全国人民代表大会召开,成立国务院,国家体委也应运而生。9 月 28 日,一届人大一次会议,决定贺龙副总理兼任国家体委第一任主任。

贺龙是我国第一任国家体委主任,是新中国体育的奠基人。毛泽东、周恩来把这位西南军区司令员(政委是邓小平)调来,也是希望他用战争年代大刀阔斧的精神把新中国的体育事业纳入正轨。当时的中国百废待兴,中国人在世界列强眼中是“东亚病夫”,中国的竞技体育惨不忍睹。贺龙不负众望,以他的威望、干练和对体育的热爱,使中国体育事业大踏步地前行。贺龙早在延安时代就组建了“战斗篮球队”,他对体育是个真正的内行。短短的十几年,他把中国的竞技体育推到亚洲无可争议的第一,即使西方体育界在冷战年代敌视中国体育,也不得不正视中国体育的存在。中国的乒乓球、羽毛球在世界的优势比今天还要大,游泳、举重、田径都打破过世界纪录,而贺龙刚到国家体委时,这些项目在世界连三流都不是,当时与世隔绝、“一穷二白”,条件之差难以想象,作为一个拓荒者又该多么艰难!

贺龙的任期内还举办了第一届、第二届全国运动会,中国竞技体育至今在很多方面仍沿用贺龙时代留下的格局,他在体育界提倡的“三从一大”至今仍是许多运动队的“圣经”,“三大球上不去死不瞑目”至今是足球界的忏悔之言。贺龙在体委虽然是对外封闭的年代,依然最大限度地利用体育界的特殊状况与外界交流。与苏联、东欧的全面交往,把中国足球送出去“留学”,把大松博文请进来,乃至承办第 26 届世乒赛,都留下了贺老总的深深印记。贺龙还有一个不应被忘怀的功绩,就是群众体育的兴旺,他把毛泽东的“发展体育运动、增强人民体质”奉为圣旨,五六十年代的“全民健身”比今天更红火,那时体育界倒是两条腿并进。

1952 年,中华全国体育总会乒乓球部正式加入国际乒联,随后我国乒乓球国家队宣告成立。1952 年 10 月,由中华全国体育总会主办的全国乒乓球冠军赛在北京举行,获得男女单打冠军分别是姜永宁、孙梅英,从参赛选手中遴选出的 19 名运动员在北京开始了集训,以备战次年的新加坡亚锦赛和第 20 届罗马尼亚世乒赛。

当时参加集训的队员有姜永宁、冯国浩、杨开运、欧阳维、陆汉俊、李宗沛、王传耀、岑淮光、李仁苏、夏芝仪、王吉禄、李锵、孙梅英、李麒书、柳碧、蔡秀娱、方亚珍、邱钟惠和黄文秀,总教练是来自广东的梁焯辉。

梁焯辉是新中国第一位乒乓球教练。20 世纪 50 年代,中国男乒能从世界二流队上升到一流队伍,梁焯辉功不可没。从 1952 年起,梁焯辉先后担任广州市、广东省、中南区队教练,后又任国家队第一任教练,直至 1958 年。1953 年第 20 届世乒赛,中国男乒首次参加这一大赛,当时取得二级队第三名。三年后的第 23 届世乒赛，中国男乒第二次出战，这次跃居一级赛第六名，同时姜永宁成为第一个在世乒赛上击败世界冠军的中国选手。第24届世乒赛，中国男队一举打入半决赛，成为国际乒坛一支公认的强队。短短数年，中国男乒从一支二流队跃升至一流强队，身为一队之帅的梁焯辉战功卓著，为中国男乒日后腾飞奠定了坚实基础。1985年任广州体育学院教授、硕士生导师。1989年被评为建国40年杰出教练员之一。

集训一个多月后，由于新加坡方面拒绝签证，亚锦赛参加不了，李仁苏、岑淮光和邱钟惠便返回了原籍，剩下的16名运动员和梁焯辉教练一道备战世乒赛。这便是第一支中国乒乓球队。当时这些队员用的都还是胶皮拍，武器虽嫌简陋，打法却是五花八门：姜永宁是直拍削球手、杨开运是直板攻球手、欧阳维直板挡攻削三结合、冯国浩是横板攻球手、李宗沛和邱宝云擅长推挡、陆汉俊则长于小路球。

1953年3月，组建不到半年的中国乒乓球队出征罗马尼亚第20届世乒赛。布加勒斯特的弗洛利亚斯克体育馆见证了中国乒乓球队在世乒赛上的首次亮相：团体赛上由王传耀、姜永宁、冯国浩等组成的中国男队位列小组第4，排名世界甲级队第10名；而以孙梅英、李麟书为主的中国女队也列小组第4，排名乙级队第3名。在单打比赛中，中国队无一人能闯过第三轮。战果虽谈不上辉煌，但这是中国乒乓球选手第一次登上世乒赛的舞台。中国乒乓球队此后五十年笑傲世界乒坛的恢宏画卷正是由此展开。

1956年4月，第23届世乒赛在日本东京开幕。中国军团的主将是姜永宁、王传耀、岑淮光和孙梅英。团体赛第一天，中国男队就击败了越南队和美国队，爆出两个冷门，接着，姜永宁又在与英国队的比赛中击败了两获世界冠军的名将李奇，这是中国人首次在大赛中击败世界冠军。本届世乒赛后，中国男队被评为甲级队第六名，女队也升至甲级队第11名。

1956年4月，23届世乒赛男团亚军罗马尼亚队访问上海，上海市体委派杨汉宏、徐寅生和薛伟初组队应战，当时的徐寅生还在工厂做钳工。赛前，舆论界最担心的问题是上海队会不会“吃鸭蛋”。首盘，杨汉宏凭借其独到的正手侧身攻，居然战胜了哈拉斯托西。第二盘，年仅18岁的徐寅生对阵甘特纳，徐寅生终因战术变化少败下阵来。稍事休息，他又与薛伟初配合双打，就是在这场比赛中，徐寅生首次使用了他发明的新式发球——正手右侧上旋急球。赛后不久，上海体委就成立了乒乓球队，徐寅生从此开始了乒乓生涯。

在1957年第24届瑞典世乒赛上，国际乒联决定将世乒赛自本届起改为两年一届。

1958年，中国乒乓球队再次组织集训，以备战1959年第25届德国世乒赛。自1952年首次出现世乒赛至今，中国队的成绩提高很快，第24届世乒赛，中国男队已获团体第三名，跨入了世界一流强队的行列。中国男队拥有王传耀、姜永宁、傅其芳等老将，还有岑淮光、杨瑞华、胡炳权等年轻小将，这些队员打法各异，每人都有自己的独门绝技。

王传耀

中国队的核心人物，直拍左右开弓打法，身高臂长，球疾如闪电，解放初期曾四度荣膺全国锦标赛男单冠军，是我国直拍近台两面攻打法早期的代表人物。王传耀曾战胜欧洲冠军别尔切克，也是击败当时世界头号选手荻村伊智朗的中国第一人。

傅其芳

直拍进攻型打法。出生于上海，后定居香港，以打球谋生。解放后，中国乒乓球队参加世乒赛，战绩逐年上升，运动员在国内受到尊重，工作、生活有了保障。这些激发了傅其芳的报国之心。他毅然回到大陆。当时的国务院副总理兼体委主任贺龙元帅曾亲自接见傅其芳，勉励他努力工作。傅其芳的正手侧身“滑板球”可谓一绝，旋转多变的发球和神出鬼没的摆短令对手头痛。有了他的加盟，中国男队实力大增。

当时乒乓球集训的训练馆就在北京体育馆练习馆的两侧，中间是几块篮球场和排球场，两边用铁丝网拦住。总共十几张球台，有的台面还有裂缝。训练馆内没有浴室，队员只能到附近的澡堂泡澡。条件虽然艰苦，但队员们的训练热情都很高。集训的运动量很大，有的队员一顿能吃上20多个馒头。每天晚上队员都主动去体育馆“加班”，回宿舍后花上一毛五分钱买个水果面包就是最好的夜宵了。

在集训中间，叶剑英元帅和贺龙元帅曾多次到训练馆去看望运动员。

1959年3月，经过近一年集训，中国乒协最终确定了25届世乒赛的参赛名单：王传耀、容国团、杨瑞华、胡炳权、徐寅生、庄家富、李仁苏和姜永宁，再加上女队的孙梅英、邱钟惠和叶佩琼，11员大将整装待发，剑指多特蒙德。

中国乒协决心启用新人，用凶狠的打法与日本队决一死战。从赛前分析来看，反手进攻是日本队员的软肋，中国队比日本队打法更为先进，日本队也把中国男队看作最强大的对手，但中国队员对夺得斯韦思林杯很有信心。为了适应欧洲人的打法，世乒赛前，中国队还与匈牙利队进行了一场友谊赛，结果中国队以5∶2胜出，士气大振。

1959年3月底，第25届世乒赛燃起战火。团体赛上，中国男队一路顺风顺水，以全胜战绩闯入半决赛，对手是匈牙利队，胜者将与日本队争夺团体冠军。

斯韦思林杯距离越来越近，赛场上的气氛也愈发紧张起来。中国队虽然此前战绩不错，但队员思想包袱过重，此时的竞赛状态并不理想，在半决赛中，中国队派王传耀、容国团、杨瑞华出战，匈牙利队以西多、别尔切克、福尔迪应战。

前六盘，双方打成三平。第七盘，王传耀对阵别尔切克，这盘比赛非常关键，只要王传耀能拿下来，中国队基本可保胜利。王传耀此前曾与别尔切克交手九次，九次全胜，可偏偏就是在这关键的第十次，他发挥得大失水准，竟以 0∶2 败北，最终导致中国队以 3∶5 负于匈牙利队，结束了本届世乒赛上对斯韦思林杯的争夺。

男团失利后，大家便把目光都投到了男单比赛上。容国团迅速摆脱了男团失利的阴影，在男单比赛中一路过关斩将，杀入决赛，对手正是团体赛上的老冤家——匈牙利队老将西多。赛前，几乎所有人都看好西多，他的队友甚至已经为他准备好了庆祝的鲜花，就放在赛场挡板的后面。

比赛开始了，容国团以 19∶21 先失头局后，第二局加强拉球的旋转和落点变化，又配合搓球，打得西多顾此失彼，这一局西多只得了 12 分。第三局，西多采用削球加转、紧逼两角的战术，容国团从容不迫，以凶对凶，再下一局。第四局，容国团利用正手拉侧上旋，使西多进攻难以瞄准，攻势随之减弱，最后，计分牌被定格在 21∶14。

容国团赢了！象征世界乒坛男单最高荣誉的圣·勃莱德杯上第一次刻下了 Rong Guo Tuan China 的字样。当容国团的名字被刻到代表男子最高荣誉的圣·勃莱德杯上的那一瞬间，中国没有世界冠军的尴尬历史结束了[①]。从此，世界冠军的神秘大门向中国人隆隆洞开了。

容国团在 25 届世乒赛上拿到男单金牌回国后，毛主席、周总理等国家领导人接见了容国团和中国乒乓球队，表扬了乒乓队的成绩。

在第 25 届世乒赛上，国际乒联代表大会通过了 1961 年在中国北京举办 26 届世乒赛的决议。新中国第一次承办国际大型体育比赛，像北京上空一道响亮的春雷。国家体委主任贺龙元帅指示说：我们一定要打好、办好第 26 届世乒赛，运动员们也立志，要在家门口打场漂亮仗。

为备战第 26 届世乒赛，国家体委根据贺老总的指示，搞了一场乒乓大会战，选出 108 名运动员组成集训队，于 1960 年 12 月在北京开始了集训。集训队遵从"三从一大"的训练方针，即从难、从严、从实战出发、大运动量的训练，水平提高很快。贺龙元帅还要求体委领导到乒乓队去蹲点，在训练中实行领导、教练员、运动员三结合的办法。正当中国队员满怀信心准备在即将到来的世乒赛上横扫欧洲，与日本队决一死战的时候，匈牙利队访华给中国队带来了不好的消息——日本选手发明了弧圈球，把欧洲选手打得一筹莫展，日本队扬言要用这一秘密武器再度称霸世界乒坛。

这一新动向引起了中国乒乓球界的关注，国家体委副主任荣高棠等领导同志

① http://my.tv.sohu.com/us/4052310/1785657.shtml.

同教练员、运动员一起商量对策，国家体委体育科研所的同志们也四处搜集资料，通过分析研究和模仿试验，中国队员终于对“弧圈球”摸到了一点门道。此时距世乒赛开赛仅剩三四个月，时间紧迫，胡炳权、薛伟初等老队员毅然放弃了参加世乒赛的机会，学习弧圈球给主力队员作陪练。他们这种甘当铺路石的举动感动了全队，也带动了廖文挺、吴小明、余长春等一批年轻队员加入陪练的队伍。

一段时间之后，主力队员基本适应了弧圈球，当时日本队正好在香港访问比赛，为了进一步摸清情况，庄家富去香港进行了“火线侦察”。他在现场仔细研究了日本队员的弧圈球，认为中国队的弧圈技术掌握得很精确，同时还发现了弧圈球的弱点。庄家富的这趟“秘密出访”为中国队吃下了一颗定心丸。

1961 年 3 月 12 日，陈毅元帅和周恩来总理来到集训队看望运动员。

赛前，贺龙元帅为乒乓队做了赛前动员，叮嘱运动员在赛场上注意变化、注意关键球，鼓励他们放下包袱，争取好成绩。

在乒乓队备战第 26 届世乒赛的同时，全国各界也在为这场盛大的赛事积极准备着。当时的中国正处在经济困难时期，但为了提供理想的比赛场地，国务院还是拨专款兴建了北京工人体育馆。在周总理的亲自过问和关心下，上海文教用品公司承担了世乒赛乒乓球器材的研制工作，为了纪念容国团夺冠和国庆 10 周年，这套乒乓器材被取了个吉祥的名字——红双喜，从此，红双喜器材便伴随着中国乒乓球队走过了四十年的风风雨雨。

1961 年 4 月 4 日，第 26 届北京世乒赛开幕了。能容纳 15 000 名观众的北京工人体育馆座无虚席，周恩来、邓小平等领导同志和国际乒联的官员们出席了开幕式。中国男队最终确定的团体阵容是：容国团、王传耀、庄则栋、李富荣和徐寅生，他们一路过关斩将，在半决赛中以 5∶1 战胜匈牙利队，报了上届世乒赛的一箭之仇。4 月 9 日，男、女团体决赛开赛，两场比赛的对阵双方都是中国队和日本队。女团决赛首先开始，日本女队经过五盘鏖战，以 3∶2 获胜，实现了她们在世乒赛女团比赛中五次夺魁、三次蝉联的梦想。

女团决赛尚未结束，男团大战便在万众瞩目间开始，中国队的决赛阵容是庄则栋、徐寅生、容国团。日本队应以星野展弥、木村兴治、荻村伊智朗。

前三盘，中国队只有庄则栋拿下一分。第四盘徐寅生对阵星野，徐寅生在决胜局中连扣星野十二大板赢下比赛，这精彩的十二大板令工人体育馆沸腾了，这场比赛也成为世界乒乓史上的经典一战。

此后，中国队员越打越勇，越打越顺，容国团艰难战胜星野后，中国队终于以 5∶3击败了世界乒坛的天皇——日本队，第一次捧得斯韦思林杯。这枚男团金牌凝聚着中国乒乓球队九年的梦想、九年的汗水、九年的付出，九九归一，在第 26 届世乒赛，在中国人的家门口，中国队员将金杯高擎在手中。

这座斯韦思林杯就像中国队的一针强心剂，在接下来的单项比赛中，庄则栋、李富荣、张燮林和徐寅生包揽了男单前四名。在女单决赛中，邱钟惠苦斗五局力克匈牙利名将高基安，捧得吉·盖斯特杯，这是新中国体育界的第一块女子金牌。男团、男单、女单金牌相继入账，在第26届世乒赛上大丰收的中国乒乓队震惊了世界。如果说上届世乒赛容国团夺得男单冠军是中国队崛起的一个信号，那么在本届大赛中共获3项冠军、4项亚军、8项第3的中国队已确立了乒乓强国的地位。取得了成绩、赢得了荣誉的中国队并未就此停滞。周总理在宴请乒乓球队时帮邱钟惠算了一下她与高基安决赛的小分，是96∶98，邱钟惠还输人家两分。他提醒中国乒乓球队要保持清醒的头脑，向更高的目标迈进。

1963年4月，第27届世乒赛于捷克斯洛伐克首都布拉格举行。在这届比赛中，中国男队继续保持优势，夺得男团冠军、包揽男单前四名、获得男双金银铜牌。中国队此番出征，派出了秘密武器——直拍削球手张燮林[①]。

与男队的全面辉煌相比，本届比赛中国女队的成绩有些不尽人意。凡是有女运动员参加的项目：女团、女单、女双和混双，中国队片金未得。受到挫折的中国女将们被触动了，她们立志要在28届世乒赛上打场漂亮的翻身仗。当时孙梅英、邱钟惠等老将已经退役，郑敏之、梁丽珍、李赫男、李莉、林慧卿等年轻队员主动请缨，担起了出征28届的主力任务。孙梅英、梁友能等教练还发明了“小弧圈球”打法和“多球极限训练法”，女队员的技术有了很大提高。

1964年春节，女队邀请徐寅生来给她们讲讲怎样打好乒乓球，徐寅生的讲话在女队乃至全国引起巨大反响，这篇讲稿还得到毛主席的批示。不久，《人民日报》、《体育报》等媒体发表了这篇讲话，这篇讲稿能得到中央的高度重视和赞扬并号召全国学习，是中国乒乓球队的巨大荣誉。

1965年4月，第28届世乒赛在南斯拉夫卢布尔雅那开幕了。由梁丽珍、李赫男、林慧卿、郑敏之组成的中国女队顺利杀入团体决赛，对手正是宿敌日本队。时任女队教练的容国团排出奇阵，用林慧卿、郑敏之两员削球手出战，打了日本队一个措手不及。最终她们以3∶0战胜了蝉联四届冠军的日本女队，首次捧得考比伦杯。接着，林慧卿、郑敏之又在女双比赛中夺魁。中国女队连夺两金，从此吹响了崛起的号角。

在女队打响翻身仗的同时，男队也连奏凯歌，庄则栋、张燮林、李富荣组成的团体阵容在决赛中击败了由木村、小中健和高桥浩组成的日本队，再度蝉联斯韦思林

① http://v.ku6.com/show/7IAIDBuF4w0eGt6vsuP-7A...html.

杯，李富荣在比赛中立下了头功，在中国队首盘告负的情况下，李富荣与小中健苦战三局把比分扳平，五盘过后，中国队以 3∶2 领先，李富荣再度登场，力克老对手木村兴治，确保了中国队的领先优势，最后中国队以 5∶2 击败对手，摘得桂冠。男团比赛之后，庄则栋在男单比赛中夺魁，这是他连续第三次获得世乒赛男单冠军。再加上第 25 届容国团夺冠，中国队已连续四次捧得圣·勃莱德杯。在男双比赛中，中国队囊括了前四名，冠军得主为庄则栋/徐寅生。

在第 28 届世乒赛上，中国队取得五枚金牌，这是中国乒乓队参加世乒赛以来的最好成绩。

正当全队上下全力备战第 29 届世乒赛的时候，文化大革命爆发了。那是一场史无前例的浩劫，那是一个灰色的年代，在政治风暴的洗卷下，体委瘫痪了，乒乓队训练中断了。中国队放弃了第 29、30 届世乒赛，在世界乒坛初露峥嵘的中国队被迫退出了世界大舞台，乒乓球成了娱乐工农兵的表演项目。

最令人痛心的是，新中国乒乓事业的奠基人——傅其芳、容国团和姜永宁在这场浩劫中受尽迫害，在 1968 年相继撒手人寰。1979 年，国家体委为他们举行了隆重的平反昭雪大会，中国乒协和香港澳门乒乓界为缅怀他们的赤子之情和卓越贡献，每年都联合举办“三英杯”乒乓球赛，以慰藉死者、激励生者、教育后人。

在十年浩劫中，体委全面瘫痪，相比之下，乒乓球还是幸运的。1971 年 3 月，第 31 届世乒赛在日本名古屋开战，阔别世界乒坛六年之久的中国乒乓球队重又站在世乒赛赛场上。中国队此番派出的男团阵容是：庄则栋、李富荣、李景光、郗恩庭和梁戈亮。梁戈亮是队伍中唯一一块横板，他首创使用两面不同胶皮的球拍，即正手反胶、反手生胶，在比赛中，梁戈亮依靠变幻发球和削球的旋转打得对手头晕目眩，这支秘密武器成为了中国男队此次的镇山之宝。当时的中国队荒废训练多年，基本已无先进技术可言，他们靠梁戈亮与李景光的发挥，一路如履薄冰，终于捧得男团金杯。而由林慧卿、郑敏之、李莉组成的中国女队却没那么幸运，在女团决赛中负于日本队，仅获团体亚军。男子单项，中国队的最好成绩是男双第二、男单第三，而在女团比赛中失利的中国女队却拿到女单、女双两枚金牌。此外，林慧卿还与张燮林合作摘得混双金牌，这是中国运动员第一次获得混双项目的金牌。至此，世乒赛的七座奖杯上都刻上了中国人的名字。

在这届世乒赛上，至今仍为人们津津乐道的名垂青史的乒乓外交拉开了序幕。在世乒赛期间，庄则栋向美国队员科恩赠送了一幅杭州织绵，中美两国运动员之间这一友好的举动引起了媒体的关注。经中央批准，中国乒乓球队正式邀请美国队来访。4 月 10 日，美国乒乓球队一行 15 人取道香港踏上了中国的土地。他们除了与中国球员进行友谊赛外，还参观了中国的名胜古迹。周恩来总理亲自接见了美国队员，坦诚地回答了美国队员科恩关于“嬉皮士”的问题，他说：“我们同意青年应该尝试各种不同的方法，以求得真理。但是有一点，你应该经常设法找到和人类大多数的一些共同点，使大多数人获得进步和幸福。”几天以后，周总理收到了远在美国加州的科恩的妈妈送给他的鲜花。

20世纪70年代是中国风云动荡的时代，中国乒乓球队也在这十年间体会了世间百味。曾经作为乒乓外交的主角轰动世界，曾经撕下正胶改反胶大胆创新，曾经在政治的漩涡里几度停止训练，曾经革新技术器材给乒坛带来惊喜，最终的第35届世乒赛男团全面告负又为明天留下了无数悬念，风云过后，中兴在即，经过二十年历练的中国乒乓球队从青涩走向成熟，80年代的世界乒坛浓重地写下了中国人的精彩。

1979年，从第35届平壤世乒赛上归国的中国乒乓球队承受了很大的压力，时任中国男队主教练的李富荣更成了人们议论的中心，群众的批评信纷至沓来。近二十年来，中国乒乓球队参加世乒赛的战绩一直不错，在中国球迷的心目中，中国乒乓球队就是一支冠军的队伍，拿亚军都意味着失败，男子全面败北的第35届世乒赛，更被认为是一次“惨败”。一位球迷甚至给李富荣寄来一只剪成圆形的鞋垫，并附信说“这只鞋垫是奖给你的勋章”。面对这些来自群众的尖锐批评，中国乒乓球界“知耻后勇”，将来自各界的压力化为了奋斗的动力。大家认识到，第35届世乒赛男队失利的主因就在于打法缺乏创新，此外，面对以匈牙利为代表的欧洲两面拉弧圈球结合快攻的凶狠打法，我国的直拍快攻被动防御太多，主动发力进攻太少，针对这些弱点，中国乒协重新调整组织了集训，誓打翻身仗。谢赛克、蔡振华、施之皓和江嘉良就是这时候被选入国家队的。

1981年4月，第36届世乒赛在南斯拉夫诺维萨德开幕了。在男团比赛中，中国队与匈牙利队分别以全胜的战绩闯入决赛。匈牙利队出场的还是上届团体赛的原班人马：克兰帕尔、盖尔盖伊和约尼尔，中国队则派出了三位小将：谢赛克、蔡振华和施之皓。前五盘，施之皓独丢两分，中国队以3∶2暂时领先，关键的第六盘，由蔡振华对阵盖尔盖伊，第三局打到15平，蔡振华手握发球权，连得5分，盖尔盖伊只得摇头认输。第七盘谢赛克对阵克兰帕尔，谢赛克在先失一局的情况下连扳两局，为中国队夺回斯韦思林杯拿下最后一分。

男队打了个漂亮的翻身仗，女队成功卫冕，中国队在这届世乒赛上打了个开门红，在之后的比赛中，中国队一鼓作气，拿下了五个单项的所有金银牌：郭跃华、童玲分获男、女单打冠军；蔡振华/李振恃获男双冠军；张德英/曹燕华获女双冠军；谢赛克/黄俊群获混双金牌。

一支队伍在一届世乒赛上囊括七项锦标并包揽五个单项的冠亚军，这是世乒赛史上空前的奇迹。中国队在第36届世乒赛上大获全胜的消息迅速传遍全球,世界为之震惊,中国队用七枚耀眼的金牌向世界宣告:中国是不折不扣的乒乓强国!

中国队在第36届世乒赛上创造的奇迹是中国队员两年刻苦训练的成果,是中国乒乓球队的骄傲,也是工作在中国乒乓球界的所有教练员的骄傲。没有各省市基层体校的培养,没有无数基层教练的辛勤耕耘,没有举国体制和层层选拔制度,也就没有中国乒乓球队这支富有战斗力的集体。

第36届世乒赛的全胜战绩确立了中国乒乓球队在世界乒坛的霸主地位,而且在之后的数年间不可撼动。从1983的东京到1985年的哥德堡,再到1987年的新德里,处于中兴阶段的中国乒乓球队在这三届世乒赛上充分展示了自己的非凡实力,每届世乒赛都只有一项失手,摘得了三届世乒赛总共21项锦标中的18项,而南斯拉夫的舒尔贝克和卡列尼茨、瑞典的阿佩伊伦和卡尔松、韩国的梁英子和玄静和分别摘走了第37、38届世乒赛男双冠军和第39届世乒赛女双冠军。

但进入80年代末,中国男队的隐忧渐渐显现出来。匈牙利、捷克斯洛伐克、罗马尼亚等欧洲乒坛的老牌劲旅虽然已渐渐没落,但以瑞典队为代表的新兴贵族实力日益强大,对中国队形成了威胁。起源于欧洲的横板弧圈球打法渐渐成为世界乒坛的主流,而中国传统直板快攻打法劣势也一点点暴露出来:只能近台不能远台,只能打前三板不能相持。

此外,中国男队的人才储备也不像八十年代初期那样丰富,相反,还呈现出一些青黄不接的态势。老将如江嘉良、蔡振华竞技状态已大不如前,而王浩、马文革等一干年轻小将的实力还不足以征战世界大赛。

1989年3月,隐患重重的中国队来到了多特蒙德第40届世乒赛的赛场上,这是30年前容国团为中国夺取第一个世界冠军的地方。中国队这届世乒赛的男团的主力阵容是江嘉良、陈龙灿和滕义,在决赛中,他们0∶5惨败给瑞典队,失掉了已保存八年之久的斯韦思林杯。不仅如此,团体失利的中国男队在单项比赛中也未能用最终的胜利来捍卫“世界乒坛霸主”的尊严,男单、男双和混双冠军也分别被瑞典队、德国队和韩国队夺得。

这届世乒赛的男单冠军是瑞典的瓦尔德内尔。经历了第37、38、39届世乒赛失败的洗礼,瓦尔德内尔成熟了,他终于在第40届世乒赛上一飞冲天,在此后的十余年间,瓦尔德内尔一直是横亘在中国运动员前的一座大山。

仿佛十年前的历史在这里重演,但今天的现实更加残酷,在70年代的最后一届世乒赛上,中国男队输得只剩一条裤衩,而在这80年代的最后一届世乒赛上,中国男队竟连混双冠军也没有拿到。中国乒乓球队意识到,我们一直奉为尚方宝剑的直拍近台快攻技术落后了,在欧洲两面弧圈结合快攻的大力围剿下,只有创新,才有生路，只有创新，才有活力，只有创新，才能延续中国队过去的辉煌。十年前的中国队知耻后勇，卧薪尝胆，在 80 年代的第一届世乒赛上打了个漂亮的翻身仗，并且创造了包揽全部金牌的奇迹，如今处在同样困境的中国队还能与十年前一样用最短的时间再创造一个奇迹吗?

1991 年日本千叶世乒赛上，中国男队的主教练由许绍发换成了郗恩庭。两年前多特蒙德的失利使中国队意识到直拍快攻技术的落后，这届世乒赛，中国男团阵容中的马文革、王涛、陈志斌、张雷是清一色的横板，只有上届世乒赛男单第 3 名于沈潼是直板。可这支横拍队伍并未能给迷茫中的中国队带来曙光，在四分之一决赛的对手捷克队面前，中国男队便停止了前进的脚步，最后，仅获团体第七名。更令人痛心的是，陈志斌的横板正手弧圈竟拉不死朝鲜队金成熙的直板反手兜，在全世界范围内横向比较，中国男子乒乓球技术之落后已跌至历史最低点。而瑞典队已经成长为世界男子乒坛最为强劲的队伍，他们在这届世乒赛上不但蝉联了男团冠军，还获得了男单和男双金牌。在中国男队失利的同时，中国女队也在团体决赛中负于朝韩联队，不得不将 1975 年就落户中国的考比伦杯拱手让出。但也就是在这届世乒赛上，中国女队传奇人物邓亚萍开始了席卷世界女子乒坛的历程。邓亚萍虽然在女团决赛中输给了朝鲜名将俞顺福，但她摘得了女单冠军，从这时候起，世界女子乒坛进入“邓亚萍时代”。此外，在本届世乒赛上，陈子荷/高军和王涛/刘伟还分别为中国队还摘得了女双和混双冠军。虽然在单项上也有收获，但男、女团体的双双失利，特别是男团跌至第七名，使从千叶归来的中国队上上下下蒙上了一层灰色，中国乒乓球队进入了一段极其困难的时期。

处在困境中的中国乒乓球队正在孕育新的希望。在许绍发的大力推荐下，1989 年从意大利回国的蔡振华，在这个时候挑起了男队主教练的担子，他率领中国乒乓球队在泥泞中前行，人们以期冀的目光注视着这支队伍，希望它能早日重回世界巅峰。在当年举行的第 2 届世界杯团体赛上，中国男队在决赛中战胜瑞典，夺得男团冠军。

以孔令辉、刘国梁为代表的一批年轻小将此刻正在一步步走向成熟。1992 年，在成都举办的中国大奖赛上，年仅 16 岁的刘国梁以一招“直拍横打”技惊四座。他在这次比赛中战胜了瓦尔德内尔、金择洙等世界名将，中国传统直板快攻打法的又燃起了新的希望。1992 年巴塞罗那奥运会，蔡振华决定将男子双打作为突破口，夺冠重任就落在了王涛/吕林的肩上，他们果然不负众望，在决赛中战胜德国名将罗斯科夫/费茨纳尔获得冠军。这块奥运会金牌为中国男队的复苏吹响了号角。而邓亚萍也在本届比赛中一人独得女单、女双两块金牌，成为巴塞罗那奥运会乒乓赛场上最耀眼的明星。

在1999年荷兰世乒赛期间的国际乒联代表大会上，徐寅生让出了国际乒联主席的位置，加拿大人沙拉拉继任。沙拉拉上台后，对乒乓运动做了一系列的改革。第一项，就是改大球，在过去的比赛中，选手们使用的都是直径38 mm的小球，自2000年10月1日起，改用直径40 mm的大球。虽然只有2 mm的区别，但乒乓球的两项基本要素：速度和旋转，都因为这小小的2 mm而产生了革命性的变化。

2001年在日本大阪举行的第45届世乒赛是大球时代的第一届世乒赛，中国乒乓球队对大球的适应情况将在这里得到全面的检验。由新时代的"五虎上将"刘国梁、孔令辉、王励勤、马林、刘国正组成的中国男团，立志在这届世乒赛上从瑞典队手中把斯韦思林杯夺回来。男团比赛的结果，中国队、韩国队、瑞典队和比利时队一起进入半决赛。有老将瓦尔德内尔、佩尔森压阵的瑞典队意外地负于比利时队无缘决赛，赛后，瓦尔德内尔黯然地离开赛场，随着年龄的增长、竞赛规则的改变，曾经在乒坛翻云覆雨的老瓦不得不渐渐退出超一流强手的阵营，而纠葛近二十年的中瑞之争到此也暂告一段落；在另一半区的中国队与韩国队之间的半决赛打得异常激烈，由于孔令辉意外地接连负于金择洙和吴尚垠，中国队的年轻小将刘国正不得不在决胜盘上场，死拼韩国老将金择洙。比赛中，刘国正一直处于下风而且首局告负，在这样的不利形势下，他在两局里连扳七个赛点获胜，把中国队从悬崖边拉了回来。而这场比赛也是韩国男队距离斯韦思林杯最近的一次，在短短的一盘比赛中七次与胜利擦肩而过的金择洙走下赛场后在挡板外哭肿了眼睛。这场比赛堪称是世界乒坛的经典之战，曾担任过中国乒乓球队总教练的李富荣看完比赛后激动地对记者说："我在乒坛四十年没见过这么精彩的比赛！"

在第46届世乒赛上，国际乒联代表大会通过决议，从第47届起，世乒赛的单项和团体比赛分开在两年进行，并由不同的国家承办。同时还通过了两项新的竞赛规则：改现行的21分制为11分制和发球实行无遮挡。11分制完全打乱了运动员过去十几年练就的技战术系统，而无遮挡发球使好多过去依靠变幻的发球取胜的选手没有了用武之地。尽管国际乒联主席沙拉拉一个劲儿地强调改革不是针对中国，但这两项规则的改革确实对中国的很多选手产生了相当大的负面影响，而那些基本功扎实、以相持球见长的运动员在新规则面前仍然保持着强者的风范，世界各国一些年轻而富有实力的小将也渐渐涌现出来。

2 中国乒乓球队的第二次创业

将中国乒乓球队为新中国夺得第一个世界冠军，乒乓球此后逐渐成为中国的优势项目作为第一次创业;2002 年釜山亚运会和世乒赛失利后重整旗鼓,在 2012 年伦敦第 30 届奥运会上,中国乒乓球队继 2008 年北京奥运会,又一次包揽全部比赛的 4 枚金牌,胜利完成第二次创业计划纲要的各项任务。

2002 年 9 月开幕的釜山亚运会是大球、11 分制和无遮挡发球三项新规则全面实施后的第一次大赛。出征前,中国队主教练蔡振华给乒乓队定下了四枚金牌的任务指标,当时很多人都觉得蔡指导可能太保守了些。比赛开始不久,女队头号主力王楠就在与朝鲜队的团体决赛中失手,一人丢掉两分,致使中国女队首次失掉亚运会女团金牌。之后,王楠又在混双和女双比赛中相继失利,均无缘决赛。在最后一项女单比赛中,王楠终于找回了感觉,闯入决赛,虽然最终负于队友张怡宁,但这已是王楠在这届亚运会发挥最好的一场比赛,这时的王楠已经从失败的阴影中走出来,又恢复了"乒坛大姐大"应有的风度。

"双轨制"改革成效

自 20 世纪 60 年代以来,中国乒乓球队坚持高度集中的训练体制,取得了辉煌的成绩。进入 90 年代以后,随着我国经济体制由计划经济向社会主义市场经济转轨,我国的其他体育项目如足球、篮球等相继开展联赛,既开发了市场,提高了该项目在社会上的影响力,又为运动员开创了新的收入来源,在这样的大环境下,乒乓球管理体制也面临着改革。"双轨制"就在此时应运而生了。所谓双轨制,就是运动员以双重身份进行注册,既代表省市参加全运会和全国锦标赛,又代表俱乐部参加俱乐部联赛和其他商业性比赛。这样可以一举三得:各省市不仅参加全国比赛的利益能得到保护,还可以在运动员转会中获得收益。高水平的运动员出场影响大,广告效益好,企业有积极性。运动员增加了比赛机会,获得了企业给予的报酬,有利于稳定队伍,留住人才。

双轨制形式下的俱乐部联赛,自 1995 年以来稳步发展,已有 3 个级别,竞技水平最高的是超级联赛,共有男女各 12 个队,实行主客场制,除国家队的选手之外,一些其他协会的运动员如柳承敏、蒋澎龙等也纷纷加入中国乒乓球超联队伍,外援的加盟丰富了中国的乒乓球赛场,使联赛有了更多看点。甲 A 和甲 B 联赛的参赛队伍更多,甲 B 已有男女各五十多个队,比赛搞得越来越红火。各省市电视台都予以转播。为了开拓乒乓球竞赛市场,扩大乒乓球的影响,中国乒协还与中央电视台合作,于 1996 年创造性地举办了 CCTV 杯中国乒乓球擂台赛,此后又发展成爱立信中国乒乓球擂台赛、国际乒乓球擂台赛以及 17 岁以下国际青少年擂台赛,既有高水平的竞技,又检阅青少年的水平,还有群众参与,把乒乓球运动的竞技性、观赏性、娱乐性、知识性融为一体。擂台赛 6 年来在全国各地的中小城市举办了 100 多场比赛,通过电视屏幕传入千家万户,有力推动了乒乓球运动的进一步普及。除此之外，随着乒乓球运动在全世界的广泛开展，国际乒联职业巡回赛和各种邀请赛也越来越频繁，运动员在世乒赛、世界杯、奥运会之余参加这些国际比赛，不仅能够始终保持较好的状态，提高技战术应用水平，而且高额的奖金也使运动员辛苦的训练有了丰富的回报。

3 中国乒乓球队的第三次创业

第三次创业第一个 4 年计划将从 2012 年 9 月至 2016 年 9 月，主要任务是完成 2016 年备战奥运会和参赛任务。第二个 4 年计划将从 2016 年 9 月至 2020 年 9 月，主要任务是完成 2020 年奥运会的备战和参赛任务。其后将以 4 年为一个周期制定计划，完成周期内的主要任务，直至实现第三次创业的总体目标。

目标任务：继续保持乒乓球竞技运动在世界上的领先地位，在奥运会等国际大赛上取得优异成绩，为国争光。引领世界乒乓球运动的发展潮流，发挥国家乒乓球队和中国乒乓球学院、学校的独特作用，推进国际推广计划的实施。不断加大乒乓球市场开发力度，更多地支持和支撑乒乓球事业的发展，到 2020 年，基本形成中国式乒乓球运动职业化体系。大力开展全民健身乒乓球运动，搭建公共服务平台，加强组织建设，发挥协会作用，统筹全民健身活动，使经常参与乒乓球运动人员的数量有明显增加，参与乒乓球运动人群的年龄结构有所转变。推进体教结合，到 2020 年，乒乓球复合型人才从数量、结构、素质上有明显的改善，实现 15 岁以上少年乒乓球运动员完成 9 年制义务教育，90％的国家队教练员的文化(程度)达到大学水平，全国教练员 70％达到大学水平。乒乓球文化、科技、宣传等取得更大的发展①。

国球的三次创业，已经从提出概念、自我实施的阶段，进化到了“媒体助力”、“摇旗呐喊”的阶段。

① 中国乒乓球协会官方网站. 中国乒乓球运动第三次创业计划纲要(讨论稿). http://tabletennis.sport.org.cn/home/xhgg/2014-06-19/440740.html.

07 第七章 乒乓球文化在现代中国的传播方式与特征

美国《时代周刊》在1971年的封面用"China：A whole new game"的标题报道中国乒乓球运动的发展。确实在中国没有哪项运动能像乒乓球一样在世界体坛不断创造奇迹，不断揽金夺银，为中国体育在世界舞台树起一面又一面辉煌的旗帜。也没有哪项运动能如此风靡亿万中国人，传播到中国的每个角落，不论城市还是乡村，不论政府要员、商贾明星，还是普通老百姓，都可以看到乒乓球运动的身影，乒乓球是如此深刻地介入和影响到中国社会，掀起了一波又一波的高潮。

第一节 人际传播的方式与特征

作为人类最常见、最重要、最直接、最复杂的社会行为之一，人类社会的诞生和发展、文明的孕育与传承、生产生活的维系与运转等等在很大程度上都依靠着人际传播。乒乓球的萌芽与发展，首先就是建立在自我传播的基础上，其表现形式则以人际传播为多。在现代中国，乒乓球已经深入中国社会，产生了广泛的社会影响。无论是对抗性的乒乓球单打还是需要配合的双打，无论是与教练的场下交流还是人际互动的全民健身，无论是亲人朋友之间的乒乓球游戏，还是拜师学艺、各地交流，抑或是乒乓球文化展览，服务员的详细介绍，乒乓球的人际传播在诸多方面都得以表现。从乒乓球在现代中国的具体实践中我们可以看到，在乒乓球文化的全部过程中几乎都有人际传播相伴随，可以说乒乓球传播其外显性的最直接体现就在于它的人际传播。乒乓球运动的人际传播在于反馈信息及时，互动频繁，最大的优点就是通过手把手的言传身教，很容易把独门技术传授下去，中国乒乓球运动的发展，靠的就是技术上的不断创新和发展，不断充实和完善着乒乓球运动的各方面技战术。人际传播尤其对初学者来说，他们首先的途径主要通过人际传播而达到技术上的认识，但人际传播的弱点也显而易见，相对来讲比较封闭，人际交流整体的面难以扩大，而且进展缓慢。

人际传播是人们完成乒乓球运动并使乒乓球技术日臻纯熟的内在需求，同时也是人们了解乒乓球历史和文化的一种有效途径。非正式的人际交流是人们提高运动技巧、获得乒乓球文化教育、获取一切相关信息的最有效的信息传播方式，就目前而言，虽然各种现代化的电子媒介已经十分发达，但是就乒乓球技术方面，运动员在进行训练中，教练员、队友、朋友、亲人之间等人际化的交流仍是其技术水平提高最有效的方式。乒乓球人际传播是一种较普遍的、较常见的人际传播活动，通过这种形式传播者可以有效地向他人展现自我、在他人的反应中认识自我，以人际互动中的信息来消除自我评估的不确定性，与此同时频繁地与他人进行的人际接触有利于了解他人进而加深对社会的了解。乒乓球爱好者通过球艺交流，了解彼此的优势和缺点，同时进一步加深了对自身与他们的一种深度认识。人与人之间的亲身传播也是一种真正的心灵的交往，个人能够摆脱精神上的孤独感，使心情得到愉悦，使精神状态得以提升，也构成了心理压力释放的渠道之一，这种交往能够满足人的深层次的精神和心理需求①。这也是为什么众多的乒乓球爱好者经常奔波，不辞辛苦，到处交流，拜师学艺的原因之一。

人际传播作为一种乒乓球文化传播的形态，在当代依然非常重要，并且也会在相当长的时间一直存续下去，当然，随着乒乓球爱好者和群众活动人数的增多，单一的人际传播方式显然不能满足乒乓球与时俱进传播的要求。

第二节 ☞ 群体传播的方式与特征

群体的形成对于社会而言具有重要的意义，它既是人们生活的单位，又是社会的基本结构。群体作为社会的中观系统（或者“局部社会”）而将个人与社会联结起来。群体还通过一些特殊意义与规范产生了群体中的文化共识，这些意识又成为了联系群体认同的纽带。

在体育传播中，无论是在大众乒乓球运动还是专业队层面上的乒乓球竞技，经常在一起打乒乓球的人群往往构成了一个初级群体，这个乒乓球群体的维系则以

① 林志红，陈红. 体育传播：运动媒介与社会[M]. 北京：中国传媒大学出版社，2006：80-81.

乒乓球运动过程中的传播为根本，因此乒乓球群体存在的过程也就是传播的过程。乒乓球群体是一个较为特殊的群体，这一群体又分为乒乓球活动群体、乒乓球受众群体和乒乓球组织群体、乒乓球教育群体等。对于这四个主要群体而言，又有其各自的特点和群体规范。乒乓球运动群体因体育而将其成员集合起来，我国乒乓球运动群体在现代有着较为广泛的范围，有国家队、各省市专业队，也有大中小学的乒乓球队，也有各行业各单位不同的乒乓球运动队伍，各自目标有着鲜明的区别，国家队是尽可能获得更多的荣誉，夺取优胜，而中小学的乒乓球运动群体的目标就是为校争光，提升学校影响力等等，而工厂企业的乒乓球运动群体的目标有的是提升他们企业形象，目前，我国国家队有一线、二线梯队，每个省市几乎都有乒乓球专业队，大的学校和企业也有乒乓球队伍。他们的目标呈现多样化。当然这些目标都受到有形的乒乓球规则的限制，群体成员在一定时期内相对比较固定，如国家队一线二线队伍的编制基本固定在一个数目范围，实行淘汰优选的方法。这些群体成员彼此间在乒乓球运动方面的了解程度较深(如对每个队员的技术特点、战术运用习惯、个性性格、机能状况、运动情绪、发挥表现状态，等等)。在此基础上，群体成员在训练场和赛场上通过彼此间的相互作用而逐渐形成了特定的传播习惯、传播方式、判断准则、行动规范等，这些因素的潜移默化和不断巩固则形成了特有的群体规范，这些规范在一定程度上增加了群体的凝聚力和处理不确定情况的效率。2010 年 5 月 25 日，在莫斯科举行的第 50 届团体世乒赛，著名乒乓球教练员姚国治做客 CCTV-5 对比赛进行了点评。他说很多队员相比单打项目更倾向于喜欢打团体，姚解释说："单打比赛是孤军作战，压力大，而团体代表国家征战，有一个荣誉感在里面，老将新人一起奋战，大家相互鼓励，相对来讲压力更小一些"。体育受众群体稍显复杂，他们可能是在乒乓球竞技赛场临时结成的小群体，也可能没有组织较为松散的球迷协会，还有可能分布极广的通过乒乓球运动形成的媒介受众等等，前两者更容易形成群体规范，而后者则有着多变复杂的情况。乒乓球组织群体是体育比赛的组织者形成的群体，所以这种群体不同于组织，而更多的是建立在人际传播基础上的非组织性的隐形群体。在现代我国，乒乓球的组织繁多，级别和组织水平也存在很大的差异，这种群体的成员因特定的群体意识和群体认同而持续群体的状态，在处理乒乓球突发以及对情况的判断上有着相近性，如对规则的理解，对运动员资格认定，对组织比赛的把握和达到何种组织标准，他们在其内部形成了一定的群体规范，新加入群体的成员能够在为人处世中逐渐感受到并趋同于这样的规范，从而摆脱个人的孤立而融入传播。乒乓球教育群体，在我国现在最常见的就是乒乓球运动学校或大学，如我国唯一的中国乒乓球学院，著名的中国乒协乒乓球运动学校、上海曹艳华乒乓球学校，保定乒乓球学校，等等，当然还有很多省市的体育运动职业技术学院，这些亦文亦武，读书修炼，当然，在很多师范类高校也有乒乓球系或乒乓球专业，他们是正规而又高级的乒乓球教育群体，进入这些学校学习的，一部分人就是练习乒乓球技战术，一部分人接受的教育就是如何做培养人的教师，另一种就是专业教练。对乒乓球来讲，乒乓球文化群体传播方式，也是通过大中小学的普及，来达到乒乓球文化传播的广度与深度。

第三节☞ 组织传播的方式与特征

组织在现代社会中扮演着越发重要的角色，甚至社会组织化的程度已经成为了现代社会发达程度的标志之一。随着社会的不断向前发展，现代乒乓球运动的组织化日益完善和分化。我们已经看到，当今中国各种各样不同形式的乒乓球组织分布于各地，对乒乓球运动的开展和乒乓球文化在我国的传播发挥着相当重要的作用。乒乓球组织的建立健全过程就是我国对乒乓球文化认可的一个发展过程，也是对乒乓球功能与形式的开掘与发展过程，在这一过程中传播以一种渗透式的状态发挥着极其巨大的作用，使得体育组织内部、体育组织之间以及体育组织与媒介的关系形成一种既潜在又显在的传播关系。乒乓球的组织传播是基于乒乓球组织所进行的信息传播活动，这种活动的开展以乒乓球的组织目标的达成和组织功能的实现为核心，乒乓球组织成员以此为基点在成员之间和乒乓球组织与外环境之间进行信息传播以协调组织关系，服务于乒乓球组织的存在和发展。乒乓球组织传播的立足点在于乒乓球组织的形式及其内部成员，传播的方式集合了人内传播、人际传播、群体传播以及通过媒介进行的内部信息交流。这样的交流能够在最大的程度上使乒乓球组织的结构得以激活，并通过乒乓球组织对成员的集合扩大效应而实现乒乓球的组织目标。乒乓球组织传播的可信性与其组织的权威性密切相关。

在1949年前的整个乒乓球引入的这个时期，中国一直没有参加过乒乓球的世界比赛。1936年2月，国际乒乓球联合会诚邀中国加入为会员国，但是当时我国受困于内战的阴影等其他原因，未能加入国际乒联，一直引为憾事。直到解放后，党和政府非常重视体育工作，1952年中华全国体育总会乒乓球部加入国际乒联，随后成立了国家乒乓球队。1953年，中国第一次派代表队参加第20届世乒赛，世界乒坛第一次出现中国人的身影。1955年中国乒乓球协会成立，协会下设六个专项委员会:竞赛委员会、教练委员会、器材委员会、少年委员会、科研委员会、新闻委员会。

1959年，在第25届世界乒乓球锦标赛男子单打比赛中我国运动员容国团一举夺冠，这是中国有史以来的第一个世界冠军，在中国的体育事业具有丰碑作用，容国团夺冠消息传来，极大的振奋了民族精神，国民举国欢庆，在国际上产生了较大的影响，也使中国政府看到可以通过体育来提升国际政治地位的途径。于是，以国家乒乓球队为龙头，各省市专业队为后备，各区县及以下成立业余体校，强大的群众后备力量以及专业的训练体制和全运会竞赛体制，充分发挥中央与地方的积极性，系统训练。中国的乒乓运动已成为建设社会主义的一项主要任务和工作，是中国体育事业中的重要一环，乃至在世界体育事业中业占据着重要地位。随着社会经济体制的转轨、体育战略的调整以及世界乒乓球运动职业化、商业化的发展，1994 年 3 月 31 日，国家体委乒乓球运动管理中心在北京成立，它是中国乒协专职管理的职能部门和组织结构。其目的是统一管理和协调全国乒乓球界的一切工作，也是乒协逐渐迈向实体化发展的第一步和具体实践的开始。同时省市级以下的乒乓球管理中心或乒乓球协会也宣告先后成立。实现了乒乓球管理的重大变革[①]。1995 年乒乓球协会开始实行俱乐部赛制。在一九九八年首次推行了主客场制。我国乒乓球俱乐部分为以下几种形式：①体委与企业联办，以体委为主；②体委与某一企业合作经营，以企业为主，体委协办形式；③企业独办形式；④事业单位办形式；⑤体委办形式。

中国的体育政策为举国体制，以国家资源为保障，以国家体育总局为中心的管理体制，专业运动队的训练体制，全运会为中心的竞赛体制三位一体的管理体制。所以我国的乒乓球组织，在专业队方面主要就是国家队、省市专业队、各区县等少体校为庞大的基层组织。中国乒乓球协会负责协调一切乒乓球界工作，各省市及区县以下都有相应的乒乓球组织或协会，负责组织与开展群众性的乒乓球工作。不论在高校还是中小学都有相应的乒乓球组织结构，大的企业和行业都有完备的组织，都定期或有规律的组织开展比赛。

乒乓球在中国的组织传播从根本上来说，是国家主体也即举国体制，通过“自上而下”的行政手段和各种力量，整合全国资源来推动发展的，“为国争光”、“为祖国荣誉而战”的价值取向，国家和民族利益是最根本的出发点和落脚点。

第四节 ☞ 大众媒介传播的方式与特征

大众传播是一种公共传播，它通常通过专业化的媒介组织，运用现代化的传播

① 乒乓世界[J].1993,(4):6.

媒介，如杂志、报纸、广告、电视、网络、电影、DVD、网络、博客等等。大众传播特征如下：①依赖于各种不同的媒介传播信息；②大众传播所传递的信息对社会和大众都是一种公开性的，不同受众可以采取不同的方式获取，受众难以确定；③大众传播的信息与受众的互动性有限，单向传递的居多；④现代科技的发展，使大众信息传播的速度、广度和深度都不断拓展；⑤大众传播的内容已经由之前的专业传播机构或个人变为受众和传播者。

大众传播媒介之一的报纸是乒乓球大众传播一种重要的传播方式，它比较便宜，普通人很容易获得，报刊的保密性也比较强，有些有用的信息可以保存许久，远比广播、电视时效性强，受众随时可以翻看，还有报刊的选择性比较强，读者可以随意翻看一些有用的信息；广播在现代中国电视还没大量出现时也是一种最为广泛的传播方式，它声情并茂，时效性强，影响面广，它的渗透力也大，不受时空限制，不受观众文化水平限制；电视是目前乒乓球大众媒体传播非常重要的方式，它的现场感强，形象真实可行度高，也具有很强的说服力、感染力，时效性强，电视运用电子技术传送声音和图像，兼容多种空间艺术和时间艺术之所长，通过电子编辑手段对各门类艺术进行再加工、再创造，具有灵活性和综合性。电视新闻不同于报纸新闻、广播新闻。作为平面印刷媒体的报纸以解释和分析新闻事件见长。以电波为载体的广播新闻以迅速性、即时性见长。电视新闻的优势在于报道新闻事件时图像与声音的同时传输。它不仅仅只有广播新闻的迅速性、即时性，更重要的是电视新闻是通过图像传达出来逼真的现场方面、是报纸新闻和广播新闻不可比拟的。电视新闻中，特别是在体育传播报道的过程中、来自新闻现场栩栩如生的画面带来的传播效果比记者用一大堆的形容词要更加直接、更加生动。电视实现了人类“千里眼”“顺风耳”的梦想，给了他们一个“亲眼看、亲耳听”的机会。卫星电视使世界生成了一个村落，在很大程度上实现了麦克卢汉的“地球村”构想，人们可以实现信息即时共享，对周围发生的重大事件形成全球性的关注。对于乒乓球比赛而言，人物的形象、动作和语言，整个现场的环境都能第一时间看到和感受到，这些报纸、广播都无法比拟。

我国乒乓球文化主动利用大众传播方式的历史从乒乓球传入时候就已经开始了。各类报纸杂志对乒乓球报道很多。1965 年 4 月 26 日当天就有《人民日报》发表社论《欢呼我国乒乓健儿的卓越成就》，《解放军报》发表《更高地举起毛泽东思想的红旗，向我国乒乓球队那样活学活用辩证法》，《工人日报》发表《向为祖国争得荣誉的乒乓球健儿致敬》，《祖国青年报》发表社论《高举毛泽东思想旗帜胜利前进的榜样》，《光明日报》发表社论《为我国乒乓健儿空前大捷欢呼》，还有《体育报》《北京日报》《大公报》《解放日报》《文汇报》等我国重要的报纸都作了相应的报道。这些

《体育报》对乒乓球世界锦标赛新闻传播内容数量示意图(单位:条)

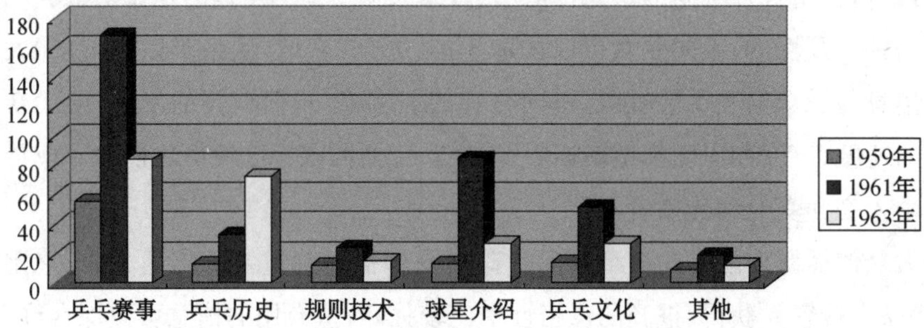

图 7.1

报纸对乒乓球的传播内容为赛事报道最多，其次是乒乓球的历史，从 1959 年、1961 年、1963 年笔者统计了《体育报》对世界乒乓球锦标赛传播内容(图 7.1)可以看出传播的不同比例情况。现代性的报纸对乒乓球的报道也非常多，不同层次不用类别的报纸对乒乓球相应事件都有涉及和报道，不过遗憾的是，直到现在，我国专业性的单项报纸《乒乓球》也未见出炉，而我国《足球》早在 1979 年久已经创刊成立，距今都已经有 32 年历史了。

目前我国的乒乓球专业单项杂志《乒乓世界》于 1981 年在中国体育报业总社的领导和帮助下，创刊和出版，这是我国唯一的乒乓球专项杂志，它其实脱胎于我国历史上第一份单项运动杂志:由上海中国乒乓研究会编写的《乒乓世界》。《乒乓世界》的内容主要涉及到乒乓球人物、赛事、技术、器材和群众性活动。最近几年还推出不同的栏目以满足不同的读者需求，深受读者喜爱。

在乒乓球电视媒介方面，适逢奥运会乒乓球比赛，或乒乓球锦标赛、世界杯、国内的超级联赛等重要赛事，中央电视台 CCTV-5 都给予了专门报道，各地方电视台也适时转播，一些电台和广播也通过他们的平台及时发布消息，电视促进了乒乓球文化的传播。

网络目前在我国已经成为乒乓球文化传播最全面最丰富的媒介，目前中国乒协网站主要包括乒乓快讯、协会介绍、赛事档案、经典藏品、明星风采、大事记、国际乒联、乒乓杂志、乒乓课堂等主要的链接内容。由北京三鼎体联网络科技有限公司创建的中国乒乓网全方位的、多层次的介绍各种大型乒乓球赛事、同时配合赛事在网上推出各种互动性的活动并提供网络销售、网络广告和网站建设等服务。作为网站资方之一的北京三鼎体育有限责任公司是国内著名的乒乓球赛事公告推广商。随着互联网的影响逐步扩大，三鼎公司富有远见的将赛事推广的手段延伸到网络上来。中国乒乓网丰富了赛事宣传的手段，更好地促进了乒乓球赛事的推广。

同时，中国乒乓网还将把网络的优势应用到体育技术的开赴、咨询，服务以及器材的销售中去[①]。

《乒乓世界》杂志还有官方网站 http://www. sports. cn/ppworld/ppsj/index. html，具体包括了中国乒乓球协会的介绍、咨讯（包括官方公告、独家报道、器材天地、博乒精华、技术交流、粉丝阵营等）、有奖评刊、发行网络、精彩视频、还有网络版的《乒乓世界》，可以提供部分在线下载和观看，以及论坛。关于乒乓球的网站还有小鱼儿乒乓世界（http://www. fishtt. com），球迷王国（http://www. uf-tt. com），精英乒乓网（http://www. pingpang. info）等等。

传播媒体的广泛介入，特别是电视、网络等不同的传播媒体采取各种各样的传播方式来提高传播的效果，从而赢得了大众，也对乒乓球文化的宣传起到了巨大的推动作用。

① 王大中，蔡猛. 乒乓球文化·技术与传播[M]. 北京：广播电影学院出版社，2004：230.

08 第八章 乒乓球文化

第一节 文化及中华文化

1 文化的定义

关于文化的定义，有许多不同的观点，一百多年前，英国学者泰勒曾经给文化下过这样的定义："文化是一个包括人在社会中所习得的知识、信仰、美术、道德、法律、风俗，以及任何其它的能力与习惯的整体"。现在社会学家对于文化的界定大多与此相似。对其丰富的内容可以分成：物质文化与非物质文化。前者是有形的，后者是无形的。

物质文化是指人们所创造出来所使用的器物、工艺产物。它包括：小如筷子、刀叉，大至摩天大厦与桥梁等。社会学家对物质文化较有兴趣者包括：设计创造该有形物的目的为何？为何大家竞相购买该物？以汽车而言，它既不好也不坏，其好坏全依使用者的需求而言。又如，现时有些青少年穿鼻环耳环，是为了参与流行风尚的动机。

非物质文化是指导人们互动与解决困难的知识、信仰、价值和规范。例如：结婚戒指是一种物质文化，但是结婚戒指的意义远远超过其物质层面，它代表着一种信仰、承诺和誓言，非物质文化深深包涵在其中。

2 文化的特性

(1) 象征性:文化的象征性指一切具体文化现象都只不过是一定文化类型的反映或象征。比如,石斧反映了原始社会人类制造工具的能力和技术,因此,它是原始社会文化的象征。又如,太极拳是中国体育文化的象征,相扑是日本体育文化的象征,瑜伽是印度体育文化的象征,等等。

(2) 复合性:文化的复合性是指文化现象有一系列内在联系的文化现象的组合。如宗教活动,就包括了宗教教义、宗教仪式、宗教建筑、宗教组织等宗教文化现象。

(3) 多样性:文化的多样性主要是指不同国家、民族、社会团体、小区都有其独特的文化。如东方文化、西方文化等。

(4) 共享性:文化的共享性是指文化具有为一个群体、一个社会乃至全人类所共享的特性。如文化具有了渗透性和扩散性,传递性和继承性,习得性。正因为文化具有以上的特性,文化才能为他人和后人所共享。

3 中华文化

曾仕强教授认为,"中"说到底就是合理,中国就是处处讲合理的国家。"中华"实际上源于《易经》的太极观念,"中"就是太极,而由太极演化出来的所有东西就是"华"。"华"是会变的,但"中"却不变,这就是"万变不离其宗"。到底什么可以代表"中华文化"?有没有一种东西可以全权代表中华文化呢?为什么?曾仕强教授认为,中华文化是"空无多有"。中华文化无法被一种东西完全代表,但样样东西都是中华文化,这正是中华文化的特点,一方面既变化万千,却又万变不离其宗。

中国传统文化的特质,主要是在儒家思想中得到最集中的体现。具体地说,就是儒家的以"仁"为中心的道德体系和以"礼"为中心的教化体系。一些学者指出,中国传统文化强调的社会人格,它的主题是伦理道德。中国的人文思想蕴含在人情的关系中,巧妙地取消人的独立性,把人变为道德工具。中国人的价值判断是与善连在一起,凡符合道德原则的就是好的,而西方民族的价值判断是与真连在一起,只有符合真的原则才是好的。

学者梁漱溟指出,西方文化是向前看的,以个人为本位,追求物质利益,崇尚科学和民主。中国文化是注重现实的,注重社会问题,注重人与人之间的关系。

中国文化的特质可以概括为:统一性、连续性、非宗教性(人文精神)、泛道德性、中庸和平、乡土情谊。

第二节☞
体 育 文 化

体育作为一种社会现象一直伴随着人类社会的发展而不断演进，然而，自1760年，体育一词出现以来，各国学术界对体育概念的讨论就一直没停止过。有的研究通过对中、日、美、英、前苏联等国家体育概念的比较分析，总的看来，世界各国一般都把体育看做教育或文化的一个组成部分的结论。因此，从文化的视角切入，是讨论体育文化的概念、含义和功能的逻辑起点。

1 体育文化概述

体育文化则是关于人类体育运动的物质、制度、精神文化的总和，大体包括体育认识、体育价值、体育理想、体育道德、体育制度和体育的物质条件等。各种运动形式（如奥林匹克运动项目）、各种竞赛规则、运动服装、运动场地、运动器材以及奥林匹克仪式、奥林匹克精神，等等，都属于体育文化。

(1) 体育文化包括三个层面

体育文化的心理要素——即文化的精神、观念层面，有时称之为精神文化；

体育文化的行为要素——即文化的行为方式、制度规范层面，有时称之为行为制度文化；

体育文化的物质要素——即文化的物质实体层面，有时称之为行为制度文化，包括凝结体育文化物质的各种物质产品。

一般而言，物质文化是最表面的层面，行为制度文化次之，精神文化是内核。

(2) 体育文化的表现形式

从体育的不同活动主体、不同活动方式、不同活动目标来分析，体育文化表现为：学校体育文化、竞技体育文化和社会体育文化。

从体育的空间分布来看，体育文化既可以从最大的方面表现为东方体育文化和西方体育文化，也可以从较小的方面表现为企业体育文化、社区体育文化、军营体育文化、校园体育文化和村镇体育文化，等等。

体育文化从内在品质上表现为体育观念、体育思想、体育理论、体育科学、体育精神、体育艺术、体育道德、体育法规和体育风尚等若干方面。

从体育活动所依附的文化载体上看，体育文化表现为体育场馆文化、体育用品文化和体育影视文化等若干方面。

从体育发展演进的历史过程来看，体育文化表现为古代体育文化、近代体育文化和现代体育文化三大类。

(3) 体育文化起源的历史背景

自古以来，人们把文化分为东方文化和西方文化。世界文化又大致可分为四大体系，即汉文化体系、阿拉伯文化体系、伊斯兰文化体系和欧洲文化体系。在这四大文化体系中除欧洲文化外，其他三大文化体系都在世界的东方。由于地域等多种因素，即使是上述三大体系的文化，各地区同样也呈现出不同的文化特征，但也存在相互交叉、认同的现象。

黑格尔在评论世界文化发展时指出，当黄河、长江流域已经孕育精美辉煌的古代文化时，泰晤士河、密西西比河、莱茵河上的居民还在黑暗的原始森林里徘徊，这表明了东方文化有着悠久的历史。然而，在几百年的历史演变中，东方文化发展缓慢，甚至停滞不前。所以，在很长一段时间内东方文化滞后于西方文化。

体育的历史与人类历史一样悠久，在人类文明的历史长河中，体育文化是一个逐渐发展的过程，是人类整个文化的重要组成内容。然而人类在与自然的斗争中，在很长一段时间里对体育文化的认识处在不知不觉之中。

历史资料表明，真正感受到体育文化对人类社会发展产生直接影响，还是在19世纪中叶的欧洲文艺复兴之后。特别是20世纪中叶以来，随着世界整体科学的发展，体育科技工作者得到不少新的启示。从此，许多学者更多的从体育哲学、人文社会学角度开展了广泛的研究，并逐步地由感性认识向理性方面发展。

早期的体育，尽管人们生活在不同的地域环境，有着不同的生活习惯，但创造的体育形态、性质和目的基本上是相同的。人类为了生存和延续，学会了跑、跳、投、攀爬等技能和生产劳动知识，并作为一种社会文化现象代代相传。随着时间的推移，逐渐形成了今天如此灿烂夺目的体育文化。

2 中国传统体育文化

中国传统体育文化能够绵延数千年根本原因在于它们蕴含着深刻的东方哲学，揭示出人与自然相互依存的关系。主要表现在：

(1) 天人合一，顺应自然

“天人合一”是传统哲学中一个极为重要的观念，强调了天人之间的统一性与合理性。我国传统体育科学理论的构建直接来源于天人合一的哲学思想，阴阳理论在传统体育文化思想中根深蒂固。最能代表中国传统体育文化的体育项目是太极拳。太极拳的全部运行机制，都是按一物两体、和谐稳定的模式来进行的。所以说，传统体育追求的不是人与自然的对立、挑战与对抗，而是强调两者的融合与顺遂；追求身体与精神在同一过程中得到颐养。

(2) 礼仪为先，道德先行

"礼"是中国传统文化价值体系的中心范畴和文明进化的主旋律。中国传统体育作为传统文化的组成部分，必然受制于礼文化的约束。"礼"和"让"一直伴随着中国传统体育文化的交往活动。即便是在较为激烈的武术竞技中，也只能是"点到为止"。因此，在传统体育文化中难以看到激烈而震撼人心的对抗场面，通常只是在一定范围内技艺的切磋而已。

(3) 修身养性，愉悦身心

传统体育着重于修身养性，愉悦身心，而轻于定时定量的运动规程和模式，以及对人体极限的冲击。内外兼修，形神兼备，注重武德是武术文化的第一宗旨。愉悦身心、宣泄情感是传统体育文化的表现形式之一，民间的体育和女子体育尤甚。

(4) 心静神凝，延年益寿

传统文化把心理平衡、延年益寿、生活情趣构成了一个互感的有机体。它认为，如果一个人无欲无求，少思少虑，退避自守，在心理上也就能清静空灵，在生理上也就能长寿。中国传统体育文化是以儒家"天人合一"为哲学基础，以保健性、技艺性和表演性为基本模式，以崇尚礼、宽厚、平和为价值取向的体育活动。

3 中西方体育文化比较

(1) 体育精神文化的比较

从整体上说，中国古代文化是追求静态美的文化，西方传统文化是动态文化。这决定中西方体育形态和体育价值观的实质性差异。

在中国传统的历史文化中，不论是儒家、道家还是佛家，对人的存在注重的是人的内在气质、品格和精神修养，而把人的身体视为寓精神、气质之舍，是表现人的内在品质，这就使中国传统的体育价值观投射出十分明显的重人格倾向。

作为西方体育文化的典型代表，古希腊的体育精神文化与中国传统体育精神文化大相径庭。主导古希腊人的哲学观是天人相对、天人有别；人生观是求价值、谋进取、趋极端。尽管古希腊人也认识为身体美和精神美应该相对，但强调的是两者的和谐统一。古希腊人心目中的理想人物是血统好、发育好、比例均匀。在古代奥运会举行的数千年间，古希腊人一直保留着赤身裸体参加竞技比赛的习俗，以展示外形的健美和肌肉的发达，就是西方传统体育精神文化的如实写照。

(2) 体育行为制度的比较

由于体育文化精神层面中的体育思想、价值观等占主导的作用，中西方体育行为制度文化是大不相同的，主要表现在人们对体育运动手段和方法的认识上，体现在体育行为和体育生活中。

中国传统体育以养生为主，注重养。古希腊古罗马的西方竞技体育，最初就是一种展示城邦实力的邦际语言，是比较体力、智力、经济能力和展现城邦精神的重要舞台。后经过文艺复兴和工业革命，在工业生产、市场竞争的社会条件下，这种竞技体育以城市为中心发展起来，并逐渐形成以竞技运动项目的竞赛为特征的一种体育文化。

(3) 体育物质文化的比较

由于体育物质文化是精神文化通过人们的体育实践在物质产品上的体现，与体育行为制度文化密切相关，因此中西方体育文化在精神层面和行为制度文化上的差异，必然导致诸如体育场地、设施、器械和装备以及锻炼与运动的环境等体育物质文化的不同演进和发展历程。

中国传统体育精神文化中占主导地位的是重人格的体育价值观，相应的体育行为是以个体活动为主，活动形式以徒手为多，而对抗激烈的、竞争性强的项目较少。西方体育文化恰恰相反。

第三节 ☞

乒乓球文化解读

研究乒乓球文化，需要对乒乓球文化的理论框架进行深入系统的分析，必须对乒乓球文化的概念、外延与内涵、乒乓球文化的特征与功能等过程加以论证，使人们对乒乓球文化有一个较为清晰的认识。文化有着极为广泛的概念，据统计，在人类学的鼻祖泰勒对文化最先界定之后的 1871 年至 1951 年期间的 80 年间，文化的定义已经达到 164 条之多，目前，文化的定义已经达到 200 多种。可对它的严格和精确定义迄今为止还没有令大家公认和满意的结果，虽然包括众多的哲学家和人类学家及其相关研究者，一直在努力尝试，试图从不同角度和不同的视角来界定文化的定义。《辞海》把文化分为广义和狭义两种来分别解释[①]。体育文化作为文化一个分支，但同时又具有体育本质特征的属性，对它的概念理解也是纷繁复杂、莫衷一是，目前也未形成较为一致认可的表述。如卢元镇也对体育文化进行过探索

① 辞海[M].上海：上海辞书出版社，1984：1533.

和定义①。体育是人类长期实践而创造出来的成果，体育运动蕴含了文化因子，呈现出文化的一些明显特征，体育与文化具有不可分割的关联。

20世纪90年代中期，乒坛国手出色的宣传者王鼎华就首先提出号召体育界来研究"乒乓球文化"的命题，以便挖掘和弘扬中国乒乓球的精神。乒乓球作为体育的一个运动项目，其文化特征是以体育文化为基础的，乒乓球文化由文化及体育文化相结合而成。在对乒乓球文化进行定义，必须根据文化的概念和定义，同时也须结合体育文化的特征以及乒乓球运动的专有特点，进行合理的逻辑推导，以便符合实际，并能涵盖两大概念的内涵与外延。

1 乒乓球文化的概念

(1) 乒乓球文化的现象描述

乒乓球运动是智能、技能、体能三者兼容以智能为主隔网对抗的运动项目，孙麒麟教授认为："小、巧、灵"是乒乓球运动最为显著的特点。而乒乓球文化隶属于体育文化的范畴，随着乒乓球运动的发展而形成和发展起来的，具有非常鲜明的文化内涵。乒乓球运动起源于19世纪末的英国，它从网球运动得到启发，发展演变至当代奥林匹克运动大家庭的重要一员，21世纪的今天，乒乓球文化的内涵和外延都得到了极大的扩展。随着乒乓球运动在全世界的广泛开展，其也为乒乓球文化的发展奠定了更为坚实牢固的基础。

乒乓球文化主要包括围绕乒乓球运动项目而形成的乒乓球自我观、价值观等各种观念和各种思想和认识，以及乒乓球运动的技术、战术和相关的规则、制度和组织和器材设施，以及在乒乓球发展过程中各种辅助活动的总和。

(2) 乒乓球文化的操作定义

乒乓球运动是为满足人类对运动的特定需求而设计的特殊活动，其发展受到一定社会经济与政治的条件制约，它是一种有组织有意识的社会活动，与此活动有关联的一切活动方式的总和表现出一种特有的文化现象。

乒乓球运动及其场地、器材、设施、产品等是乒乓球文化实实在在存在的可触摸、可感受得到的物质载体。乒乓球运动发展至今，人们对这项运动的投入和参与热情，也是乒乓球文化制度和相关设施等方面全方位发展进步的必然因素。乒乓球文化的形成过程是乒乓球运动从最初的游戏发展成为完整文化体系的一个逐步演变和成熟的变化历程，整个发展历程一系列的事件是非常宝贵的财富。人类创

① 卢元镇. 中国体育社会学[M]. 北京：北京体育大学出版社，2001：226.

造了体育，也创造了体育文化，作为一种社会文化现象的体育，是文化的重要组成部分和表现形式，它在社会活动中获得诞生，又作为社会文化的一种活生生的创造而演化。社会文化必然制约和影响着体育文化的发展，而体育文化丰富了社会文化的内容和内涵，随着社会变迁在体育文化上的反映，乒乓球文化是体育文化的一种，当然在一定程度上就成为社会文化的具体缩影①。

综合文献资料的搜索与整理，对有关专家召开深入访谈及座谈的形式，充分征求不同学者的意见，聆听来自各方面的声音，认真总结与逻辑分析，考虑到便于本研究的顺利进行，设定本研究的操作概念。本文认为乒乓球文化是人们在社会实践中所形成的乒乓球运动方式及创造的物质财富与精神财富的复合体。

(3) 乒乓球文化的分类

如何科学的对乒乓球文化进行分类，关系到对乒乓球文化的更好理解及其发展，当然也有助于乒乓球文化含义的体现及其补充。本书认为对乒乓球文化的分类主要从以下四个维度展开进行，即器物层、行为层、制度层、精神层。

器物层属于乒乓球文化的表层，指的是其物质层，它包括器材和设施以及有形的实物。器材主要包括乒乓球拍、球鞋、服饰、球、球台和乒乓球相关的一些杂物，包括计分设备、最早的木板上的游戏器具及游戏实验器具、计分板、计分簿、计分卡、大型计分簿、乒乓球保护器、捡球装置、乒乓球相应的标签、计时器、专业桌椅、科研器材等。设施主要包括乒乓球运动及比赛的专业场馆或主要练习场所、场馆的照明、视听和办公条件与环境等设施，以及比赛和运动的附属的周边交通、休闲娱乐购物，此外还包括给乒乓球运动专门开辟的场地，如更衣室、卫生间、淋浴间、休息室、练习室、门卫室等，当然也包括专门的乒乓球历史文化馆、纪念品塑像、乒乓球购物实体店和主题展览等相关设施。还包括一些有形的实物，如具有不同内涵的乒乓球实物纪念品、如不同国家和时代的各种奖杯、奖牌、奖励品、纪念邮戳、卡片、照片、附属的饰物，还有一些绘画艺术、高级瓷器，吉祥物品、杂物集、纪念手册、历史书籍，等等。

行为层属于乒乓球文化的第二层，它包括技术、战术、传播媒介等。技战术指人们在乒乓球运动过程中为能充分发挥身体潜力，在规则允许范围内运用最为合理的方法和技巧的总称，是人们在乒乓球运动过程中所表现出来的一种行为模式。传播媒介作为行为层有所争议，但它是一种载体，所有的信息由它进行传递，其本身就包含了大量的信息。

制度层指乒乓球的制度，其是在历史发展过程中形成，包括比赛的管理及运行

① 钟霞.乒乓球文化内涵探究[J].体育科技文献通报，2010，18(7)：111-112.

机制、训练制度与管理制度、比赛的章程与规则等，它们历代相传，不断变化，或兴或废，其既不抽象，也没有具体的存在物。

精神层是乒乓球文化的核心层，指在乒乓球文化的逐步形成和完善的发展过程所包含的心态文化。即在乒乓球运动逐步发展演变过程中，具有文化元素，包含艺术及特殊文化价值的所有的集合。如乒乓球的审美趋向与价值认识、审美情趣、思维方式以及乒乓球运动所产生的社会影响等，也包括乒乓球博物馆的历史文化意义、主题思想教育作用等。

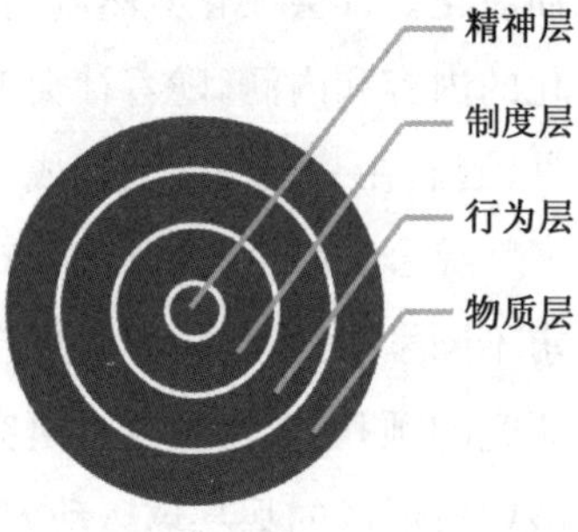

图 8.1　乒乓球文化的分层

以上的器物层、行为层、制度层和精神层可以说基本组成了乒乓球文化的内容体系，其具体分层见图 8.1，具体类别参见表 8.1。

表 8.1　乒乓球文化的具体类别

一级	二级	具体体现
物质层	器材	乒乓球拍、球鞋、服饰、球、球台、乒乓球相关的一些杂物：计分设备、最早的木板上的游戏器具及游戏实验器具、计分板、计分簿、计分卡、大型计分簿、乒乓球保护器、捡球装置、乒乓球相应的标签、计时器、专业桌椅、科研器材等
	设施	乒乓球馆及其附属设施、办公设施、博物馆等
	有形物	乒乓球实物纪念品、如不同国家和时代的各种奖杯、奖牌、奖励品、纪念邮戳、卡片、照片、附属的饰物，还有一些绘画艺术、高级瓷器，吉祥物品、杂物集等
行为层	技战术	具体的一些行为模式，如技术、战术等
	传播媒介	纸质媒体、电视、录音、录像等
制度层	制度	乒乓球的管理体制与机制，比赛章程与规则、比赛组织与规划、训练制度与管理制度等
精神层	观念	乒乓球形成与发展过程中形成的运动价值、意识形态、参与形式、生活习惯、历史信仰、社会影响等

2　乒乓球文化的内涵与外延

“文化”一词作为各种论著和日常语言中使用最为频繁，含义最为分歧的名字之一，它的标准与统一定义是很难做到的，我们把乒乓球文化作为现代乒乓球运动特有的一个理论问题来研究，特别是乒乓球作为中国的国球，大家对乒乓球这种“国球文化”认识都比较熟练的情况下，在当今乒乓球文化可持续发展的背景下，对乒乓球文化的含义必须有一个比较贴切和统一的理解，这是我们研究乒乓球文化及其传播首先必须解决的问题，否则研究与发展都无从谈起。要弄清一个概念的含义必须从内涵与外延两方面入手。一个概念的内涵应该指向它的定义，而定义必须揭示出这个概念所指事物的固有的特有的本质。

(1) 乒乓球文化的内涵

乒乓球文化本质性的、深刻的内涵是什么？从文化的定义来讲，乒乓球文化是人们在社会实践中不断创造、总结积累下来所形成的乒乓球运动方式及创造的物质财富与精神财富的复合体。它是人类在社会历史发展的社会实践中产生，因此，乒乓球文化肯定也是一种历史现象，是历史发展的体现。不论人们主观承认不承认，乒乓球文化从客观上讲，其存在着一种非常强烈的、难以分割的历史传统性质。虽然，乒乓球文化的历史传统，在长期的历史发展及传播历程中，其性质可能会逐渐发生一些改变或变化，但这种变化如果要形成一种社会风气，潜移默化的影响人们的社会生活，需要在很长的历史发展过程中才能实现。乒乓球文化传统的历史性改变，是一个长期的缓慢的历史过程，这个过程往往被人们所忽略，大多表现出对它的并不多么在意。但是，这种文化传统的性质一经改变，即使就是小部分或部分的改变，也将对人类社会生活产生极大的冲击，影响到人们对此类文化的观念认识及价值取向。

无论何种文化，其本质性的、深刻的内涵是哲学，是价值观、人生观、世界观、生存思想与方法的各方面体现。以“中华传统文化”为例，所谓“中华传统文化”，就是中华民族在自己生存的土地上，在历史的长河中，不断创造、总结、积累下来的物质与精神财富的总和。中华传统文化的灵魂就是中国古典哲学思想理论体系，其哲学经典就是《易经》《黄帝经》。其文化内涵就是中华“道理”在物质与民族精神上的体现。乒乓球文化的内涵应该就是乒乓球运动在其社会实践过程中创造的物质与精神财富的具体体现。

乒乓球文化由许多的要素构成，这些要素是乒乓球文化价值、使用价值及其文化附加值的具体统一。乒乓球文化要素包括显性的文化，如乒乓球馆、乒乓球器材及相关硬件设施。还包括隐形文化，指乒乓球运动生产、交易、消费等过程发生的，人们对乒乓球的地位、品味、感受、感觉、认识、情感、情节、广告、设计以及音乐等文化因子，这些诸多要素，是乒乓球文化最具特色最具核心的因素，发展乒乓球文化其实质就是通过开发这些文化因子来迎合人们的价值观念、意识形态及生活习惯，等等。

乒乓球文化具有较强的健身健心以及利国利民及促进社会发展进步的特征；它以物质和精神的形式存在于世界体育文化中；相对其他类型的文化规模而言，乒乒球文化规模看似较小，可其功能不容小觑，依然广泛而强势，乒乓球文化的内涵决定和昭示了乒乓球运动发展的光辉灿烂前景与蓝图，也使得加强文化的研究与建设显得迫切和重要。

(2) 乒乓球文化的外延

弄清了乒乓球文化的内涵，还必须对乒乓球文化的外延有所深刻把握。否则我们对乒乓球文化的理解仍然是非常抽象的。对文化来讲，把握文化的外延是一件非常不容易的事情。我们也无法把所有的文化因子全部陈列出来，但我们可以通过其内涵来分类别地列举其组成部分包括哪些因素。但我们必须弄清一下三个必须的前提：①政治、经济与文化可以说包括了人类全部的社会现象，三者之外就是自然界；②政治、经济与文化三者之间具有相互包容的关系，尽管如此，从概念上还是有具有区别和不容性；③就文化来讲，其各个组成部分毫无疑问会存在一些交错或交叉，但它们之间界限应该具有明显的区别。乒乓球文化的外延也是如此，通过这样的一个比较，可以把乒乓球文化的外延表述为若干的社会文化现象。

① 乒乓球技术

乒乓球技术是乒乓球运动发展的核心，乒乓球运动的起源与发展都是围绕着技术核心，技术直接反映和推动乒乓球文化的发展。乒乓球从起源到现在，技术的发展已经日新月异。从乒乓球起源开始时的双方互相的推来推去，到后来削球的发展，以及后来的横拍弧圈结合快攻、两面不同性能球拍倒拍技术、直拍反胶快攻、小弧圈、反手高抛发球、直拍弧圈结合两面攻、直拍横打、反手盖打弧圈直线、侧身正手右侧旋发球，到现代的反胶近台快攻＋直拍横打、横拍近中台快攻结合、拉冲弧圈、横拍弧圈结合快攻、横拍攻削结合与削攻结合等。新技术可以大幅度地提高选手制胜因素的水平，从而可以有效地对对手施加压力，造成对手对新技术的不适宜而获得有利局面。就我国乒乓球界发明的近台快攻有效地提升了进攻的速度，而“倒拍”技术(不同性能球拍的转换)在“变”中占据了先机。技术创新是乒乓球发展的不竭源动力，其从对抗中获得灵感，又在对抗中获得发挥空间，可以说新技术的运用和实施在对抗中具备非常明显的优势。

② 乒乓球思想及其理论

乒乓球思想及其理论是乒乓球技战术的直接反映并直接指导乒乓球技术的变化。乒乓球从起源到现在，已经历经一个多世纪的历程，其乒乓球思想与理论也在与时俱进，不断变化发展。乒乓球基本的思想和理论就是如何更好的发挥技战术特点，争取优胜。在同一时期存在着两种以上的理论，看似矛盾，其实总有一种占据着主导地位，为了争取更好的成绩，必须坚持、建设性地丰富和发展乒乓球思想及其相关理论，保证占主导地位的乒乓球思想与技术居于领先，同时也需要吸收其他各种合理的乒乓球思想。

在第26届世界乒乓球锦标赛结束以后的一年来，日本乒乓球界为了要“夺回失去的锦标”，进行了频繁、紧张的准备工作。日本乒乓球界分析了日本队在第26届世界乒乓球锦标赛上受挫的原因，认为主要是“中国队的短打快攻，在速度上占了优势。”用《朝日新闻》记者渡边的话来说，“日本是用长抽打垮欧洲的削守而取得王座的，现在，日本的长抽又被中国的速攻打垮了。”日本的远台长抽和中国的近台快攻，究竟哪一个在速度上占优势？在日本乒乓球界有不同的看法。部分人认为，鉴于在北京举行的第26届世界乒乓球锦标赛的经验，在日本最不被重视的短打技术，已重新获得生命；谁能够先发制人地发动进攻，谁就有五成以上的获胜希望。另一部分人虽然也承认近台快攻有其特点，但仍然认为日本传统的远台长抽，如能进一步研究提高，威力仍然不小。日本乒乓球队前教练长谷川说：“我想，日本不应舍弃长抽打法。但是失去速度的长抽是无效的。木村之所以有所建树，也是因为他的抽球具备速度。”基于这样的看法，日本乒乓球界对近台快攻和远台抽球，采取了一律重视的方针，并加强了这方面的训练。发球和发球抢攻，也是日本乒乓球界讨论的一个重点。因为日本方面认为，在第26届世界锦标赛中，“腕力的强弱运用灵活，使得中国的发球难以捉摸。日本的发球全靠身体旋转，中国则不同，只靠手腕的转与不转，来发各种各样的球，使对方对于球路很难捉摸”(《朝日新闻》语)。在分析了中日乒乓球队发球的特点后，提出了日本攻击型选手今后在发球时要出手快，力争主动，不让中国选手发挥积极主动打法的威力①。

中国选手重视学习世界优秀选手一切好的东西，重视继承传统中一切好的东西，但既不是跟着别人屁股后面跑，也不是重复历史，而是在以我为主的前提下，以科学的批判态度，有目的、有选择地吸取诸家之长，融会贯通，创立独特的风格，走自己的路，走在世界的前面，走在时间的前面。例如，学日本、欧洲的弧圈球，一方面，为了适应它、打破它；另一方面，为了掌握它，根据自己的情况和需要，改造它，发展它，成为有中国特色的弧圈球，成为制胜的武器之一。在百花齐放中，我们有自己的主攻方向。在攻球手中，坚定不移地培养“快、准、狠、变”的风格。这是在力争主动的战术指导思想下，发展了传统的直拍近台快攻打法，吸取了亚洲一些强队准确和旋转的长处，锤炼而成的。快、准、狠、变四者的关系是辩证的统一，统一于力争主动之中。首先要打得快，争取时间，就有利于力争主动，先发制人。快而不准，不能主动得分。因此，在快的同时，要克服因为快而容易出现的失误。仅有快、准而缺力量，也不能把球打死。因此，还要狠，打得重，而且要狠狠打中对方的要

① 何立.日本乒乓球坛的动向[N].人民日报.1962-06-16(1).

害。有了快、准、狠，再要求多变善变，机智灵活，就能更好地调动对方，掌握主动，充分施展己之所长，制胜对方。在削球手中，大力提倡“守得稳，削得低，旋转变化好，两面能反攻”的风格。这是从打守球的特点出发，根据积极防御的战术指导思想提出的。通过削守技巧，不仅要抵住对方的进攻，而且要以削球的旋转与落点变化控制对方，调动对方。这种防守形式，实质上是一种进攻，常常可以使对方因判断错误或来不及回球而失分，并创造机会反攻对方。削球运动员的战术，基本上是后发制人，以慢制快，以柔克刚。但在运动员发球或有机会反攻的特定情况下，仍然应当快攻快挡，出其不意，扰乱对方。这套风格能够比较完善地发挥削球手的技巧。在重点提倡上述攻守两套风格的同时，决不排斥其他风格，而是提倡百花齐放。因为各种风格比较而言，虽有一定的优劣长短之分，但并不都是先进与落后的矛盾，更不都是正确和错误的对立，而各有自己的长处和局限，可以从不同角度，对乒乓球运动做出贡献。重点提倡的某种风格，也只有在与中外各种流派的较量中，才可能得到发展提高①。

③ 相关的指导刊物

乒乓球相关的指导刊物包括技战术与规则方面的刊物。乒乓球相应的刊物是乒乓球文化最为重要的组成部分之一，是乒乓球运动历史实践的产物，它服务于乒乓球运动及其竞赛的实践，贯穿于乒乓球文化为主体的一切领域。在1902年的时候，关于乒乓球的书籍就已经出版，所有关于1900年至1903年乒乓球起源后最为狂热的时期，乒乓球刊物都有详细的记载，乒乓球运动发展到当今，数以万计的刊物对乒乓球各方面都进行了相应的研究与报道。20世纪早期的刊物就已经具有几十种语言在全世界流行和传播。乒乓球文化的新闻出版事业也是另一个具有综合性的文化元素。新闻工作以报道实时发生的重要事件为主，实际上包罗万象，出版工作更加如此。新闻出版运用文字、语言、视图、电视广播、网络、微博等传播工具来现场连接整个世界，影响到每一个人，在乒乓球文化领域具有重要的作用和地位。

④ 规则

乒乓球从最初杂乱无章的自主游戏，到国际化、组织化、正规化的竞赛形成，规则起了至关重要的作用。多年来，乒乓球竞赛规则的演变，对乒乓球技战术的创新与发展，以及乒乓球文化更大范围的广泛传播，都起到非常积极的推动和制约作用。出于各种乒乓球未来的发展，在规则范围许可的条件下，各个时期都一直在积极进行乒乓球器具的改革，尤其在球拍胶皮方面，发展至今，相继有反胶海绵拍、长

① 荣高棠.从第二十八届世界比赛看我国乒乓球队的成长[N].人民日报，1965-06-15(1).

胶、生胶和正胶问世，也带来了风格迥异的各种打法，丰富了乒坛竞技内容，使之充满了勃勃生机。既有近台快攻的中国发明，又有弧圈结合快攻的欧洲首创，也有以旋转带来的深刻变革，真可谓百花迎春、花团锦簇、姹紫嫣红、争芳斗艳，进攻与防守交相辉映，优劣各展，构成了一幅幅生动活泼而极具个性的优美画卷。

⑤ 乒乓球文化艺术

文化艺术是最具有广泛群众性大众性的文化现象，可能有人不懂艺术，但没有人不欣赏艺术，因为艺术对人的思想观念、情感情绪、价值观念等具有最为强大最大刺激的感染作用。从 1900 年开始，乒乓球艺术品逐渐增多，品种也多种多样，从优美手工刺绣的乒乓球坐垫、乒乓球穿线解谜、球拍艺术品、相关乒乓球装置、乒乓球打火机、乒乓球小刀、乒乓球发夹、瓷器、玉器、水晶、烟斗和乒乓球银质餐具，等等，当然还有乒乓球的相关音乐，这些艺术品引导人们在欣赏乒乓球文化的过程中培养了健康的情感，高尚的趣味，端正的思想态度，以及积极向上的人生态度和为人处事的原则，也使人们自觉抵制那些庸俗下流的东西在社会上泛滥成灾。

⑥ 乒乓球的教育以及教育思想

乒乓球教育作为一个独立领域是无法与任何一个乒乓球文化现象分开的。乒乓球教育活动本身就是一种特殊的文化活动(包括乒乓球知识、技能的传授与学习、思想品德的陶冶与修养、身体锻炼与精神意志品质的培养等)。乒乓球教育在乒乓球文化中具有综合性和代表性。乒乓球教育水平的高低决定着一个国家甚至一个民族乒乓球文化水平的优劣，要提高乒乓球文化的水平，加强教育途径是重要的环节。从世界各国看来，在乒乓球起源后，乒乓球文化在欧洲的传播，大众乒乓球文化对欧洲的冲击，教育了欧洲的游戏爱好者，也使欧洲的乒乓球技术在当时出于领先状态。在当今，我国的乒乓球文化教育渗透到学校教育中去，从小学到大学，乒乓球都占据着学生接受体育文化教育的一个重要方面，所以这也是我国乒乓球成为国球，在世界乒乓球竞技和群众参与上，都处于明显的优势地位。

⑦ 乒乓球的公共设施及其活动

乒乓球的公共设施及其活动，是由政府或社团设立面向社会大众服务社会大众的文化设施及其活动。例如，乒乓球馆、乒乓球博物馆，这都是一种综合性的活动，是重要的不可缺少的文化活动。在 2010 年中国世界乒乓球团体挑战赛期间，举办“世界乒乓球历史文化回顾展”。从 1901 年证明乒乓球传入中国的明信片，到早期画着宫廷仕女图的木质球拍，从英国贵族手持羊皮球拍击球的绘画，到北京奥运会国乒夺冠的大幅图片，上海体育博物馆提供了 30 件乒乓球发展历程中的各类器具、纪念物，配合图文并茂的展板，为上海乒乓爱好者普及了乒乓历史。使乒乓球观众受到了乒乓球文化的熏陶和深刻的震撼及教育。

3 乒乓球文化的特征与功能

(1) 乒乓球文化的特征

乒乓球文化与其他形态的文化形式相比较，具有独特的文化特征，而这些特征对于我们了解乒乓球文化的功能和社会意义作用巨大。乒乓球文化具有以下特征(表 8.2)。

① 全面性和特殊性

全世界的人把乒乓球运动作为休闲娱乐和排遣社会压力的一个好的运动项目。事实上，作为世界上最为风靡的运动之一，乒乓球仅仅排在足球运动的后面。在美国很少有人能理解和懂得为什么乒乓球屈指可数的益处，在全世界范围内却有数以百万计的人以此为乐。其实乒乓球为一种非接触式运动，它使用一个球的重量只有几克，受伤的风险极小，因此是一个无任何风险的运动。乒乓球运动员不用担心被雷击，也不用担心骨头断裂，还有头被击打造成脑震荡的危险。速度、旋转和落点对乒乓球运动至关重要，所以为解决这方面的问题，在运动时大脑必须始终围绕着这三个方面展开创造性的思考。因为要在很短的距离快节奏的运动，要求动作敏捷，反应迅速，所以它可以提高大脑神经反射的速度。该运动需要突然的发力和迅速还原，也可以提高发展人体肌肉快速启动的能力。在大肌肉群和小肌肉群方面，锻炼价值也非常大，两方面都可以得到提升。其在比赛过程中，主要以有氧活动为主，游戏者可以自由掌控活动量的大小。乒乓球被准确地描述为"高速象棋"，其在运动中要求斗智斗勇，须在极短的时间内考虑到很多技术方面的问题，尤其对发展老年人的神经警觉性价值甚大。乒乓球可作为一个排泄社会压力，全年都可以运动的好项目。它是世界上极少数不用考虑作为竞技相关因素如年龄大小、身高和性别少数体育之一，这使它被认为是世界上最受欢迎的体育运动，其口号:"table tennis: anybody, anytime, anywhere"[①]。

"乒乓球绝对是一项真正有活力的运动"。观察那些乒乓球俱乐部或者乒乓球竞赛成员，你会发现这些运动者的年龄从 8 岁到 80 岁不等，乒乓球适合不同年龄人群来进行运动健身。对低年龄的孩子来讲，它最大的好处就是能锻炼手眼的快速协调能力，它可能是世界上最好的锻炼年轻人快速发展手眼协调能力的一种运动项目，对他们未来的身体发展至关重要，益处非常之大。对运动员来讲，乒乓球

① Killerspin. com. Alan Williams: "Table tennis: anybody, anytime, anywhere" 1999 - 2 - 11. http://www. killerspin. com/spin-info-benefits. php.

提供了一个广泛的参赛机会,可以从当地的小型乒乓球比赛,一直打到奥运会的赛场去。中年人参与乒乓球游戏的好处就是可以保持较好的身材与体型,无论在生理上还是心理上都能使他们青春常驻。乒乓球是一项不分年龄、高矮,或运动能力强弱的运动,甚至残疾人也可以打乒乓球,残疾人运动会还有乒乓球比赛呢。它是一项以技术为主的游戏,而不仅仅像其他很多项目靠体能与身体条件取胜①。

② 参与性

乒乓球作为一种体育运动项目具有广泛的社会基础,其运动特点是隔网对抗项目,对健身者身体条件的要求相对较为宽松,不分男女老幼,不分身体条件好坏,是老少皆宜的一项大众运动。乒乓球规则不是很复杂,通俗易懂,大众很容易参与到比赛与欣赏比赛中去。所以说乒乓球的特点使人们不仅较为容易的参与到运动中去,亲身力行投入其中,而且通过电视、网络和其他现代大众媒介观看和欣赏各种乒乓球比赛,以及各种乒乓球文化展览等,便于大众对乒乓球文化价值的直观感受,使其呈现了平民化的发展趋势并体现大众文化状况。

③ 娱乐性

乒乓球最初起源就是来自休闲娱乐的创意,它起源于游戏,娱乐性是它的本质与天性。来源于桌上网球的乒乓球当初就是为了开发新的游戏来满足人们娱乐的需求。乒乓球运动对于参与者来说既追求健身的功能又要追求教育的功能,但是对于乒乓球观赏者来讲,娱乐性应该是他们最大的追求,乒乓球比赛吸引了世界上成百上千的观众,人们从乒乓球精彩比赛中获得了极大的满足和享受。随着世界经济和社会的不断发展变化,闲暇时间增多,人们物质生活水准的逐步提升,整个社会的消费观念与消费结构也随之发生了非常大的改变,精神上的需求越来越引起人们的重视,参与各种休闲方式成了人们的选择。乒乓球也成为人们善度余暇休闲、健身健心的首选之。人们通过乒乓球进行娱乐采用不同的途径与方式来获得,就中国而言就有多种多样的不同娱乐方式,如湖南的"乒乓球嘉年华""乒乓球花样表演",等等,当今愈加受到人们的欢迎,乒乓球也越来越具有娱乐价值。人们不仅从乒乓球的亲身体验中感受到身体和心理满足,而且在此过程中还可以通过此方式来进行朋友交往与聚会、商业洽谈等目的。

④ 观赏性

乒乓球运动"小、快、灵、准、狠、变"的独特特点使其充满特殊魅力,高水平乒乓球比赛能给人留下深刻的印象,人们在享受高水平比赛饕餮大餐带来的强烈视觉冲击同时,也对乒乓球运动有了更为直观更为深刻的认识,所以说乒乓球具有非常

① Richard McAfee. Table Tennis-steps to success[M]. HUMAN KINETICS,2009:VII.

高的观赏价值与作用。同时乒乓球文化在长期历史的演化中也给世界留下了宝贵的物质遗产财富和精神遗产财富，如 2005 年世锦赛期间国际首届乒乓球文化博物展的展出，其包括乐众多的乒乓球文物，如 1576 年在英格兰出版的乒乓游戏木刻作品、19 世纪末和 20 世纪初期的乒乓金银玉器等饰品、乒乓球珍贵绘画和大量照片、不同级别不同年代的奖杯奖牌、一些知名运动员比赛所用的球拍、大量珍贵的纪念邮票、邮戳、纪念封、与乒乓球有关的火花、烟盒、烟斗、工艺品等诸多收藏物。在 2008 年北京奥运会举办期间，还举行了“乒乓球文化历史展”，使人们在享受乒乓球高水平比赛的同时，也对乒乓球的文化发展历史有了更加清晰的认识。

⑤ 竞争性

乒乓球作为一种隔网对抗项目，作为一种竞技比赛本身具有竞技特征，不同水平的人们可参与不同级别的比赛，如同行业的比赛、同城的比赛，同州同地区的比赛，当然还有高级别的世界比赛，如乒乓球锦标赛、奥运会乒乓球比赛、乒乓球世界杯赛，还有如我国的乒乓球超级联赛，直通世锦赛的选拔赛，等等。乒乓球文化在世界各地的发展由于各种原因存在明显的差异，就如体育文化的差异一样，在不同的国度发展水平非常不均衡，以世界而论，目前世界乒坛的格局是“世界打中国，中国打世界”。可以说乒乓球文化在不同的国度间存在竞争。

⑥ 民族性

不同地区和不同民族的乒乓球运动都具有各地区各民族的文化风格，乒乓球文化具有民族性的深深烙印。一个国家一个民族的乒乓球文化，与其民族心理、价值体系、甚至社会制度等密切相关。如韩国人由于民族精神的振兴、政府的重视以及民间的参与，建立了新的民族骄傲感，所以在乒乓球文化表现为一种悲剧精神，不左顾右盼，不考虑良多，疯狂投入，搏杀往前冲；而日本人意志坚强，重视基本功训练，在比赛时全力以赴，顽强拼搏，气势令人生畏；而欧洲的瑞典讲究全方位的进攻，均衡全面，高效快速凶狠，速战速决；而中国是“全队一盘棋，百花齐放”。

⑦ 市场性

随着人们生活水平的提高，人们目前的消费观念更注重精神生活上健康、舒适、休闲、高品位等方面的满足。乒乓球文化作为一种文化现象产生并快速发展，根本原因在于能够满足人们休闲娱乐及强身健体的需求，以及心理压力释放与自我满足的实现。同时从经济学视角来看，乒乓球文化的市场效能已经被凸显和证实，可以带来较大的社会市场效益与功能[1]。目前乒乓球运动市场化程度正在紧密锣鼓的进行，其拉动经济的效应越来越明显。

---

① 钟霞. 乒乓球文化内涵探究[M]. 体育科技文献通报，2010，18(7)：112.

表 8.2　乒乓球文化的特征

特征	具体体现
全面性、特殊性	体育的全面功能和基本特性，老少皆宜
参与性	参与运动、观赏观摩比赛、文化陶冶、博物馆文化感受等
娱乐性	亲身体验，满足不同心理生理需求
观赏性	观赏观摩乒乓球赛事，历史文化陶冶
竞争性	技战术的对抗、乒乓球文化的不均衡发展
民族性	不同地区和不同民族所呈现的各种乒乓球文化风格
市场性	赛事开发、产品销售等

(2) 乒乓球文化的功能

乒乓球产生距今仅仅大约 120 年的历史，可它直接从人们餐后的一项休闲活动发展到现今风靡世界参与人数众多的一项运动，它能发展如此之快得益于乒乓球它是一项安全、快乐、健康和真正的终身体育运动①。其功能表现如下：

① 教育功能

乒乓球文化也具有心理教育的重要功能，能有效的发展人的感知觉、快速记忆与思维等方面的能力。它作为一种教育手段，对乒乓球爱好者来讲，技术和战术永远没有尽头，当你掌握了一项新的技术，可能又有其他的技术需要再掌握，而且初学的时候看似容易，其实深入下去难度不少，所以在乒乓球爱好者面前永远都有另一个期待挑战的东西，或者说爬过了这座山，还有另外一座山等着要爬呢。开始可能学一些技战术比较容易，但掌握起来并不是那么容易，这需要坚强的毅力和不断向上的勇气和力量，对锻炼我们的意志力，教育我们不断前进作用巨大②。中国乒乓球运动从容国团夺取第一个世界冠军后，历经磨难和锤炼，经 50 余年长盛不衰，为祖国和人民获得了无数个荣誉，在这个历史过程中演绎了彪炳史册的中美"乒乓外交——"以小球推动大球"，使中美两国关系进入融冰期，开创了历史的新纪元，同时也改变了当时整个世界的政治格局。容国团在 1959 年获得祖国第一块世界冠军奖牌所喊出的"人生能有几回搏"的乒乓精神启迪、作为国人的自豪和骄傲，激励了一代又一代的中国人。同时乒乓球文化还能促进人的全面协调发展。乒乓球文化不但可以提高集体主义意识和精神，而且培养人的主体意识和竞争观念，促进人的社会化进展。乒乓球文化的倡导社会主流价值观念，为社会提供积极乐观的

① Richard McAfee. Table Tennis-steps to success[M]. HUMAN KINETICS, 2009: IV.

② ABOUT. COM. Top Ten Reasons to Play Table Tennis[EB/OL]. http://tabletennis. about. com/od/beginnersguide/tp/reasonstoplay. htm.

精神态度，满足社会发展的多重需要。

② 娱乐功能

乒乓球的娱乐功能越来越引起人们的关注。尤其现代生活方式的改变，各种所谓“城市病”、“现代病”日渐增多，如高血压、糖尿病、脑血管疾病等各种“富贵病”，患病人群有不断增多的趋势。乒乓球易于开展，能极大地缓解现代社会发展带来的一些疾病及不利影响。就经济条件相对来说较差的地区，人们受限因素影响较大，受到了各种各样条件的制约，文化娱乐项目相对较少。而乒乓球的简单和便于开展，能在一定程度上承担人们参加娱乐项目的机会与种类选择。例如，打乒乓球的方式可以通过自己的调节，花样很多，形式多样，你可以选择室内打乒乓球，乒乓球需要不断的移动才能够到球把球击回到对方球台，这些行动可以改善您的胳膊和腿，健全的人谁都想有强健的体魄。你也可以选择室外打乒乓球，一边晒天阳，一边打乒乓球，这可以给你一个漂亮的棕褐色皮肤，肯定比躺在池畔无所事事幻想更好。另一个娱乐的好处是，它可以使得您与您的家人和朋友在一起所度过的时间变得更加美好。当然还可以与其他人进行社交。您可以设置在你的院子里进行乒乓球游戏和烧烤晚会或其他节目。您也可以轻松地组织你的邻居之间的一场比赛，以发挥你与邻居的体育精神和促进邻居间的团结有爱①。

③ 经济功能

如今乒乓球产业已成为新的经济增长点，它不但能提高了社会经济收益，创造了就业机会，而且在扩大国内需求、推动经济持续增长方面发挥重要的作用。现代社会的快速进步与发展，“文化产业”的发展已经如火如荼，其经济功能在现代社会越来越凸显并得到充分发挥。我国的乒乓球文化产业早已经广泛地渗透到了国民经济的各种产业结构之中，日本的乒乓球制造业也势猛如虹，在社会经济发展中占据了非常重要的地位。

④ 政治功能

《奥林匹克宪章》明确规定：“体育与政治无关”，重在发扬“公平竞争、重在参与、贵在荣誉”以及“更快、更高、更强”的进取精神，目的在于增进理解、友谊和团结，为建设和平美好的世界作出贡献。话虽然如此，可是现代体育从开始就紧紧地与政治联系在一起，而且联系的趋势看来愈益密切。体育与政治的关系存在互动，它们之间相互影响和相互作用。第一，政治的发展为体育运动发展提供强有力的

---

① EzineArticles. com. Jon Tinsley. Benefits of Playing Outdoor Table Tennis. http://EzineArticles. com/4728478.

支持；第二，体育的性质、价值观念与管理制度受限于政治的性质与决定；第三，体育能够提供和满足政治特殊需要。对乒乓球文化来讲，其与政治也是联系紧密，相辅相成。我国的乒乓球历史和现实已经无可争辩的证实，在振奋民族精神，凝聚民族情感，促进国内精神文明和物质文明和谐等方面，乒乓球文化已经发挥了巨大的政治功能。

09 第九章
乒乓球文化的形成及早期传播

第一节☞ 乒乓球文化的产生与演进

作为最初的游戏，乒乓球既没有统一的规则，甚至连名称也相当混乱，但是到20世纪初时，已经具有类似现今的某些复杂性。在经历过1900—1904年逐渐简单又大力的开发，乒乓球在1905—1910年的中欧流行传播开来，甚至在此之前改良版已经传入日本，而后来又传播到中国和韩国。之后，当乒乓球在欧洲失宠一段时间后，其在英格兰和威尔士获得复兴。随着乒乓球游戏的扩散，大量与竞赛相关的社会活动及文艺现象相继出现，可以说早期的乒乓球运动已经初具文化形态。当国际乒联成立后，标准化的规则随之制定。在随后的60多年，乒乓球已发展成为全球主要的运动之一，大概全世界有三千多万乒乓球职业运动员，还有难以计数的业余爱好者。相比较早期，现代乒乓球具有严明的组织和完善的规则，竞赛活动在全世界广泛开展，技战术创新层出不穷，在社会产生了广泛的影响，乒乓球从最初的杂耍到乒乓球文化体系的完善，到现代乒乓球文化的成熟，经历了一个较为漫长的历程。

1 从玩耍到游戏：乒乓球文化的第一次飞跃

(1) 诞生于生活的玩耍

玩耍是人类的天性。是人类的一种具有悠久历史的活动，人类从很早的时候就已经具有玩耍、嬉戏的活动，它在人类社会发展的进程中由于不同的需要而产生。玩耍可以随时随地、不受场地、器材、人数等诸多的约束，它也是不统一的、不稳定的，它可以根据不同的具体条件随便变换玩耍内容。

关于乒乓球的诞生，具有很多的版本。当时，人们传说有这样一个有趣的故事，英国伦敦的两个大学生在一次偶然的机会，以餐桌为球台，将桌子当作场地，用一本书将啤酒瓶的瓶塞当做一种想象的球，模仿网球运动，把瓶塞在餐桌两端推来挡去的，故把它称为所谓的“桌上网球”。当时英国的新闻界颇感兴趣，把它誉为时髦的运动，并做了充分的报道。很快，英国的一些大学生，以室内餐桌做球台，采用比草地网球小的橡皮实心球裹上丝织物代替软木塞，将羊皮纸贴在窄长的拍柄、椭圆型空心球拍两面作为击球工具。此种亦称“小网球”的游戏，在贵族中很快流行开来。

(2) 开始于游戏

游戏的产生对人类社会发展具有重要的价值和作用。清代崔学古在《幼训》中明确指出了游戏对儿童发展的作用：“优而游之，使自得之，自然慧性日开，生机日活。”他认为，让儿童自主地活动，自得地娱乐，自然会生机勃发，智力悟性也得到发展。王守仁在《训蒙大意示教读刘伯颂等》中进一步解释道：“大抵儿童之情，乐嬉游而惮拘检，如草木之始萌芽，舒畅之则条达，摧挠之则衰痿。”指明了游戏是适应儿童天性、增进儿童发展的活动。在现代游戏文化中，游戏的结果大多具有奖惩方面的性质。从价值论的角度看，这是社会对获胜者的一种价值肯定和认同。但是，当社会用物质来衡量体育运动比赛、体育游戏的价值时，问题就出现了。游戏和体育运动的动机就会从内在的游戏愉悦转变为对外在物质的追求，这就使游戏的理论产生了危机。在现实生活中，社会已经发生了用物质来衡量游戏和比赛的价值的偏差，体育运动和体验游戏的内在动机正在蜕变。这也是现实体育比赛与奥林匹克运动引发人文危机的理论症结所在。游戏的本质是使人获得一种纯粹的、非物质性的快乐，游戏的目的就是娱乐。工业革命带来工作和游戏的最终分离。工作和休闲之间的价值差距越来越大，从而使游戏成为人们日常生活之外的，有特定时间和空间的一种特殊的活动。游戏的各种规章蕴含各种不同的价值：人们自愿加入，自愿遵守规则；不讲理性，充满神奇、夸张、即兴的创造力和丰富的幻想；游戏中人人平等，不分等级，人们的关系变得更加融洽等。游戏自身的意义和价值，使其在更加文明的社会中显示出更强的独立性和文化生命力。即使在注重功利和物欲横流的经济社会中，游戏的内在动机仍然是纯洁的，游戏的文化价值本身是不认同功利主义的。在现实生活中，物质和功利重重夹击体育文化的价值评价，甚至一部分游戏和比赛参与者的动机已开始掺杂、蜕化，但是游戏本身的文化理念仍然是那样的高尚和圣洁。赫伊津哈从游戏自身出发总结归纳出概念，为游戏的发展奠定了理论基础[①]。

德国哲学家席勒认为，人生最高、最完美的境界是游戏。认为游戏冲动既能驾

① 童昭岗，孙麒麟，周宁．人文体育——体育演绎的文化[M]．北京市：中国海关出版社，2002：312-313.

驭生活，从生活中获得素材，也能创造生活形象，用形象体现精神。游戏冲动是人的本性，它具有永恒的价值[①]。荷兰人类文化学家胡伊青加在人类游戏研究史上，是一个里程碑式的人物，其专门对文化的形态进行了研究，在广泛考察和比较不同的文化形态后，认为游戏娱乐是文化进程中都拥有的必备元素，而正是此元素才导致了人类文化的繁荣和人类生活的多种重要表现形式。他给出的结论是："文明就是在游戏娱乐中产生，同时文明也作为游戏娱乐而发展"，此结论令世人吃惊，他的研究也使人们对游戏的理论的认识获得深化和提高。

在人类活动从杂乱无章的、非自觉的玩耍逐渐变成一种有意识的、自觉娱乐活动，游戏也就产生了。随着游戏的分化与发展，体育游戏初具雏形。但游戏者仅仅限于有上层阶级，不太可能有较大规模的发展。随着生产力的进一步发展，社会的继续进步，人们有了更多的空闲时间，游戏有了很大的发展，出现在一般人的休闲之中，也出现在大型的商业和文化活动中，开始成为普通大众教育的使用手段。人类文化的进步，思维能力的增强，丰富和规范了体育游戏的内容。人类不断对生产工具和军事器材的改进，也使体育游戏更具有多样化、趣味性和竞争性[②]。

乒乓球起源后，由于它不但能娱乐自我，同时还能锻炼身心，它更像是将网球从宫廷搬到了平民百姓的普通家庭当中。

2 乒乓球由游戏到竞技的过程：体育文化的第二次飞跃

(1) 游戏的扩大

随着乒乓球游戏的流行，迅速从宫廷贵族普及到广大的普通大众。由于乒乓球游戏简单易行，趣味无穷，能使参与者轻松、愉快，它的娱乐性越来越来收到大众的喜欢。人们通过乒乓球游戏，在与对手斗智斗勇过程中而培养了自信、自尊。由于乒乓球游戏的活动方式具有较大的变通性，人们开始对游戏的结果有所追求，对器材的要求也逐渐提高，出现了各种不同形式和材质的器材，尤以乒乓球球拍为多。对游戏结果的重视，肯定需要一个标准，于是不再随意进行比赛，而是在一定的规则中进行了，虽然初期的乒乓球游戏规则过于简单，仅有寥寥的几条，不是过于精细，但这必要的几条，却也保证了比赛是有所根据，对比赛结果却影响甚大。乒乓球游戏的扩大，使游戏的变通性得到规范，对场地器材也有所要求，因为乒乓球游戏的变通性使其便于组织开展活动，也使其能迅速获得广泛的群众基础，成为

---

① (德)席勒(Schiller，F)著，冯至，范大灿译. 审美教育书简[M]. 北京：北京大学出版社，1985：6.
② 坚粪. 体育游戏与健康[M]. 重庆：西南师范大学出版社，2004：4-8.

当时社会的关注焦点。

(2) 技术的改进和提高

乒乓球技术是乒乓球运动的核心与灵魂，随着乒乓球游戏在社会影响的不断增强，竞赛的增多，对技术就提出更高的要求，要想战胜对手，必须采用合理的、有效的击球技术，各个动作之间、各个动作要素之间必须在空间与时间上都得协调配合到最佳，才能发挥出最大的技术效果，在比赛中获取优胜。反过来讲，只有通过乒乓球的竞技，才能促进乒乓球技术的改进与发展。

① 最早的乒乓球技术

最早的乒乓球技术由于受到器材，主要是球拍的限制，击打出去的球是不旋转的。开始的球拍是两面贴羊皮纸的空心球拍，其后改用木板拍。随着乒乓球运动的普及，人们慢慢开始琢磨出增加球拍摩擦力和弹力的方法，于是，有人在原有的木板上加一层薄软木的球拍。最初的乒乓球球网高度为 17 cm，球台宽度为 146.4 cm，难以有效的组织进攻，所以早期的乒乓球技术，比较简单，主要是以挡球为主。打起球来总是推来挡去，偶尔也有一两下抽球或弹球。击球的速度很慢，主要特点就是“稳”，谁稳谁获胜的概率就大，所以那时也有“马拉松”式的比赛，一分球要打上二三百板才能定输赢。在很长的一段时间，推与挡是乒乓球游戏最流行也是最有效的技术。缺乏进攻的乒乓球游戏，在最初比赛，一场比赛时间很漫长，甚至有的比赛打好几个小时也不能分出胜负。

② 乒乓球技术的初步发展

对乒乓球运动文化来讲，当一种新的技术问世以后，运动员对它总要经过一段时间的认识、了解和适应的过程。当初的乒乓球的技术很长一段时间都受制于器材的原因踟蹰不前。具有重大意义的革新是发生在 20 世纪初，胶皮拍的诞生，它使得乒乓球技术发生了一场伟大的革命。1902 年左右，一位叫库特的乒乓爱好者参加了伦敦举行的一次乒乓球比赛，打完了第一轮比赛之后，在回家的路上他感到身体不适便去药店买药。在交款的时候，发现出纳台前有一块粒状凸点胶皮垫，那是为了防止硬币在柜台上滑落滚动而特制的。库特先生顿时联想到自己的球拍，他设想如果把这种东西粘到球拍上来代替软木层，一定会有惊人的效果，可以出奇制胜。于是，这位善于联想勇于创新的库特先生，买下了这块胶皮垫，自己动手粘成了世界上第一块胶皮拍。翌日，他用令人惊异的新拍从容不迫地战胜了所有对手，取得了单打冠军。此后，胶皮球拍便逐渐得到推广，为许多运动员所使用，由于胶皮拍使击球的弹性磨擦力增强，乒乓球进入了旋转的世界，削球打法也由此产生。欧洲运动员创造的削球打法成为了当时乒乓球运动发展的重要技术创新。根据削球运动员所取得的成绩来判定，这个阶段成为削球打法的主导时期。这一时期除了削球技术比较完善外，技术类型打法的竞技优势，也得到了器材的有利支持。

3 文化体系的完善：乒乓球文化的第三次飞跃

20世纪20年代以前，乒乓球一直是一项球类游戏。随着时间的推移，参与人数增多了，竞争的激烈，技术日臻完美，战术日趋复杂，规则也日益严密，使得乒乓球运动越来越规范和正式化、复杂化，也使得乒乓球文化的体系获得最为完善的开端与发展。

(1) 国际正式组织的成立

体育组织实际上是体育群体的延续和扩展，是人们为了合理、有效地达到体育目标，有意识建立起来的社会团体或单位。一般是以规则、制度限制他人进入的一种社会关系，与体育群体比较有明显的区别。现代国际间的体育组织多数是民间体育组织。这种国际性的民间体育组织主要是现代奥林匹克运动发展的产物。1894年，顾拜旦在巴黎发起了现代奥林匹克运动，同年成立了国际奥林匹克委员会。在该委员会组织下，举办了第一届奥林匹克运动会，其后每四年一届的奥林匹克运动会蓬勃地开展起来。

1926年12月6日至11日，由来自印度、瑞士、奥地利、捷克、威尔士、斯洛伐克、匈牙利、英格兰、丹麦和德国的运动员参加了第1届世界乒乓球锦标赛，第一届乒乓球锦标赛举行地点是在英国伦敦的弗灵顿街麦摩澳大厅。由于女子运动员参赛人数的缘故(总共只有16名女子运动员参加)，所以拟定的女子团体和双打取消，只设了5个项目的比赛，它们分别是男女混双、男子团体、女子单打、男子单打、男子双打①。第一届乒乓球锦标赛结束后的第二天也即12月12日，国际乒联成立，从20世纪20年代国际乒联成立以后开始举行邀请赛。

(2) 国际规则的修改及完善

1936年第10届世界乒乓球锦标赛男团决赛时，罗马尼亚和奥地利参赛的三名选手均为削球打法。由于水平接近，比赛连续进行了三天耗时31小时，结果奥地利以5∶4取胜。男单半决赛两个削球手更是在一分的争夺中耗时2.3个小时。第11届世界乒乓球锦标赛女子单打决赛时，由于长时间未分胜负，大会决定以抽签决定冠亚军，但双方都不同意，因此，这一届比赛没有冠军。

技术原因、规则限制和其他因素的影响导致乒乓球比赛容易出现这种“马

① 第29届奥林匹克运动会网站. 乒乓球的历史[EB/OL]. http://www.beijing2008.cn/cptvenues/sports/tabletennis/n214046547.shtml.

拉松”式的比赛事例，1937 年，国际乒乓球联合会代表大会的各会员国一致同意，决定对比赛器材和规则进行修改：球由软球改为硬球，球网高度由 17 cm 降为15.25 cm，球台宽度由 146.4 cm 加至 152.5 cm，对比赛总的时间进行控制，如果是三局两胜制的比赛，限定总时间是 1 小时，如果是五局三胜制的比赛，总时间限定为 105 分钟，任何理由都不能成为继续延长比赛的借口，如果在限定的时间内比赛依然没有结束，按照规则规定竞争对手中谁的比分领先，谁就是胜方。

通过对规则和器材的修改，有效的促进了乒乓球运动的健康发展。在这个阶段，开辟了新技术新打法的发展方向。

部分规则修改史：

① 1959 年，国际乒联就球拍构成材料、种类、海绵和颗粒胶皮厚度进行了明确的规定。

② 1979 年，第 35 届国际乒乓球联合会代表大会中规定：一场比赛时，第一次使用一个球拍前，若对方要求，应出示球拍的两面。

③ 1982 年，规则规定比赛中，第一次使用一个球拍前，应允许对手或裁判检查。

④ 1983 年—1985 年，规则进一步规定比赛开始时或比赛过程中，无论何时运动员需要更换球拍时，都必须向对手和裁判出示，并允许他们检查。

⑤ 1986 年对击球拍面进行了限制：规定必须用黏合有覆盖物的拍面击球。

⑥ 1992—1993 年规则规定：球拍表面的两面不能采用同种颜色，规定为必须一面为黑色，另一面为鲜红色。这一规定等于就限制那些采用不同性能胶皮进行适时倒拍技术运动员的打法。同时，这也相对为弧圈球打法在发展道路上消除了障碍。

⑦ 1998 年，国际乒乓球联合会通过了“把球拍覆盖物正胶的几何图形中关于正胶胶粒的粒高和胶粒顶直径之比从 1∶3 改为 1∶1.1”的提案。这也就结束了自 1961 年来长胶的使用使命。

⑧ 2000 年，国际乒联规定比赛用球由原来的直径 38 mm 改变为 40 mm。由于球体增大，球速变慢，有利于增强弧圈球打法在力量上优势，使得弧圈球打法中以力量为主的运动员技术得以充分发挥。

⑨ 2001 年 9 月 1 日，开始实行 11 分制。乒乓球比赛进入到进入状态快、发球接发球转换快、比分变化快、竞赛节奏快的特点中来。

(3) 技术流派的形成

从 1926 年国际乒联的成立到 1951 年的这 25 年间，国际乒乓球联合会共举办了 18 届世界乒乓球锦标赛，其中 17 次在欧洲举办，1939 年第 13 届在埃及举行，参赛的运动员主要来自欧洲。欧洲运动员取得了全部117枚金牌中的109枚。其中匈牙利队获得58.5项冠军,捷克获得25.5项,英国获10项。除欧洲外,只有美国获得过8项冠军。在这一阶段,削球打法成为优势打法。

削球打法的成功,还得益于1902年英国人库特发明的颗粒胶皮拍。它标志着乒乓球运动由木板拍进入到胶粒拍时代,球拍的演变,加强了击球的旋转和速度,提高了击球的摩擦力。胶皮拍与木板相比,可以制造上旋,从而为削球打法运动员在下旋球技术的使用方面提供了良好的基础。当然,运动员主要靠稳削下旋球取胜对手,力争自己不失误,这种打法类型也致使比赛的时间拖得很长。

通过对规则和器材的修改,有效的促进了乒乓球运动的健康发展。经过削球打法这个阶段后,器材的进步开辟了新技术新打法的发展方向。20世纪50年代初,日本选手使用海绵贴面的球拍和直拍长抽的进攻型打法,并运用弧圈球、发球抢攻、接发球抢攻、搓球抢攻等技术和战术,取得了优势。60年代,中国运动员推出近台快攻打法,称雄于世界乒坛。七八十年代,欧洲选手经过多年的徘徊和摸索,放弃了传统的防守打法,吸取了日本的弧圈球和近台快攻打法,形成了一种既有速度又有旋转、能攻能守的新技术,世界乒坛进入欧亚对峙的局面。

乒乓球文化经历最初杂乱无章的自主游戏,发展到从游戏到竞技的阶段,初步形成了稳定的技术流派。在1926年之前,乒乓球技术只有推挡,游戏者站在球台的两端,把球推来挡去,基本上没什么技术可言,在1926年国际乒联成立后,英国人库特发明的颗粒胶皮球拍后,技术创新立即体现,削球技术出炉,削球技术流派主要代表的国家就是匈牙利,在20多年的时间一直主导着当时乒乓球文化的技术文化主流,直到20世纪50年代初海绵胶皮的出现,才开始改变了削球技术流派的格局。“进入90年代,乒乓球技术发展越来越全面,打法上倾向于削攻击型,反手弧圈球开始出现,弧圈球的旋转和速度更快、更冲。乒乓球运动出现了‘凶、狠、准、变’的特点。为了解决‘观赏性’问题,2002年国际乒联对规则进行了三大改革:球的直径增加为40 mm、每局比赛为11分制、发球无遮挡。此后出于球速降低,回合增加,比赛更加激烈”①。

(4) 乒乓球赛事的规范与表演的成熟

随着乒乓球规则的完善,乒乓球赛事也逐渐走向规范化的道路,一切赛事不论在赛前还是赛后,都有一个统一的规则,包括乒乓球的比赛规则、国际竞赛规则和乒乓球竞赛规程。具体内容分为球台、球网装置、球和球拍的规定,对一些乒乓球术语的定义:如合法发球、合法还击、比赛秩序、重发球、一分、一局比赛、一场比赛、

---

① 颜绍泸.经济体育史在[M].北京:人民体育出版社,2006:104-105.

发球、接发球和方位的选择、发球、接发球次序和方位的错误、轮换发球法；比赛的类型：是国际竞赛还是国际比赛，是公开赛还是限制赛或邀请赛，以及规则和规程的适用范围。器材和比赛的条件，对裁判员的职责都有详尽的描述和规定，比赛的管理和场外的指导也有特殊的要求。以场馆的标准来讲，对比赛区域的说明和限定，灯光要求、地面要求、馆内温度等都有严格详尽的限制。对乒乓球项目器材的规格要求也是非常严格，包括场地规格、场内器材放置与摆设和观众视野等。

正是如此严格和具体的细化，使乒乓球赛事在一个充分公平的环境下竞赛，观众也能更好地享受乒乓球运动的盛宴。

第二节 ☞ 乒乓球文化形成背景透视

从 19 世纪 30 年代起始的近代体育是乒乓球运动产生和发展的主要时代背景。欧洲大陆在经历了文艺复兴、宗教改革和启蒙运动后，随着对体育价值的一些基本认识的加深，以及近代科学技术的进步等，这些为近代体育的产生打下了良好的思想基础。19 世纪以来，资本主义的市场经济秩序逐步建立。特别是 1871 年普法战争之后，欧洲列强基本划定了自己的势力范围，国内资本主义开始向垄断资本主义过渡，西方资产阶级的民族民主运动也告一段落，几个主要的资本主义国家开始进入帝国主义阶段。在此背景下，以德国体操、瑞典体操和英国户外竞技运动为代表的近代体育作为一种独立的社会文化形态得以确立，并走上了稳定、持续的发展道路，这也为 19 世纪末以现代奥林匹克运动为核心的现代体育登上历史舞台创造了条件。从总体上看，这是一个承前启后的时代。近代体育以不可阻挡的态势向全世界传播。

进入近代以后，英国的体育模式同从 18 世纪末兴起于欧洲大陆的广义体操(包括部分竞技体育内容)存在着明显差异。由于英国体育模式以竞技体育为主要内容，因而对近代西方竞技体育的形成影响最大，也最直接。其绅士体育的推行、阿诺德的学校体育改革，以及英国竞技体育在欧洲大陆传播的几个阶段，都对近代竞技体育的形成起了直接的推动作用。其间逐渐形成起来的竞技体育的“业余原则”对世界竞技体育的影响长期都不曾消失[①]。早在 19 世纪 50 年代，英国的竞技体育就已越过大洋，远传美国和加拿大。但这种与体操(广义的)在内容、形式和功

---

① 谢·伊·库什科夫.是业余运动还是职业运动[M].莫斯科:体育出版社,1988:23.

效方面都存在着差异的体育手段，在体操的诞生地——欧洲大陆落户安家并不十分顺利。这些国家对"粗野"的、"伤风败俗"的、代表"异族文化"的英国竞技体育并不欣赏，都持排斥态度。然而一些有识之士却清楚地看到，竞技体育对满足现代社会的新的需要只有体操所不及的功效。19 世纪 70 年代，德、法等国关于体操与竞技体育孰优孰劣问题的辩论，为英国竞技体育进入欧洲大陆，并最终在现代体育中取得独立地位铺平了道路。这时期的北欧诸国，也同样引进了英国的竞技体育，其中球类项目最受欢迎。特别是瑞典体操的后继者们，对竞技体育也表现出浓厚的兴趣，经他们介绍，英国竞技体育进入瑞典，成为学校体育的重要手段之一。英国竞技体育在欧洲大陆传播在整个体育构成中已经获得自己的体育形式发展。说明竞技体育开始作为一种独立之地，并站住脚跟①。

随着欧洲各国工业化程度日益加深，社会生存环境也相应地发生着变化，人们更多地关注自己的身体健康，各种体育活动和健身方法越来越受到社会各阶层的重视。在学校教育方面，体育运动因在对儿童和青少年培养过程中所产生的作用越来越显著，终于被全面引入欧美各国的学校并且在学校和社会这两个领域之间互动。有关体育运动的理论探索也伴随着体育地位的提高而开展起来。各种体育手段和方法的统一和有组织地加以实施，是这个阶段体育发展的突出特点。运动项目的形成是体育方法手段规范化的重要标志之一；19 世纪以来欧洲各国，尤其是英国的竞技运动发展很快，运动项目急剧增多。竞赛组织的出现及日渐增多是近代体育方法手段规范化的又一标志。欧洲各国尤其是英国在开展体育运动的过程中，重视各运动项目竞赛方法的规范化和制度化。为此，由权威性运动组织制定的规则、裁判法和场地设施标准也相应出现，还建立了全国性和国际性的体育竞赛组织。而在 19 世纪 50 年代以前迁徙到美洲的大量移民把这些运动项目和传统带到了美国和加拿大。

在 19 世纪末和 20 世纪初，乒乓球文化的形成经历了一个较为漫长的过程，其文化的形成与近代体育的产生、近代竞技体育的发展以及资本主义工业革命息息相关。可以说乒乓球文化的形成，刻下了时代的深深烙印。

第三节 ☞ 乒乓球文化早期的传播载体

乒乓球从最初的游戏到发展成现今成为奥运项目，在历史流传过程中完成了

① 颜绍泸. 经济体育史在[M]. 北京：人民体育出版社，2006：20-26.

从毫无规则的杂乱自主游戏到组织化、规范化的一项体育运动，无疑，乒乓球的传播在其发展历程占据了重要的地位及价值。乒乓球起源后，大众传播已经成为当时英国社会民众日常生活不可或缺的组成部分，对他们大众的生活方式与价值观起着潜移默化的影响。这时的大众传播主要包括报刊、书籍、音乐、漫画、广告等方面。乒乓球借力了这些途径的大力推广而传播给社会各阶级阶层和领域。也标志着乒乓球进入社会生活，成为当时社会发展的一件大事而产生了轰动效应，在自上而下的传播中被赋予了极为特殊的社会价值及导向作用。

1 音乐

乒乓球游戏出现后，即产生了巨大的社会影响，此新游戏反复的在当时的音乐中被诠释着当时的意义，在 1901—1902 年大约有 40 个关于它的相关主题音乐，大部分在其主题页面都配有精美的图片，在一些重要乒乓球比赛场合，音乐在开幕式和闭幕式的环节是必不可少的庆典仪式(表 9.1)。①

大部分的乐曲其实都非常简单，在 1901—1902 年乒乓球初起最为疯狂的年代，这些乐谱被出版（没有任何其他事情能有乒乓球那样引起大家的关注）。这些乐谱通常是舞曲、游行进行曲、诙谐的歌曲或偶尔显示一些曲调。随着乒乓球最初疯狂的浪潮到来，新的主体乐曲在这些年相应出现，奇怪的是，有时这些乐曲与乒乓球完全没有联系，不过却反映了乒乓球的替代含义(一项运动)："来来回回的一种移动"。在当时，乐谱已经成为为某一个特别的乒乓球比赛组而必不可少需要音乐来伴奏的非常正常的一个组成部分了。乐谱也是作为比赛部分的一个记录(如 CD 音乐)。

表 9.1　早期与乒乓球有关的一些音乐

时间	主题	作曲家
1901 年	乒乓(歌)一银拖鞋打击乐	珀西
1901 年	乒乓波尔卡舞曲	欧内斯特
1901 年	乒乓球四组舞曲	以斯拉读
1901 年	乒乓波尔卡舞曲	费边·斯科特
1901 年	乒乓，一首流行的歌	约瑟
1901 年	乒乓，流行社会的幽默歌	哈罗德·蒙太古

① The Table Tennis Collector[J]. Switzerland, 2002, winter, (29): 1.

（续表）

时间	主题	作曲家
1901 年	乒乓（歌）	爱德华拉瑞、泰勒
1901	乒乓华尔兹	菲利普
1901—1902 年	乒乓谷仓管弦乐舞	弗兰克
1902 年	乒乓钢琴曲	尤金·沃克
	乒乓波尔卡钢琴曲	詹姆斯
1902 年	乒乓方块舞	本杰明米杰罗姆
1902 年	乒乓女孩	杰西米桑福德、马特·伍德沃德
1902 年	社会流行曲:乒乓	米尔本
1902 年	乒乓爱季	悉尼
1902 年	乒乓波利曲	西摩、弗兰克
1902 年	乒乓大合唱	赫伯特
1902 年	乒乓合唱	雨果、乔·凯尔
1902 年	乒乓旅游	埃德蒙贵
1902 年	乒乓华尔兹	斯坦尼斯洛斯研究中心
1902 年	我想成为一个乒乓人	霍华德·惠特尼
1902 年	乒乓骑兵	希欧多
1902 年	乒乓沃尔特	保尔
1902 年	最先流行曲:乒乓	福西里尔
1902 年	乒乓漫步舞	艾达汉普顿
1902 年	乒乓流行曲	威尔
1902 年	乒乓	佛瑞德佩恩
1902 年	乒乓	巴特格雷迪
1902 年	乒乓	塞缪尔
1902 年	乒乓歌	佩恩
1902 年	乒乓	佩恩
1902 年	乒乓圆舞曲	伊顿
1902 年	乒乓波尔卡舞曲	昆廷
1905 年	乒乓华尔兹圆舞曲	纳德
1920 年	乒乓邮票	阿诺德·约翰逊
1928 年	乒乓钢琴独奏曲	艾凡弗雷德里克·可胜

（根据《The Table Tennis Collector》2008,(29):4～5）

2 纸质媒介

(1) 报纸

从1850—1911年,世界上最有影响的报纸先后创办。适应经济的发展和人们对信息的需求,报纸、杂志加速向大众化发展,也成为主要的广告媒介和广告形式。如英国《每日邮报》(1896年)、美国的《纽约时报》(1851年)。这些报纸的主要收入来自广告,广告也成了沟通产销信息的主要手段。英国报业久负盛名。小报是英国发行量最大的报纸,主要有《太阳报》和《每日镜报》,内容五花八门,涉及面广,在英国拥有真正最广的读者群。《泰晤士报》是严肃类报纸,内容广泛,政治、经济和国际事务都有涉及,文章较长,用语正式规范。

有关乒乓球运动报道大都来自于伦敦与美国的的各大报纸,在乒乓球运动的初起热潮期,那是一个令人非常震惊的乒乓球狂热时代,几乎所有关于乒乓球报道都见诸于1900年至1903年之间非常有名的报端。《每日邮报》《纽约时报》《泰晤士报》等都对桌球给予了充分的报道,从而使人们认识桌球,从而投入到此项游戏中去。

史蒂夫·格兰特一系列报道乒乓球的优秀文章进入到美国的最受欢迎的报纸中,受他的激发,英国的艾伦公爵对伦敦1884—1920年期间的报道进行搜索,他能查找到的最早资料来源于《泰晤士报》,在经过检索整理后,出炉2篇论文发表于知名的《时代周刊》,研究重点是关于早期乒乓球或桌球比赛,应该说艾伦公爵对乒乓球相关报道研究较为最为详细和周全。

其实最早提到乒乓球的编辑报道是在《每日镜报》1901年6月1日。其评论了妇女在乒乓球场地运动是如何的庄重及严肃。作者还如下描述"乒乓球充满宴餐情调。……Don Juans热情款待他的来宾,他热情地在客厅为客人提供乒乓球游戏或欣赏音乐的椅子"。然后,详细阐述了这一切的情调:"幸运的克尔先生他不是被应邀来扮演任何严肃庄重的表演,或展示个人性格或抒发情感;他仅仅只需要很惬意地玩乒乓球。整个过程都是很轻柔、欢快及随意简单的。"1901年8月1日,有报道称乒乓球这个发明已经离开了泰晤士河出发开始航行到南极勘查的途中。在船员和一些报纸条款中描述如下:"不是休闲与娱乐的手段被遗忘了。……至于最多变化的娱乐活动,已经从大约一千册的精致图书馆阅读和可自动弹琴娱乐,转移到甲板高尔夫和乒乓球运动中来了"。这些应该在此得到记载,作为现今来反思当时这项运动是如何狂热和受人喜爱。

1901年12月7日的《泰晤士报》报道如下:"比赛主题:为女士们,先生们准备的乒乓球比赛",时间是12月11日。随后的报纸此消息被重复发布一次,但是在报纸版次中，条目仅仅是“乒乓球锦标赛，12 月 11 日”。在 12 月 9 日，也就是星期一，变成了“下星期三，乒乓球锦标赛”，直到最后比赛的到来。在 12 月 12 日，以上消息被重复发布，但是改为：“进入比赛第二天”，然后是第三天，在周五的时候，所有关于比赛的信息来源于娱乐活动的侧面消息。不幸的是，关于比赛的结果再也没有在随后的报纸出现。根据桌球协会的规则，通告随后被发布，这条通告发布于 1901 年的 12 月 17 日。关于公告的细节发表于圣诞前夕和节礼日那天。

总之在乒乓球或乒乓球活动繁忙的时期，有可能还有很多其他类似的比赛也在发生，但任何其他比赛都没有被《泰晤士报》如此频繁报道而家喻户晓。从当时的报纸了解到，伦敦乒乓球比赛似乎有三个钟爱的场地，水晶宫可能不需要解释，因为现在它仍然是一个著名的运动场地，其他的两个比赛场地，女王大厅和皇家水族馆，已经成为历史，如今已不复存在。皇家水族馆在 1876 年作为普通的娱乐设施对外开放(从来没有被作为水族馆。)，但是流行了一段非常短暂的日子，然后在 1902—1903 年被拆除掉了，也使得它成为了全英乒乓球比赛的最后比赛的场所之一。在灵魂教堂旁边，朗豪坊酒店的女王大厅，在 1893 年对外开放，在 1941 年的突击行动中遭到破坏。

(2) 最早的杂志

最早关于乒乓球杂志的专门出版期刊读物是《桌球和娱乐先驱》(*The Table Tennis and Pastimes Pioneer*)，对研究乒乓球的历史具有较大的价值。该期刊只短期存在了一段时间，总共出版了 9 期，从 1902 年 1 月 18 日到 1902 年 3 月 15 日存续期间，每周六出版发表于伦敦。每一期 4～8 页长的内容，里面充满了照片、广告、赛事以及俱乐部赛事公告、赛事结果、漫画插图和读者来信选登。《桌球和娱乐先驱》的主编不详，没有记载，当时办公室位于伦敦东部中央，该刊当时据称一度拥有 2 万多读者，令人困惑的是此期刊不知何原因突然停办和消失，之前毫无预兆和通告。目前此期刊原件在大英国图书博物馆收藏。

1902 年短期出版的《桌球及娱乐先驱》是报道记录乒乓球最早也是信息最全的杂志，研究乒乓球的档案，发现当时出版乒乓球期刊非常稀少，之后在 1930 年又陆续出版了几本期刊，比之现代的乒乓球杂志 A4 纸张都稍小些，在 1936—1937 年间稍早的 2 本，在乒乓球的复兴期“赛季”出版，对整个赛季作了充分的介绍和相关的报道。它们也仅仅在 1936 年 10 月到 1937 年 3 月短期出现，8 页长度，仅仅售价 8 美分。而《桌球运动》有 22 页，是它的 3 倍，内容和形式都非常接近现在的《桌球新闻》。

1993 年由国际乒乓联合会博物馆开始出版 *The Table Tennis Collector*(《桌球收藏者》)到 2011 年已经出版了 61 期，是目前介绍乒乓球历史和现代相关大事最权威的读物。

(3) 相关书籍

在1900—1903年期间关于乒乓球的有多种语言上百册书籍出版，大部分的书籍都在乒乓球非常狂热的这个时段出版。

① 草地网球在1576年就已经具有木刻雕刻画在早期(16、17世纪流行于英国的)寓意画册出现了，草地网球是乒乓球当仁不让的先祖，乒乓球在1890年作为改编的草地网球形式而产生。从雕刻画中我们可以看到一个游戏者两手各执一拍，要求发球方必须把球打到头顶上方，通过反弹落到地面。这是最早的关于草地网球的图片介绍。

② 在英国第一本桌球协会的手册本出版于1902年，作者是A. J. Bryant，这是一本相当珍贵和稀有读物，本手册里有大量的插图广告。

③ 在1901年10月，大量关于乒乓球此新游戏出现后，引起社会巨大轰动而出现大量的评述文章，配有著名Cavendish乒乓球俱乐部大照片，发表出版于《温莎杂志》合订本。

④ 1902年Walter Harrison所著由Durhams Ltd. ，Leeds出版社出版的稀有珍贵的小册子《桌球——此游戏最好的手抄本》。

⑤《如何打乒乓》由尊敬的桌球协会秘书Washington Gray所著，在1902年出版。这是最早的关于乒乓游戏的手册指南之一，本小手册里面间或有Jaques-Hamley公司的桌球或高西玛游戏的成套器具介绍和展示。

⑥《乒乓，游戏和如何打乒乓》，在1902年由女王大厅乒乓比赛的冠军Arnold Parker所著，英国伦敦的T. Fisher Unwin出版。此书带有插图，长篇累牍不遗余力地介绍了此游戏，至少有4个不同的封面场景出现于这本流行书中，也有硬封面和软封面和美国英国的不同版本，流行甚广。

⑦《桌球》作为美国斯伯丁运动图书馆系列读书，1902年由纽约的美国体育出版社出版，本手册包含有早期斯伯丁公司的成盒桌球设备。

⑧《如何赢得桌球比赛》由Colley and Maitland所著，英格兰的晚间新闻出版社出版。

⑨《桌球的A. B. C》，作者是在英格兰获得很多早期比赛冠军的C. G. Eames，在1902年由Drane出版。

⑩《乒乓，如何打乒乓》作者Ritchie & Parker，由Walter Bronson，Street & Smith，NY在1902年出版，随着早期的广告，他的另一本书《乒乓或桌球，如何游戏》由Ritchie & Parker，Street & Smith公司在1902年出版发行。奇怪的是同样主标题没有出现桌球。

⑪《一本乒乓小诗集书》由波士顿的 Estes & Co 于 1902 年出版。此册书有由旧金山稽查报纸组织的诗文竞赛中选编的部分“烂诗”。

⑫《乒乓》,一个皮革记分册,在美国 1902 年出版。这是唯一的两本桌球收藏品中的一本。另一本具有显著镶银标志的边角和乒乓主题,还有计分的铅笔。非常珍贵。

⑬《乒乓球人》,由阿诺德所著,1902 年伦敦出版。对此新游戏的幽默看法,有 6 个非常罕见的全彩场面。

⑭《乒乓,Louis Wain 看到过的乒乓》,作者 Clifton Bingham,由英国伦敦的 R. Tuck 出版社 1903 年出版。此书非常稀少,用 6 个全彩的猫打乒乓球来说明他看到过的比赛场景。

对那些喜爱卡通画、幽默图书和迪斯尼漫画的孩子和年轻人来讲,乒乓球连环画可能对他们颇有吸引力。米老鼠经常出现在乒乓球场景里。一些球拍也刻有很多乒乓球漫画,在一些漫画幽默图书中,乒乓球常常是他们封面的首选。国际乒联博物馆有许多丰富多彩的乒乓球此类读物,包括从 20 世纪 30 年代的电影、卡通人物、唐老鸭、米奇老鼠等。

1901 年,最早的出版物之一——《乒乓人》,文章由 Arnold Golsworthy 所作,插图由 Hilda Cowham 绘制。在 Louis Wain 眼里由 Raphael Tuck 所编的《乒乓人》版式与《乒乓》非常相似,有 16 页厚度,6 个彩色插图。这些都描绘各种室内的游戏场所,运动员在餐厅游戏运动,另一个插图显示的是在婴儿室和厨房有些军官也在打乒乓球。

(4) 贺卡与邮票

① 最早的乒乓球明信片和贺卡

当明信片成为大众接受的一种可以传递交流的形式时,乒乓球作为一种新型的游戏,理所当然是明信片图片的主题了。从 1901 年始起,社会发行了大量的明信片,这些明信片里的画面大多刻画是一些幽默搞笑的场景,这些色彩漂亮的卡片告诉我们当时乒乓球这个新游戏是多么惹人喜爱和受欢迎的程度。某一类卡片是作为一些乒乓球团体比赛的邀请函发出,有一些卡片是使用乒乓球作为一种人与人之间的一种相互联系与慰问。

② 邮票

1840 年,英国发行了世界上第一枚邮票“黑便士”邮票,邮票的发明者是罗兰·希尔。希尔于 1837 年出版题为《邮政改革——其重要性与现实性》一书中,提出了一系列改革的建议。其主要建议是由寄信人预付邮资,凡英国本土邮寄的重量不超过半盎司的信件,统一资费为一便士,这一建议不久得到了英国政府的批准。1840 年 5 月 6 日，“黑便士”邮票正式发行[①]。20 世纪初期英国社会通过邮票联系是当时人们很重要的一个联系方式。

目前在瑞士的国际乒乓博物馆里存有大量的桌球邮票，绝大部分是纪念曾经意义重大的国际乒乓球比赛。这些邮票都展示在一个特别的画廊，大部分邮票已经不再发行，成为孤本。这些多彩迷人的邮集给我们提供了生动的证据，告诉我们当时乒乓球这个新游戏是多么讨人喜爱。

③ 邮戳

邮戳在邮政服务的发生和发展过程中，有着极为重要的相连关系，它是邮政部门在日常处理的邮件上或邮政(电)业务单式上所加盖的重要戳记。“邮戳”为广义称谓，它是邮政戳记的总称，它包括邮政日戳、邮政副戳(即邮政业务戳记)两个大的总类。作为各级邮政(电)部门处理日常邮政(电)通讯业务的专用戳记，它在邮件上使用频次极高、加盖量极大，起着凭此确认邮政(电)局、所与用户之间，以及局、所之间业务关系印信的作用。经加盖过邮政日戳的邮件或邮政(电)业务单式，其有权责的法律效果，在社会生活中常常作为公证凭据。

以下部分包括了广泛收集的大量乒乓球邮票和一些特殊已经被取消的国际赛事纪念日的邮戳。收集的邮戳特别珍贵是拥有丰富的最早罕见的尾日封及首日封，这些丰富多彩的邮品世界为乒乓球运动的普及提供了图形的生动证据。

(5) 相关艺术品

艺术品的价值体现在精神和文化上——藉以满足人们的某种审美需要和精神需要。现已成为奥运会正式比赛项目并唱响全球的体育项目——乒乓球，在英国起源后，在当时引起巨大轰动，产生了巨大的社会效应，受到社会各界的极大关注。国际乒联博物馆收藏具有重大影响的乒乓球文化各个方面的事件，包括艺术，精美的珠宝和瓷器，从起源最初的几年，到乒乓时代的社会证据到当今等等，不一而足。

① 球拍艺术品

早期的乒乓球和乒乓球拍表面经历了令人称奇的各种各样的变化。如普通木质、带槽的木片、皮革，砂纸，上漆的木片，软木，铝，毡制的，早期的具有某种结构的橡胶……和一些不寻常的形状。尤其令人注目的是雕刻精致带纹路的拍子，以及一个不寻常的功能特征，包括烙花艺术、复杂的手柄镶嵌、纯银、玳瑁柄、骨刻……等等。

乒乓球球拍作为乒乓球运动最为重要的组成部分，很多艺术作品在球拍上都有完美表达。

---

① 杨海涛. 外国邮票[M]. 沈阳：辽宁画报出版社，2001：10.

② 珠宝艺术物品

一些相当精美的带乒乓球设计的早期玉器，以及黄金类和银器类的乒乓球宝物，可能作为比赛的奖章奖励给乒乓球比赛优胜者，其他的一些手艺精湛的宝物，比如，精美的烘烤面包的架子和银制的套餐巾用的套环，都是一些非常有趣的器物。

金表夹子、大型银吊坠、银胸针、相互交叉的球拍、银手表链，都与乒乓球紧密相关。还有铜制的球拍、金子胸针与母珍珠做的拍面、带有3个腿连接到拍面的银色胸针，这都与英国的一个岛民象征有关；这银胸针是尤其不寻常的，因为它也展示了一个在网底部如何捡球的装置。银胸针在球拍与球网中交叉而过。转动的手柄替代了在拍柄处刻画条纹等图案。其他一些早期银制乒乓艺术物品大部分是球拍、球网和比赛用球。纯正的银制品使球拍、球网和球充满魅力。早期的银子帽别针与桌球拍和球连在一起，胸针和镀铜拍的装饰使这个艺术品充满新的不同风格。

③ 乒乓球生活艺术品

与乒乓球主题有关的有趣的艺术物品大量出现，这些艺术物品是多种文化瑰宝的体现，也给乒乓球这个新游戏进入到20世纪早期的英国家庭提供了生动的像亲临当时时代场景的效果和证据。其制作已发展成为一种传统手工艺，其材料选用的考究、制作工艺的精湛，具有很大的收藏价值。例如，精细抛光手工制造的雪茄烟盒子、精细的手工刺绣乒乓球靠垫。

当今乒乓球已经成为唱响奥运会的国际性体育项目。在其发展的萌芽期，人们对其关注的热度决定了它未来传播的广度与深度。“传媒引起人们对它的兴趣，并长期保持这种兴趣”。[①]“大众体育传播展现了体育的魅力，促进了体育大众化”[②]。

从19世纪中叶后的英国，工业革命的成功，使英国初步实现了城市化，大量人口融入城市，追求刺激性体育活动来消除紧张的工作状态[③]。从而也开拓出许多运动项目来以此娱乐，乒乓球也随之诞生。1905年英国的全国体育性组织——英国奥林匹克协会成立，乒乓球作为英国非全国性的单项协会，其在英格兰、苏格兰、威尔士和北爱尔兰均有其独立的协会。

英国在世界广告发展史及当代广告产业发展现况中一直处于核心位置。广告与时尚和流行是互动关系。其主要包括印刷品广告和印刷绘制广告。印刷品广告

① 艺术的目的就是吸引注意力——谈石寒松国画作品的创新性[N].西部开发报社，2011-06-29(1).

② 赵月香.奥林匹克运动与现代传播媒介明[J].体育文史，2003,(3):52-54.

③ 许晓音，许斌.体育竞赛规则修改为哪般——析电视商对体育运动的影响[J].体育文化导刊，2003,(8):3-32.

有报纸广告、杂志广告、图书广告、招贴广告、传单广告、产品目录、组织介绍等。报刊、杂志、图片、邮戳等纸质印刷媒体不受时间和空间的限制，受众可以随时阅读[①]。

早期关于乒乓球的一些音乐、新闻报道、体育报刊和体育书籍传播影响受众个体，对受众起着启蒙和引导作用，进一步，受众相应的行为和活动也受乒乓球大众传播的支配，大众传播激发了受众对对此游戏的参与程度和消费热情；乒乓球器材广告、商标、早期关于乒乓球的一些音乐、新闻报道、体育报纸和相应的乒乓球书籍出版物，这些传播媒介借助于媒体的传播力量，不但塑造了乒乓球商业品牌价值，同时也激发了精明的赞助商和广告商的投资热情，有助于开拓盈利空间。这些媒介传播不仅在乒乓球传播中扮演了主导性的重要角色，更催发了乒乓球相关器材产品的开发和利用。总的来说，早期乒乓球器材广告、商标、关于乒乓球的一些音乐、新闻报道、体育报刊和体育书籍的大量出版，等等，极大的推动了乒乓球在社会迅速传播，其实社会、政治文化、经济及体育的活跃，也给此时的乒乓球大众传播提供了广阔的空间。

① 乔丹，程成. 体育史辞典[M]. 内蒙古：远方出版社，2004：280.

10 第十章 乒乓球文化的冲突及传播媒介

第一节 乒乓球文化的欧亚对抗及发展

1 乒乓球文化的欧亚对抗

(1) 运动技术对抗

20世纪的五六十年代，欧洲各强在经历过一段低谷后，吸取了日本和中国诸多技术打法上的优点和教训，重新站到了世界乒坛最高点(表10.1)。

在第31届世乒赛上，男单桂冠被瑞典获得；1973年的第32届世乒赛，瑞典男队抢走了被亚洲统治达20年之久的团体桂冠；而两年之后的1975年第33届世乒赛，最压轴的男子单打决赛是在两名欧洲选手之间展开较量和争夺的；在第35届世界乒乓球锦标赛上，匈牙利队在失去此项冠军达27个年头之后，从中国男队手中又夺回了斯韦思林杯，而南斯拉夫男队在潜伏25年的卧薪尝胆，终再夺回男双冠军。

乒乓球运动在欧洲的再一次勃起，带动了亚洲等世界其他国家乒乓球运动的开展。在此阶段，中国在吸取已有技术优点，创造出新近台快攻。这种打法产生了很好的实战效果，中国队由此收获颇丰，在20世纪70年代内的5届世乒赛中，获得将近一半的冠军。

国际乒乓球联合会对不同性能球拍在比赛上的使用进行了限制。

1979年，第35届国际乒乓球联合会代表大会中规定：一场比赛时，第一次使用一个球拍前，若对方要求，应出示球拍的两面。1982年，规则规定比赛中，第一次使用一个球拍前，应允许对手或裁判检查。1983—1985 年，规则进一步规定比赛开始时或比赛过程中，无论何时运动员需要更换球拍时，都必须向对手和裁判出示，并允许他们检查。1986 年对击球拍面进行了限制：规定必须用黏合有覆盖物的拍面击球。

1988 年的韩国汉城奥运会，乒乓球被正式列入比赛项目，全世界的乒乓球运动迎来了真正的春天。欧洲职业化进程逐渐加快，各种赛事不断，欧洲选手凭借其良好的体力，特别是快速、凶狠加弧圈技术，技术发展加快，也变得越来越全面。在第 41 届世界乒乓球锦标赛，欧洲男队囊获了团体前五名，以瑞典为首的男队，已经领先于中国和亚洲各队。90 年代初，中国队走出低谷，在第 42 届世乒赛上，中国男双项目上终有所突破，获得了男双的金、银、铜拍及混双金牌。从第 43 届到第 47 届世乒赛，中国队除了第 44、45、47 届失掉一块男子团体、两块男子单打金牌外（第 47 届团体未举行），共获得 30 块金牌，重新登上世界乒坛高峰。从 20 世纪 80 年代末到 90 年代初，以瑞典为代表的欧洲弧圈球进攻打法，在世界重大比赛中取得了优异的成绩。中国队通过技术和打法上的不断学习创新，弧圈球技术质量得到了明显的提高。事实证明，弧圈球进攻打法无疑成为了这个时期的主导。这个时期世界各国的主体打法都趋向于弧圈球进攻打法，同时，各国也保留了各自原有的打法特点。

这一时期，乒乓球竞赛规则也有了一些重大的变化，这种变化对乒乓球技术打法的发展产生了重大影响。

1992—1993 年规则规定，球拍表面的两面颜色必须一面为鲜红色，一面为黑色。这一规定就限制了使用两面不同性能球拍进行倒板的打法。同时，这也相对为弧圈球打法在发展道路上消除了障碍。1998 年，国际乒乓球联合会通过了“把球拍覆盖物正胶的几何图形中关于正胶胶粒的粒高和胶粒顶直径之比从 1∶3 改为 1∶1.1。”的提案。这也就结束了自 1961 年来长胶的使用使命。2000 年，国际乒联规定比赛用球由原来的直径 38 mm 改变为 40 mm。由于球体增大，球速变慢，有利于增强弧圈球打法在力量上的优势，使得弧圈球打法中以力量为主的运动员技术得以充分发挥。2001 年 9 月 1 日，开始实行 11 分制。乒乓球比赛进入到进入状态快、发球接发球转换快、比分变化快、竞赛节奏快的特点中。

表 10.1　世界各国在 19 世纪的技术对抗内容

时间	国家	技术对抗内容
1971	匈牙利	横拍两面拉弧圈
1981	瑞典	横拍换握拍手指发球
1988	韩国	直拍弧圈结合两面攻

（续表）

时间	国家	技术对抗内容
1989	瑞典	横板两面冲、攻结合防的全面型打法
1991	联邦德国	横拍正反手甩腕弹击球技术
1991	法国	横板凶狠型进攻打法
1998	克罗地亚	横板反手盖打弧圈直线
1999	奥地利	横板侧身正手右侧旋发球

(2) 体育制度碰撞

从社会学角度看，体育制度是社会制度下的二级概念，与经济制度、教育制度等并列。中华人民共和国的体育制度是在继承革命根据地和批判改造旧中国体育制度的基础上形成的，并随着我国社会主义建设的发展而不断完善。我国体育制度的基本精神是要求体育活动的组织和进行必须坚持社会主义方向，为社会主义体育事业的发展、增强人民体质、攀登世界体育高峰作出贡献。

体育制度属于体育文化，是随着社会的发展和变更不断产生并完善的。体育体制普遍存在于世界一切国家、一切民族、一切社会、一切人种之中，自从体育产生之后，它们便逐步形成与发展，最初是融合在教育制度、劳动制度、军事制度中，随着社会经济、政治和文化的发展，体育的制度逐步完善并从其他制度中分离出来，形成了具有自身特点和规范的制度形式。

体育制度是社会发展到一定历史阶段的产物。它与社会生产力发展水平和文化发展的状况有着密切的联系。而社会生产力和由它决定的生产关系，对体育制度始终起着决定性的作用。如在原始社会，生产力发展的水平、生产关系的性质以及贫乏的物质生活条件，决定了当时还不可能建立体育制度。随着生产力的发展和私有制的出现，社会开始分化出对立的阶级。剥削阶级为了本阶级的利益，就以自己的思想、观点对体育施加影响，并建立适应这些思想、观点的体育组织机构和采取各种相应的规章与措施，由此便产生了体育制度，并积极地为巩固统治阶级的地位与政权服务。这一点在奴隶社会、封建社会和资本主义社会是一样的。当然，就其内容和结构形式看，不同的社会形态、物质条件以及科学文化上的差异，使体育制度也都带有各自的特点，其完备程度也是不相同的。中华人民共和国成立后，在继承革命根据地体育制度的基础上，批判和改造了旧中国的体育制度，建立新的社会主义体育体系，并随着社会主义革命和社会主义建设的发展而不断地完善。如在新中国建立初期就把中华全国体育协会改组为中华全国体育总会；先后创建了许多专门的体育学院和体育学校，扩充了师范院校的体育系(科)和体育班，为国家培养了大批人才，建立了一支专业的体育队伍；大力开展专门性的体育宣传工作，通过出版、广播、电视、电影和新闻等渠道，向全国人民宣传体育的专门知识和技术，出版了大量的体育书刊和杂志；制定了一系列的体育规章制度；成立了专门的科学研究机构，加强对教学、训练和群众体育的研究；逐年改善开展体育的物质技术条件，包括增拨大量的体育经费、新建和扩建大批体现我国体育制度的基本内容包括：体育的规范体系，即国家制定的有关实施体育的法律和各种规章制度，如《中华人民共和国体育法》《国家体育锻炼标准》《运动员技术等级制度》《裁判员技术等级制度》《教练员技术等级制度》《体育运动竞赛制度》等。

体育的组织领导机构和管理系统；体育的物质条件、技术设备体系。我国体育制度的主要特点表现在：我国的体育制度是以马列主义、毛泽东思想为指导，为社会主义建设事业服务；我国体育的全部精神财富和物质财富属于全体人民，并为全体人民的利益服务；我国体育制度体现了社会主义特征，是在中国共产党的统一领导下，有目的、有计划、有步骤地进行体育工作，发展社会主义体育事业。

乒乓球在我国社会主义国家主要是通过国家主体实行"自上而下"的制度来推动其发展的。通过行政和财政等手段使乒乓球在中国与其他体育项目一样，通过在"举国体制"这种手段，来获取乒乓球发展的效益。其基本价值取向就是奥运争光计划，即乒乓球运动在对外必须尽可能取得优胜，对内通过乒乓球运动来增强民族自信心和凝聚力，这种基本价值取向在很长的一段时间内都会占据主导地位，当然与其他项目一样成为乒乓球在中国发展最为基本的制度安排。

而在欧美和日本、韩国等国家，他们的乒乓球运动主要是通过社会性质来推动发展的，与我们的体育基本制度有着显著的区别，这也是近年来我国乒乓球在世界乒坛占据半壁江山的重要原因之一。

2 乒乓球文化的交融与发展

目前世界乒乓球的竞技格局是中国占据绝对优势地位，虽然中国在国际乒坛"独孤求败"，可是世界乒乓球运动依然在发展，新的会员不断加入到世界乒联组织中。2012 年 3 月 27 日，国际乒联已经接纳圣马丁和乍得成为其新的会员。现在国际乒联共拥有 220 名会员，在所有世界体育组织中排名第一，已经超越国际排联[①]。究其原因，就是由于现代社会乒乓球文化在全世界的交流与融合不断扩大，尤其中

① 网易体育. 沙拉拉：中国办世乒赛并不频繁，因为赞助商众多[EB/OL]. http://sports.163.com/12/0328/02/7TLAIC1000051CAQ.html.

国乒乓球文化与世界其他国家的乒乓球文化交流与合作不断深入，大批中国大陆球员、教练员长期在海外耕耘不辍，这就是所谓的“海外兵团”。一个毫无争议的事实是，无论在奥运会，还是乒乓球世锦赛，中国有时候最大的麻烦制造者反而就是所谓的这些“海外兵团”，他们时刻威胁着中国乒乓球队，是中国夺冠最大的拦路虎，其能量不可小觑。据不完全估计，目前在国外打球和做教练的有近百名知名人士。他们之中有获得世界冠军的，也有曾经国家队队员。在2004年雅典奥运会的乒乓球运动成绩榜上，32强男运动员占6席，女运动员占据了11席之多；同时，由于这些运动员曾经长期与现役我国国家队运动员训练和比赛，个个身怀绝技，而且对我国运动员的技战术非常适应，在实战中给中国对造成非常大的冲击和威胁①。

其实，乒乓球的“海外兵团”促进了中国与世界乒乓球的交流与融合。之前“海外兵团”的功能越来越引起人们重视，中国不再把“海外兵团”称之为洪水猛兽，他们已经是中国文化的最佳宣传者，称谓他们为“海外使团”更为合适。第一，他们通过自己的技术在国外的成功，其实从另一个方面却展示了中国竞技乒乓球运动发展的程度和水平；第二，带动了世界其他国家乒乓球运动水平的发展。“没明星就等于没卖点”，我们高水平的乒乓球运动员在国外的明星效应使他们产生了浓厚的兴趣，从而带动他们的实际行动，参与到乒乓球运动中来，中国大陆乒乓界始终不断提高技战术水平，“天工人巧日争新”。第三，促进了中国文化与世界其他国家的交流和融合。“海外兵团”其实更多的是文化的使者，他们不但带去了中国的乒乓球技战术，扩大了中国乒乓球的世界影响，同时也宣扬了中国文化，使世界其他国家更好直观的感受到中国文化的魅力，增强了中外之间的友好来往，他们的文化的大使，民间的大使，他们为世界和平与发展贡献巨大②。土耳其一个很少关注乒乓球运动的国度，却因为一个叫江鹏飞的中国年轻人组队派团参加了2005年在上海举办的第48届世乒赛，掀起了一股“汉语热”；而另一个国家荷兰队因为一个叫李娇的山东大姐而导致乒乓球水平一日千里，进步斐然；比利时，一个只有1 000多万人口的国家，在中国教练员与运动员的帮助下，却有近万名青少年爱上乒乓球。

海外兵团对促进中国竞技乒乓球运动文化的传播和交流起到了极其重要的作用。曾经让我们惊呼“狼来了”并寝食难安的“海外兵团”不再作为中国竞技斗争的对象和目标，而是演绎成“海外使团”。诚如亚武联主席李志坚则说，亚洲经济的异军突起，必将使东方文化具有极强的辐射力，在即将到来的新世纪，这种势头将更

---

① 周泽怡.“海外兵团”对中国竞技乒乓球运动的影响探[J].湖南科技学院学报，2008,(29)4:152-153.

② 永君.“海外兵团”也是“海外使团”[N].人民日报海外版，2005-9-22(1).

为强劲①。乒乓球"海外兵团"也必然如此,他们将中国文化,如播种机似地,在全世界的每个角落播撒着东方文化的种子。

第二节☞ 乒乓球文化在世界的传播

1 乒乓球文化的传播载体

(1) 乒乓球文化的精神载体

技术观念:它主要包含乒乓球的价值取向与乒乓球技术发展方面的技术指导思想两个方面的具体内容。

不同时期不同国家或地区,乒乓球价值取向具有相异性。在社会主义制度的中国,我国乒乓球技术的发展在计划经济必须是出于国家利益的考虑。落实到技术的人才培养上,集体主义精神尤为重要。而在欧美等其他资本主义国家,乒乓球价值取向主要是为了该项目对人本身的锻炼价值与教育,乒乓球技术就是如何通过艰苦的训练或其他手段获得,在此过程中使人获得身心发展两方面的提高。

乒乓球技术发展规律的技术指导思想是在竞技实践基础上建立和发展起来的,在历史的过程中逐渐形成具有鲜明特点的技术指导思想。其指导思想包括乒乓球竞技本质是什么,其主要核心的要素是什么?只有从这些方面来把握乒乓球技术起主导作用的要素关系,才能从理论方面来引导和把握乒乓球运动本质的思想方法。

在1926—1951年期间欧洲乒乓球运动的鼎盛时期,欧洲运动员创造的削球打法成为了当时乒乓球运动发展的重要技术创新。"稳"就是当时的技术指导思想,所以运动员主要靠稳削下旋球取胜对手,力争自己不失误,这种打法类型也致使比赛的时间拖得很长。在1952—1959年期间日本乒乓球鼎盛时期,由于海绵胶皮的出现,这个阶段日本运动员采用中远台单面长抽打法,取代削球打法,通过海绵胶片尽可能制造球的旋转是当时乒乓球的技术指导思想,尽量发挥球拍力量大、速度快的特点,结合中远台长抽打法,从而也导致乒乓球运动从此进入到追求力量、速度的时期。在1960—1969年期间,中国直拍近台快攻打法崛起,这种新技术的成

① 李伯飞.传播武术的"海外兵团"[N].体育报,2000-11-03(2).

功是建立在海绵拍的基础上发展起来的，结合自身技术水平及特点，逐渐形成了这种站位近台、左推右攻为主的近台快攻的技术风格。这种打法充分发挥出海绵拍速度快、力量足的特点，同时又很好的解决了反手位的不足，中国队优异的战绩体现出这种技术打法顺应了乒乓球运动的发展趋势。“快、准、狠、变”就是当时的技术指导思想。在1971—1979年欧洲队复兴，中国队重整旗鼓期间，由于球拍覆盖物正、反胶海绵拍以及在球拍材料的选用上的改革，欧洲各强创造出弧圈球与快攻相结合的新打法；中国则创造出新近台快攻打法。从20世纪80年代，中国提出了“快、准、狠、变、转”的技术指导思想，从而抗衡世界，领先诸雄。

（2）乒乓球文化的物化载体

球拍的演变：乒乓球拍的演变过程大致如下：羊木拍—纯木拍—胶皮木拍—海绵木拍—海绵胶拍—正胶、反胶、生胶、长胶、防弧拍—碳纤维底板、新型胶（表10.2）。

表10.2　球拍的演变

时间	演变过程
1880—1910年	（1）长柄羊皮纸拍，也称“班卓”拍，长19.5英寸。 （2）短柄羊皮纸拍。 （3）光板木拍。 （4）砂纸拍，可增加球的旋转。 （5）软木贴面拍，性能优于砂纸拍
1920—1950年	（1）胶粒拍。 （2）加宽胶粒拍，受早期防守型队员偏爱。 （3）硬海绵拍，流行于50年代初。 （4）软海绵拍，厚度约八分之三英寸，50年代为日本选手喜爱。 （5）皱纹橡胶拍，不易控制球的方向，存在时间极短
1960—1980年	（1）胶粒与板之间加一毫米厚的海绵，不利旋转。 （2）胶粒与板之间加两毫米厚海绵，易进攻。 （3）防弧胶皮拍，适于防守型打法。 （4）反胶加2 mm厚海绵，击球的速度、旋转居各种球拍之冠。 （5）反胶加1 mm厚海绵，具有超群的控制球功能

（3）乒乓球文化的制度载体

管理体制层：不同社会制度具有不同的管理体制。就我国来讲与世界其他国家具有特殊性。对具体的乒乓球俱乐部和协会来说，管理主要由“领队、教练员、运动员”构成。运动员作为管理的核心，领队和教练员应该为运动员服务，通过教练员制定训练计划，保证训练的质量，提高技术的训练效率，领队负责保证提供具体的条件来落实整个训练的实施，要求管理体制目标明确、训练有序且有效。

2 乒乓球的文化传播媒介

乒乓球文化传播的媒介包括图书、报刊杂志、广播、电视、电影、广告、网络及音像等,但从传统上看,人们依然把报刊新闻报道及新闻评论当作了解乒乓球文化的最重要渠道和手段。

人类社会一经诞生,其生存和发展就未曾离开信息传播活动。人类的信息交流、情感沟通等等都需要不断进行传播活动。进行传播活动需要通过一定的方式、手段、工具。因此,人类在生产劳动过程中也不断的发明和更新传播的方式及手段,从而也不断延伸传播,并扩大传播的规模。信息传播的孕育和诞生,与媒介技术的发展与更新始终有着不解之缘,传播技术的演变使得传播行为在人类生活中所扮演的角色越来越重要。

在乒乓球文化发展的初期,语言传播与文字传播就已经开始,到了科技发达的现在,语言传播仍然是一种非常重要的传播方式。由于语言能系统、抽象地、直观地表达声音和乒乓球与人们之间的联系,所以有助于人类更有效地利用相关信息、从事乒乓球活动信息传播活动。现代乒乓球文化由于人们交流的扩大,语言障碍的减少,人们口头的交流越来越频繁,如日本福原爱,精通汉语,与中国队的交流一直是日本国内外关注的焦点。当然由于语言传播有转瞬即逝的特点,其传递的信息无法离开入纳记忆系统而被保存下来,而且传播的信息还可能因各种原因造成的“走样”,口头语言传播的时空局限性是很大的。于是文字作为抽象化、规范化的符号系统应运而生。人类运用文字和书写工具将信息记录、保存下来,为文化的代代传承提供了可能。语言和文字的诞生,是人类传播手段、技术进化中的里程碑,从乒乓球起源的时候,乒乓球文化的一切活动都以文字的形式被记载进入历史。众多报刊杂志对乒乓球运动历史的记载使我们知晓乒乓球运动的前身。随着科技的进步,人类开始进入在电子传媒时代,1936 年,英国广播公司(BBC)在伦敦市郊建立了世界上第一家电视台,正式进行电视广播,开创了电视时代,当然,乒乓球运动也被搬上了电视屏幕,乒乓球走进电视节目,是乒乓球文化传播的一件大事,使乒乓球在全球的传播得到最快的扩散,人们可以足不出户就可以欣赏到精彩的乒乓球表演和竞赛,也可以领略到优秀乒乓球运动的风采,当然也可以从电视上观赏乒乓球的历史文化事件。随着传播技术的进步,大众传播媒介的种类,从传统的报纸、杂志、电视、广播,扩大到了网络、移动电话等新媒介。虽然新的传播技术的诞生并不一定表示传统的传播技术就会被淘汰,比如:人类可以运用新兴的传播技术改变原有的传播形式,而使传统媒介重新发展出一种新的面貌,如电子报纸、电子图书、网络广播、网络电视、电子邮件、远程教育，等等。但是也由于多媒体、数字、网络技术等高新技术的发展，使得原本无法相通的媒介得以相互融合，而媒介服务功能也逐渐趋于完善和一致。电子报纸比传统的纸质报纸更易于搜寻特定讯息；数字广播与数字电视都成为可听、可看的媒体；特别是超媒介的网络，透过电脑终端机的连接，就能让使用者在出版、电视、广播和电脑等多媒介资讯环境中来去自如。任何一个需要关注乒乓球比赛还是乒乓球文化的爱好者，只要他需要，可以通过各种的传播媒介获取他所需要的各种信息，来达到满足他个人的一切需求①。

3 传播媒介对乒乓球文化的影响

随着社会经济的发展，乒乓球成为人们体育活动的一个重要内容之一，日益成为现代社会人们健身、休闲和娱乐的重要组成部分，成为人们关注的焦点，也成为大众传媒锁定的重要传播内容。专业性的体育传媒为乒乓球文化的传播提供了广阔的平台，扩大了乒乓球文化的社会影响力。

在乒乓球诞生之初，并不为人们所了解，大众传播媒介却使乒乓球仿佛一夜之间传遍到欧洲的各个角落，进而传播到亚洲和非洲，通过大众媒介的恰当宣传，乒乓球被更多的人们所接受，大众传媒也以其独特的优势和手段所营造的“信息环境”不断改变着受众的乒乓球认知及行为，作为一种舶来品，跨洋过海几千公里，乒乓球却在中国发扬光大，这不能不归结于传播的伟大力量②。乒乓球诞生起源后，大众传媒对推动乒乓球活动进入人们的日常生活，具有很重要的引导作用。大众媒介所积极倡导的乒乓球文化不但健身健心，教育发展人的理念也正在逐渐改变人们的运动理念，也使乒乓球运动的人口不断扩大。当代乒乓球的体育的功能和影响力在世界范围内逐渐扩大，大众媒介作为宣传乒乓球运动最有力的工具更是承担起传播体育精神的重任来，中国乒乓球运动为我国获得无数荣誉，半个世纪以来中国乒乓球不但感动了中国，也得到了世界认可。此外，世界各国领导人和社会知名人士身体力行地进行乒乓球运动，我国政府提倡和号召广大人民群众积极地从事乒乓球运动，乒乓球不论在学校教育还是社会大众活动中越来越引起重视等等现象，都是通过大众传媒被越来越多的人们感知和接受。正是由于大众媒介多渠道的传播，使人们对乒乓球的功能和作用认识不断地深化和发展。

体育媒介市场构成要素中的乒乓球明星、高水平乒乓球运动队、精彩乒乓球赛

① 潘力，董晓平.现代传播新技术与广播发展[M].北京：中国国际广播出版社，2007：4-8.

② 王大中等.传播的体育、体育的传播——大众传播与体育发展互动研究论纲[J].现代传播，2004，(4)：30-31.

事、各种乒乓球俱乐部、乒乓球健身娱乐活动等具有广泛的爱好者或观众群体。媒体为争取更多的爱好者或观众，竞相通过报道这些形象和事件来不断扩大自身的销售市场。这一市场行为，客观上又起到了宣传乒乓球文化的作用，使更多的人了解乒乓球和关心乒乓球，扩大了乒乓球文化的影响，增强了人们的乒乓球文化参与意识。乒乓球起源于娱乐游戏，其本身就是一种休闲娱乐活动，娱乐是乒乓球文化固有的功能之一。娱乐休闲性是乒乓球文化传播的基本特征，传播的内容本身就是一种休闲娱乐活动。乒乓球运动本身也是一种技能性的艺术表现形式，极具表现力和观赏性。“中国人喜欢乒乓球，但却不一定喜欢看乒乓球赛。在中国，如果一项乒乓球赛能给观众提供一试身手的机会，响应的人肯定会很多。”湖南卫视承办的“国球大典”成为国人最喜欢观赏的乒乓球活动节目之一，如今这项推广性赛事已成为国际乒坛“世界总冠军赛”，跻身国际乒联A级赛事之列①。

4 “一粒粟中看世界”——平面媒体下的乒乓球传播个案分析

广播和电视新闻的发展使报纸杂志失去了昔日在新闻报道方面及时性的优势。20世纪初期，广播电台的出现使人们足不出户便可了解新闻。50年代电视开始普及。60年代，电视新闻步入了完全成熟的阶段。电视新闻播放成为世界公众获取信息的主要途径。90年代，又迎来了被称作“第四媒体”的网络时代。这个网络成了接收新闻最快捷的途径，备受大众的青睐。十多年来，通过电脑和网络获得新闻的人数大量增加，读报的时间自然减少。据统计，美国因特网用户中有10%的人减少了读报时间。

尽管报刊新闻与广播、电视和网络新闻相比，存在一些不利因素，但报刊新闻在许多方面具有明显的优势。虽然广播和电视新闻也可以对新闻事件的背景、原因、事件的来龙去脉进行交代，对发生的事件进行评述，但是报刊的文字篇幅可以更自由地安排，较少受到广播节目的时间或电视画面等因素的限制。报刊新闻更具解释性。当今美国公众生活在“消息过剩”(infoglut)的状况中。他们往往对周围发生的一切感到困惑。许多新闻事件，如战争、政治危机以及社会冲突是错综复杂的，需要足够的背景知识和综合分析才能解释清楚。在解释新闻的功能方面，报纸胜过广播、电视和网络，新闻杂志更是“伟大的注释者”。

另外，除了及时了解新闻外，读者还有其他方面的需求，如时间充裕时仔细阅读，忙中抽空利用零星时间随时、随地阅读，对于重大、复杂的事件进行反复研读，

① 王大中，杜志红，陈鹏.体育传播、运动、媒介与社会[M].中国传媒大学出版社，2006:113-120.

过时的新闻在必要时可以搜索阅读。报刊在这些方面具有广播和电视新闻无法比拟的优越性。报刊还有许多广播和电视等媒体不具备的优点。比如它们纸质轻，携带方便，成本低廉，无须受接收新闻的装备如收音机、电视机等条件的限制，也无须受视听环境、场所等条件的限制。报刊的这些独特的便捷优势是其他媒体永远也无法比拟的①。

(1) 见证历史的《桌球及娱乐先驱》

研究乒乓球的历史档案，在乒乓球起源诞生后的一段时间，当时出版乒乓球期刊非常稀少，1902 年短期出版的《桌球及娱乐先驱》是报道记录乒乓球最早也是信息最全的杂志，之后在 1930 年又陆续出版了几本期刊对研究乒乓球的历史具有较大的价值。

杂志虽然出版仅仅只有 9 期，可是在它 1902 年 1 月 18 日到 1902 年 3 月 15 日存续期间，却使乒乓球运动传播到社会的每个角落，也成为了社会关注的焦点。从第三期开始，读者已经达到 2 万名之多，可以看出乒乓球在当时社会的影响力。在这个阶段，乒乓球主要停留在上层社会阶级，普通老百姓还未有条件进行此游戏活动，从杂志介绍的对象及比赛，组织已经形成，规模不断扩大，欧洲大陆方面的交流已经非常频繁，很多地方的赛事成为赛事重要的举办地，如英国女王大厅、水晶宫，都是大型比赛的首选地；还有比赛的规则初步建立，这对草地网球进化而来的游戏不能不说是一大进步，因为之前都一直是采用网球规则，不过此阶段规则非常简单，遇到一些比赛方面的纠纷难以有个统一的标准；器材的发展非常快速，从简单的球拍，逐渐过渡到各种乒乓球器材；本杂志还有一个鲜明的特点，就是对桌球游戏的介绍不遗余力，从第一期到最后一期，都提到了此游戏的功能和好处，还刊登众多优秀的运动员来做典范，以此吸引众多读者的眼光，达到大众参与的目的。

该杂志虽然只在很短的一段时间存在过，就像一颗流星，一闪而过，却照亮了真个天空。在《桌球和娱乐先驱》之后，又陆续出版了其他语言的乒乓球杂志读物。此期刊对早期乒乓球的传播有着显著的历史意义，也是后来已经乒乓球文化不可缺少的宝贵资源。

(2) 权威的乒乓球历史杂志——《桌球收藏家》

《桌球收藏家》(*The Table Tennis Collector*)由现今位于瑞士的国际乒乓球联合会博物馆出版，每年 4 期，从 1993 年的第一期开始，已经出版 62 期。此期刊不断被全球的收藏家所喜爱，同样因为本期刊对乒乓球游戏历史生动多彩的介绍，使世界上众多的乒乓球爱好者迷恋，当然，在 2010 年次期刊已经提供了超过 1 050

---

① 陈卞知. 美国话语：传播美国新闻与文化[M]. 北京：北京广播学院出版社，2006：24-26.

万的页码下载。

每期都有24页厚度，包含了大量的乒乓球文化及历史信息，如一些研究文章，运动员冠军照，展示报告，定期的拍卖评论，一些书籍和乒乓球集邮，当然还有一些非常珍贵的乒乓球文物照片以及非常之多的油画、广告，等等。

1993年出版了3期，分别在2月、6月和10月出版，首期首先是世界乒联博物馆Gerld Gurney先生写的一封信，感谢来自世界各地的捐赠者，因为世界乒联博物馆的所有历史文物、古迹、乒乓球器材等等，都是来自不同国家的捐献，他就此杂志创刊的目的作了非常清晰的说明，首先会刊登第一批的22位捐赠者的名单及详细的联系方式，包括地址及电话；再次就一些方面做出说明和解释，例如可以考虑刊登一些广告、鼓励不同国家的信息交流，加强科研合作和交流、鼓励不同的收藏者做出自己的贡献、在重要的赛事可以提供一些展览，等等。

The Table Tennis Collector 从第1期到18期一直保持厚度不变，总共16页，颜色为纯黑色，到19期的时候彩色版开始出现，只是可能由于技术还是其他原因，非常单调，从第42期开始，杂刊增加到18页，第44期又增加到24页。到目前为止总共出版了62期，第62期期刊扩容到28页。

《桌球收藏家》是目前世界乒联博物馆唯一发行的期刊，其主要内容就是对乒乓球发展的一切历史都极大给予容纳，包括历史名人介绍、奖章奖杯、乒乓球所有的器材发展变革、乒乓球相应的艺术品、乒乓球集邮品、卡片等等，当然也包括世界各国乒乓球发展的历史简介，和相应的古董拍卖等等信息，此期刊的发行，使我们对乒乓球文化的历史有了更为清晰的认识和理解。也有助于我们把握乒乓球文化的现在与未来改革。

(3) 中国权威的乒乓球单项杂志——《乒乓世界》

我国历史上第一份单项运动杂志《乒乓世界》月刊，由上海中国乒乓研究会编写，原名为《连环两周报》，1卷6期后改成本名。此刊原是依附于其他刊物中，从1935年2月出版的1卷第16期开始，正式独立出版，直至1937年2月停刊，共3卷2期。此刊出版的同时，其姊妹刊物《乒乓周报》也由中国乒乓研究会出版。《乒乓世界》所包含的信息非常有限，主要是一些赛事公告，各地乒乓球比赛的组织成立，当然也有零星的赛事详细介绍，由于20世纪30年代，日军开始侵入我中华大地，民不聊生，乒乓球在我国发展才开始起步，仅有的《乒乓世界》所包含的内容有限性也是符合当时的社会历史背景的。不过，虽然《乒乓周报》仅仅出版2期，可是却是我国第一份单项的体育运动杂志，开创了我国单项体育运动办杂志的先河，在一定的程度上使乒乓球在中国的传播得到更进一步的传播和发展。

中华人民共和国成立后，乒乓球在我国获得新生。1959年容国团获得第一个乒乓球世界冠军，极大的振奋了民族精神，鼓舞了全国人民，提升了我国在国际上的国家地位和形象，也使我国乒乓球的发展进入一个"新生"期。可是直到1981年，关于乒乓球杂志的专业杂志还是没有出现，虽然我国的其他体育新闻杂志、报纸及综合性的报纸《人民日报》等重要的新闻媒体都对乒乓球作了重要显著的报道。直到1981年《乒乓世界》在中国体育报业总社的领导和帮助下，终于在姗姗来迟后创刊和出版，这是乒乓球体坛的一件大事。它是目前国内唯一乒乓球专业性刊物，从创刊初期时的季刊黑白页蜕变成今天大家所看到的月刊全彩页，风风雨雨走过了将近三十年的道路，渐渐被乒乓球迷所接受和喜爱，成为球迷生活中不可缺少的一本杂志。

《乒乓世界》定位于广大的乒乓爱好者，详细报道国内外重大乒乓球赛事，乒坛重要信息；及时介绍世界乒坛新动向、新打法、新技术；展示中外优秀选手的成才之路及先进的训练方法和技术。是广大乒乓球爱好者的良师益友。

《乒乓世界》图文并茂，活泼生动，极具权威性。《乒乓世界》的内容主要涉及到乒乓球人物、赛事、技术、器材和群众性活动。技术文章方面，从创刊开始，几乎每期杂志都有国家队资深教练撰写的文章，介绍世界乒坛最新的技术潮流，指导专业和业余选手如何打乒乓球；赛事和人物两个重头版块，最近几年来，《乒乓世界》每期都有《刘国梁专栏》、《施之皓专栏》、《国手专栏》，解读乒乓球爱好者近期最关心的问题。这些栏目贴近读者、可读性、实用性强，深受广大读者的欢迎和喜爱[①]。

① 乒乓世界官方网. 杂志介绍[EB/OL]. http://www.sports.cn/ppworld/ppsj/index.html.

11 第十一章 作为娱乐文化的乒乓球

第一节☞ 乒乓球文化娱乐性的形成

人们通过体育娱乐活动既可以满足其有机体活动的本能需求，在身体活动中获得快感，同时又能使个体在这种娱乐方式中与社会的其他个体愉快地交往，并在其中尝试人类智能对自然界物资、能量和信息的转化成果，品味个中乐趣。因此，体育娱乐活动是人类特有的一种娱乐方式，它源于人类作为自然物对有机体运动的冲动，但又为人类的社会性所改造。特别是在社会工业化和自动化发展的今天，人类体力劳动的减轻和社会紧张因素的增强，以及社会闲暇时间的日趋增多，更多的人开始面临如何打发和消磨由于技术改造和社会进步而获得越来越多的闲暇时间问题，这些需求和问题导致了满足和解决方式的寻觅，人们企图从各种各样社会活动中，寻求那种既能使机体得以适当的运动，又能使精神获得松弛，同时还能有益地打发闲暇时间的多功能活动方式，于是体育娱乐活动便顺其自然地被社会的发展推至人们社会生活的舞台前沿，成为人们满足其自身需求的必要手段和方式。

乒乓球起源于人们的娱乐需求，当初就是为寻求一种新的娱乐方式来满足人们的一种情感体验而产生，人们不仅可以通过乒乓球文化的竞赛表演，抑或是乒乓球历史文物和乒乓球艺术品的观赏而达到满足自身的需要。如果说过去人们对乒乓球文化的娱乐活动的认识只是处于一种朦胧状态的话，那么时至今日，由于人们对乒乓球文化娱乐活动的需求日益加强，使认识程度也从无意识状态上升到有意识追求的境地，在中国或其他国家，乒乓球仿佛是一台新兴娱乐方式的机器，不断地产生出各种各样的娱乐方式来。同时，人们也注意乒乓球文化娱乐方式，这些乒乓球娱乐方式，有的仿佛就在转眼之间便流行全国，走向世界，为世界人民所了解。

由此可见，乒乓球文化娱乐活动在当今社会所具有的特殊魅力和社会影响力，与其他体育项目相比，已经成为世界人民娱乐休闲的文化产品。

第二节 ☞ 乒乓球文化娱乐性的发展

1 乒乓球文化的平民化趋向与大众娱乐文化意识

体育娱乐化并不是一个新话题，国外很多成熟的职业联赛已经将体育和娱乐很好地融为一体，无论是NFL、MLB还是NBA，在比赛的娱乐成分上都下了很大的功夫。可以说在一定程度上，体育的娱乐化是体育真正大众化、普及化的必经之路，体育与娱乐融合所带来的趣味，与其激烈的竞技成分一样，都是吸引观众眼球的要素。

"想不到乒乓球可以这么打，给这么多人带来快乐。"2004年在长沙观看首届国球大典时，国际乒联主席沙拉拉笑得腰都直不起来，"在这里乒乓球似乎已经超出了胜负的范围，这里更多的是欢笑，是快乐。"沙拉拉说得一点不错，"娱乐"二字在首届"国球大典"还只是一个模糊的影子，到了第二届则成为再清晰不过的标签①。由中国乒协和湖南卫视共同运作的"2005国球大典"吸引了无数关注的目光，这场"克隆"超级女声的国球大典让国内乒乓球界显得空前热闹，同时也给国内体育的市场化发展开辟了一条新路，那就是体育娱乐化。国球大典让乒乓球走在了最前面，成为第一个吃"娱乐化"这只螃蟹的项目②。

乒乓球运动最早流行于上层贵族中，作为餐后娱乐休闲的一种生活方式，与音乐舞蹈等充当上流社会交际、健身等的一种生活方式，经过110多年的演变与发展，已逐渐趋向于"平民化"，在中国，无论是偏僻的乡村荒野，还是喧嚣热闹的大城市，甚至在非洲的农村，也能找得到乒乓球的身影。就在西方的一些国家，拥有很多不同版本的体育运动，在一些夜店和酒吧里很流行。由于乒乓球运动项目的特征，不受身体素质的限制，不受年龄、性别和天气等的限制，有着广泛的活动人群，从耄耋老者，到小小孩童，从健硕高大的健身者，到个子矮小的甚至伤残人士，到处

---

① 给乒乓球贴一张娱乐标签[N]. 都市快报，2005-11-9(5).

② "国球大典"引人注目，体育娱乐化的第一只螃蟹[N]. 中国体育报，2005-11-7(4).

都有他们活动的身影。随着一些社会大众对竞技的弱化，甚至乒乓球运动还成为如同滑板一样成为一项引领时尚的运动，其作为大众文化娱乐的特点愈显突出。无论国际乒联还是世界各国乒协，都推出了乒乓球发展计划，这些活动都带有极大的娱乐色彩，众多不同形式和风格的业余乒乓球比赛风起云涌，形成了乒乓球运动大众化的一副绚丽的画卷和文化景观。

2 乒乓球表演的兴盛

2011 年 3 月 24 日，在广州大众汽车 2011 国际乒乓球精英赛表演，中国乒坛老将陈新华在表演赛中表演吹气接球的绝技。作为精英赛中串场进行的特设项目“表演赛”，当晚决出了入围决赛的两对组合。

“我们的目的就是为观众献上尽兴、好看的比赛，最大程度的展现乒乓球各个方面的魅力，表演赛是一种很炫目的形式，如果能够继续获得好评，我们将考虑在其他赛事里设置这个环节”，沙拉拉如是说。他对这种形式大加赞扬，认为它展示了乒乓球的独特魅力。

表演赛的四组选手各具亮点，首先出场的是罗斯科夫/希拉组合。他们一上场便调动起了观众的积极性。两人的表演连续性很好，给人留下深刻印象。接下来，中国的“黄金搭档”郭跃华和陈新华闪亮登场。他们在表演过程中不断出花样，一上来就同时打多个球，一会儿用头顶，一会儿郭跃华左右手持拍对打，现场观众掌声不断。比利时的大小塞弗兄弟的默契无人能敌，他们延续了去年的风格，只是两人的角色换了一下，小塞弗负责进攻，大塞弗负责防守。他们的最大亮点就是小塞弗可以在击球一次后绕球台跑一圈后再回去接球，这也为他们赢得了较高的分数。最后出场的跨国混搭阿佩格伦/施特鲁泽丝毫不逊于男子搭档，他们运用夸张的道具，在表演过程中不断更换不同“型号”的球拍，精彩的表演更是赢得了满堂彩。最终，评委做出了艰难的选择。由于表演更生动，中国组合郭跃华/陈新华以及混合搭档阿佩格伦/施特鲁泽进入到了明晚的决赛①。

2011 年 11 月 30 日至 12 月 1 日，大众汽车国际乒乓球精英赛在德国布伦瑞克迎来本年度的第二站比赛。三月在中国广州举行的首届大众精英赛上，国际乒联创造性的引入了组合表演赛这一崭新环节，一度将赛场气氛推向高潮。

与广州的赛制安排一样，本次德国站的组合表演赛也将在五对选手中产生得

① 搜狐网. 花式乒乓球表演赛，用鼻子顶球[EB/OL]. http://sports. sohu. com/20110324/n279984144. shtml.

分最高的冠军。每对选手都有两次机会尽可能“秀”出花式对攻，每次限时三分钟；最后裁判将以连续性、难度系数和观赏性为标准进行1～10的评分。而45岁的瑞典传奇瓦尔德内尔的加盟，无疑将令此次的表演赛更具看点。老瓦将与另一位瑞典名宿阿佩格伦搭档，挑战“卫冕冠军”比利时的大小塞弗。

在赛制上推陈出新，是国际乒联为提升乒乓球的观赏性所努力的方向之一。花式乒乓表演赛在吸引观众注意力的同时，也赋予了这项运动更多的商业价值。“乒乓球的普及率已达全世界，但在亚洲特别是中国最受关注”，沙拉拉说，“所以我们的赞助商大众汽车可以说做出了明智的选择，与国际乒联达成长期合作关系，在这些地区成功推广了自己的品牌，这也是个双赢的结果”。

“大众杯是一项今年才刚刚起步的赛事，是世界顶尖高手的对话，更重要的是这项比赛要求每个协会只能报一名选手，这样的比赛更好看也更有悬念，因为每个人都是单枪匹马的作战，没有队友呼应，所以不到最后一刻，你无法断言谁是冠军”，沙拉拉补充说道。在主席看来，除了赛事本身的高水准，如何运作使其更加吸引转播商和赞助商的眼球，是乒乓球走上职业化、市场化正轨的当务之急[①]。

3 乒乓嘉年华：一种独特的乒乓球文化娱乐艺术

(1)“国球大典”——乒乓嘉年华的主旨

“国球大典”是一个在中国持续升温的民间乒乓球赛事。

“国球大典”在2004年创办，整个赛事由民间选拔赛和乒乓嘉年华两大内容组成，民间选拔赛是采用类似于“超级女声”的形式，进行一系列群众性乒乓球赛。乒乓嘉年华则包括中外乒乓球明星对抗赛和明星、民间球员对抗赛。

在2004年“国球大典”的最高潮“乒乓嘉年华”举办期间，国际乒联主席沙拉拉曾对“国球大典”的创新形式称赞不已。每年年终在长沙举办的中外明星对抗赛也因为民间球手的参与，而具有了与所有乒乓球赛事完全不同的标志。

近几年中国乒超联赛在部分城市却遭遇门庭冷落的尴尬，一些国际、国内大赛也遇到了同样的困境，中国乒协的相关领导曾在多个场合表示，“乒乓球比赛趋向于从北京、上海等大城市迁向中小城市，正是因为乒乓球比赛的魅力已无从吸引文娱生活丰富的大城市居民。”

但“国球大典”却展现了中国乒乓球运动的另一种前景。2005年的“国球大典”首次走出长沙，在天津开了分赛场，组织形式也进一步成熟。组织者之一陈鹏

① 腾讯体育. Ian Marshall，译自国际乒联中文网. www. ittf. com. cn.

飞说:“今年在不到一个月时间内,民间球手的报名人数就已超过 6 000 人,是去年的 10 倍。这么快的发展速度让我们坚信,体育赛事走互动性、娱乐性的道路,在中国一定有巨大的发展空间。”

陈鹏飞透露,国球大典在创办第二年就已经实现盈利,而在中国的其他部分城市,乒超联赛的门票多数时候是白送给球迷的。临近长沙的益阳,已经率先在世界杯羽毛球赛上采取了类似于“国球大典”的群众互动模式,“我们确实也希望能给中国的体育竞赛提供开创性的借鉴内容。”陈鹏飞在说到此时显得很兴奋,“很显然,2008 年奥运会将使中国的竞技体育事业达到顶峰,但 2008 年之后,我们相信中国体育事业的其他方面,比如市场化的比赛肯定将迅速发展起来。我们现在的尝试,也是看到了几年后的发展空间。”

“要成功运作一个赛事,观众的参与必不可少。中国现在的很多比赛,水平挺高,明星也不少,但观众的关注度不高,是因为我们自己在赛事运作上没有推广好。那么好的资源,其实都浪费了。”陈鹏飞说,“但我们所作的开创性尝试绝不仅仅在‘国球大典’这一种形式上。”

“作为国球,我们相信在乒乓球项目上还有很多事情可以做。比如,我们设想建立一个业余运动员等级赛,像围棋那样给业余乒乓球选手设立段位,加上一些具体的操作手法,这样的比赛应该会有很多人参与,通过电视节目播放出去,关注的人肯定也会很多;我们还设想,给乒超、乒甲联赛,甚至在国家队进行选秀大赛,就像 NBA 那样。”

(2) 乒乓球全民健身赛事体系日渐成熟

乒乓球是中国的国球,群众基础雄厚,爱好者达到数千万人,是老百姓健身最喜欢的项目之一。全民健身的乒乓球赛事经过 10 多年磨砺,也开始形成全国性的成熟赛事体系。

国家体育总局乒羽运动管理中心(乒羽中心)副主任于斌表示,十几年来,各地陆续组织了全国历史文化名城赛和双鱼杯、市长杯、中西部领导干部杯等一系列全民健身乒乓球比赛,但是一年仅办几次赛事,不能满足众多爱好者的需求。乒羽中心整合资源,于 2007 年推出中国乒乓球协会会员联赛,每年参赛会员逾万人,十几站分站赛覆盖大半个中国,总决赛水平之高、人气之旺,堪比国际乒联的总决赛。经过 5 年实践,乒乓球项目全民健身赛事体系日渐成熟。

据悉,2015 年 4 月到 11 月,仅乒羽中心组织的全国性乒乓球健身活动就有 27 项,不同的乒乓球爱好者群体都可以找到适合自己的赛事。

国际乒联曾有一项推广性的比赛,即把中国和世界排名靠前的十名选手集中一起打一场团体比赛。由于种种原因,这项赛事没有达到国际乒联预想的效果。

2004 年，国际乒联、中国乒协与湖南卫视达到协议，将这一推广活动交给他们承办。湖南卫视的娱乐节目闻名国内，在努力打造高水平比赛的同时，他们将娱乐节目中的炒作手腕嫁接到“乒乓嘉年华”中。实践证明，主办方刻意营造的娱乐气氛取得了成功效果，如今这项推广性赛事已成为国际乒坛“世界总冠军赛”，跻身国际乒联 A 级赛事之列。

参 考 文 献

[1] 周建军. 怎样打乒乓球[M]. 苏州:苏州大学出版社,1996.
[2] 武东海等. "盛世危机"下中国乒乓球发展策略探析——基于第50届横滨世乒赛的分析[J]. 运动,2010,(5):21-26.
[3] 中国文化研究集刊第1辑[M]. 上海:复旦大学出版社,1984.
[4] 孙本文. 社会的文化基础[M]. 台湾:世界书局,1932.
[5] 泰勒. 原始文化[M]. 上海:文艺出版社,1992.
[6] 陈华文. 文化学概论[M]. 上海:文艺出版社,2001.
[7] 戴元光等. 传播学原理与应用[M]. 兰州:兰州大学出版社,1988.
[8] [中]刘尊棋,[美]吉布尼等主编. 简明不列颠百科全书[M]. 北京:中国大百科全书出版社,1985.
[9] 肖焕禹. 体育传播学[M]. 北京:人民体育出版社,2011.
[10] 易剑东. 体育文化学[M]. 北京:北京体育大学出版社,1999.
[11] 卢元镇. 中国体育社会学[M]. 北京:北京体育大学出版社,1998.
[12] 徐寅生. 现代乒乓球技术的研究[M]. 北京:人民体育出版社,1982.
[13] 陈小华,黄莉芹. 从近期规则的变化看乒乓球运动发展的趋势[J]. 武汉体育学院学报,2002,36(1):76-116.
[14] 陈启湖. 对世界乒乓球运动发展的思考[J]. 体育学刊,2009,16(2):99-100.
[15] 兰彤. 从俱乐部"壳"资源转让看中国乒乓球超级联赛的改革[J]. 武汉体育学院学报,2008,42(2):77-81.
[16] 程序,李永安. 乒乓球俱乐部竞技后备人才的发展现状及对策[J]. 武汉体育学院学报,2008,42(8):84-88.
[17] 黄佳. 对中国竞技乒乓球文化传承的探究[J]. 吉林体育学院学报,2010,26(3):22-23.
[18] 钟霞. 乒乓球文化内涵探究[J]. 体育科技文献通报(文化·视野),2010,18(7):11-112.
[19] 李建平. "人文奥运"背景下乒乓球礼仪文化审视[J]. 湖北体育科技,2009,28(2):153-154.
[20] 谢诚. 对乒乓球运动文化内涵的阐释[J]. 湖北大学学报(哲学社会科学版),

2006,33(1):120-123.

[21] 杨李丽,房欣. 试论中国乒乓球文化[J]. 西安体育学院学报,1999,16(4):29-30.

[22] 李一平. 体育全球化中乒乓球的多元文化认同思考[J]. 湖南医科大学学报(社会科学版),2009,11(6):260-261.

[23] 唐建军. 中国乒乓球运动发展的技术文化分析[J]. 体育科学,2005,25(7):79-83.

[24] 王俊璞. 国球的品格——兼谈中国乒乓球与传统文化(上)[J]. 乒乓世界,2000,(1):18-20.

[25] 国家体育总局《乒乓长盛考》研究课题组. 乒乓长盛的训练学探索[M]. 北京体育大学出版社,2002.

[26] 兰彤. 论后奥运时期中国乒乓球文化的和谐发展[J]. 沈阳体育学院学报,2009,28(3):6-10.

[27] 王杰恩. 弘扬乒乓球文化,促进乒乓球事业健康发展[J]. 东岳论丛,2008,29(3):96-99.

[28] 肖天等. 中国乒乓球队技术进步的哲学分析[J]. 武汉体育学院学报. 2006,40(7):1-6.

[29] 王阳春,何元春. 乒乓球长盛与中国文化的深层结构[J]. 北京体育大学学报,2007,30(11):1467-1469.

[30] 陈德林. 体育与娱乐嫁接赛事与电视联姻——“2005 王者风范·国球大典”启示[J]. 体育文化导刊,2006,(4):29-30.

[31] 林萍. 体育赛事电视节目娱乐化之路——谈湖南卫视电视栏目“国球大典”[J]. 体育文化导刊,2006,13(5):40-43.

[32] 王大中,蔡猛. 乒乓球文化·技术与传播[M]. 北京:北京广播学院出版社,2004.

[33] 李振博等. 乒乓球[M]. 成都:成都科技大学出版社,1987.

[34] Cornelius Schaad. Ping-Pong:The Game,Its Tactics and Laws[M]. Boston:Houghton-Mifflin,1930.

[35] 何立. 日本乒乓球坛的动向[N]. 人民日报. 1962.06.16(1).

[36] 荣高棠. 从第二十八届世界比赛看我国乒乓球队的成长[N]. 人民日报,1965.06.15(1).

[37] 杨江. 对我国乒乓球运动在社会转型过程中管理体制与运行机制的分析研究[D]. 北京体育大学,2008.

[38] 谢·伊·库什科夫. 是业余运动还是职业运动[M]. 莫斯科:体育出版社,1988.
[39] 杨海涛. 外国邮票[M]. 沈阳:辽宁画报出版社,2001.
[40] 周西宽主编. 外国体育史[M]. 北京:人民体育出版社,1989.
[41] 颜绍泸. 竞技体育史[M]. 北京:人民体育出版社,2006.
[42] 周泽怡."海外兵团"对中国竞技乒乓球运动的影响探[J]. 湖南科技学院学报,2008,(29)4:152-153.
[43] 王大中等. 传播的体育、体育的传播——大众传播与体育发展互动研究论纲[J]. 现代传播,2004,(4):30-31.
[44] 赵致真. 一张明信片改写乒乓球传入中国的历史[N]. 中国青年报,2007-09-1-(11).
[45] 佟振家. 体育组织与实施[M]. 天津:白城书局,1930.
[46] 俞斌祺. 乒乓球训练法[M]. 上海:勤奋书局,1949.
[47] 国家体委体育文史工作委员会. 中国近代体育史[M]. 北京:北京体育学院出版社,1989.
[48] 中国体育社. 最新注释乒乓球规则[M]. 上海:三民图书公司印行,1947.
[49] 冼文灿. 精武乒乓队组织之经过[J]. 上海:精武丛报,1933,(1):5.
[50] 崔乐泉. 中国近代体育史话[M]. 北京:中华书局,1998.
[51] 马治奎. 乒乓球[M]. 上海:康健书局,1948.
[52] 故视. 全国乒乓竞赛大会上海市预选略况[J]. 乒乓世界,1935(21):342.
[53] 林端候. 乒乓闲话[J]. 福建体育通讯,1940:52.
[54] 曾廼敦. 乒乓[M]. 上海:商务印书馆,1933.
[55] 崔乐泉. 中国近代体育史话[M]. 北京:中华书局,1998.
[56] 林志红,陈红. 体育传播:运动媒介与社会[M]. 北京:中国传媒大学出版社,2006:80-81.
[57] 易剑东,武冬等. 中国武术百年历程回顾[J]. 体育文史. 1998. 1.
[58] 于森,张德胜. 试论用武术取代课间广播体操的必要性与可行性[J]. 体育师友. 2004.
[59] 梁劲松. 2001,中国乒乓球无敌寂寞[N]. 羊城晚报,2011-12-29(8).
[60] [美]罗兰·罗伯森. 全球化——社会理论和全球文化[M]. 梁光严,译. 上海:上海人民出版社,2000:262.